강원도 원주

동학농민혁명

동학총서
━ 011

강원도 원주 동학농민혁명

조규태 조성환 성강현 채길순 이병규 황도근 최민자 임상욱 김영철

동학학회 엮음

도서출판 모시는사람들

머리말

　1998년 창립 이래 동학학회는 동학에 대한 학제적 연구를 통하여 한국사상의 정체성을 확립하는 데 기여해 왔습니다. 연구의 범위도 협의의 동학에 국한하지 않고 근대사와 근대사상을 포괄하는 것은 물론, 동서고금의 사상 및 현대 과학의 사상과도 비교하는 광의의 동학으로 그 외연을 확대하였습니다. 그동안 동학학회는 서울과 지역을 순회하며 43차에 걸친 학술회의를 개최함으로써 동학의 글로컬리제이션(Glocalization)에 총력을 기울여 왔습니다. 지역 순회 학술대회는 2011년 경주 추계학술대회를 시작으로 2012년 정읍 춘계학술대회와 고창 추계학술대회, 2013년 보은 춘계학술대회와 예산 추계학술대회, 2014년 영해 춘계학술대회와 남원 추계학술대회, 2015년 대구 춘계학술대회와 홍천 추계학술대회, 2016년 구미 춘계학술대회와 김천 추계학술대회, 2017년 청주 춘계학술대회와 수원 추계학술대회, 2018년 영동 춘계학술대회와 원주 추계학술대회를 개최하였습니다. 그리고 2019년 전주 춘계학술대회와 여주 추계학술대회를 개최할 예정입니다. 또한 연 2회 단행본 발간과 더불어 등재학술지인 동학학보를 연 4회 발간함으로써 학회지의 질적 제고와 양적 성장의 기틀을 마련하였으며, 홈페이지 개편 및 온라인 논문투고시스템도 구축함에 따라 동학학보가 명실공히 권위 있는 학술지로 발돋움하게 되었습니다.

　2018년 11월 2일 동학농민혁명 제124주년을 맞이하여 동학농민혁명의 전개 과정에서 매우 중요한 위치를 차지하는 원주에서 「동학의 글로컬리제

이선: 동학농민혁명과 강원도 원주」를 대주제로 추계학술대회가 개최되었습니다. 학술대회에서 발표된 다섯 편의 논문과 기조강연, 세 편의 추가 논문, 그리고 유관 자료들을 부록으로 정리하여 단행본으로 발간하게 된 것을 매우 뜻깊고 또한 기쁘게 생각합니다. 원주시 주최, 동학학회 주관, 그리고 동학농민혁명기념재단과 동학학회후원회가 후원한 원주 추계학술대회는 원주 일대를 중심으로 활동한 원주 동학농민군의 활약상을 밝히고, 그 역사적 문화적 의의를 성찰하며, 그 성과를 학술대회를 통해 공론화함으로써 원주 지역의 진취적인 정체성 확립과 문화적 역량 제고의 계기를 마련하였습니다. 특히 동학농민혁명사에서 원주가 차지하는 역사적 위상을 사료 연구를 통해 실증적으로 규명함으로써, 한국 근대사의 전환기에 원주 일대의 주민들이 기여한 실상을 밝혀낸 뜻깊은 학술대회였습니다.

19세기 후반 동학이 세력을 키워서 전국으로 확대해 간 근거지였던 원주 일대는 근대사회로 전환하는 과정에서 변혁 운동의 중심지로서 역할을 했던 지역입니다. 조선시대 원주는 강원도의 수부(首府)로서 강원 감사가 주재하는 감영이 위치하여 경내 각 군현을 관할하는 중심이었습니다. 동학 2세 교조 최시형은 정부의 탄압을 피해 원주 등지를 주요 거점으로 삼아 활동하였습니다. 1894년 가을 동학농민군의 재봉기에 원주의 동학농민군은 경기도 여주의 동학 조직과 함께 봉기하였습니다. 지금까지 동학의 창도와 발전에 관한 자료조사와 연구는 다양하게 이루어졌지만 원주 일대에서 동학이 발전하고 세력을 확대해 온 실상에 대해서는 체계적인 연구가 수행되지 못하였습니다. 따라서 이번 학술대회에서는 새로 발굴된 사료 분석을 통해 원주 일대에서 동학이 전파된 실상과 그 의미를 밝히고 원주 동학의 포 조직 및 주요 지도자들과 그 활동상을 종합적으로 검토함으로써 원주 동학의 실상에 대한 새로운 연구 성과를 학계에 제공하는 계기를 마련하였습니다. 또한 원주 일대 동학농민혁명의 의의와 가치를 21세기 글로컬 시대의 시각으로 재조명함으로써 원주 지역 문화의 세계화에 기여함과 동시에 발전적 과제에 대한 통찰을 통해 미래적 전망을 할 수 있게 하는 뜻깊은 학술대회였습니다. 역사학, 정치학, 철학, 종교학, 국문학 등 다양한 분야의 동학 전문가들이 모여 개최한 원주 추계학술대회는 경주, 정읍, 고창, 보은, 예산, 영덕, 남원, 대구, 홍천, 구미, 김천, 청주, 수원, 영동에 이어 열다섯 번째로, 강원도 원주에서 지역민들과 전문 연구자 및 대학생들의 참여를 통해 학문적 교류와 소통의 장을 마련하고 후속 연구를 촉발시키며, 지역적 정체성과 애향심을 고취시켜 애국·애족·애민의 정신을 함양하고, 동학정신과 동학혁명의 가치를 후속세대에 전승하며, 아울러 국내외 전문가를 포함한 인적 인프라 구축을 통해 동학의 글로컬리제이션에 기여할 수 있었다는 점에서 그 의의가 크다 하겠습니다.

동학은 진정한 의미에서의 인간학이고, 동학학회는 이러한 진정한 인간학을 연구하고 그것을 삶 속에 투영시키는 학회입니다. 동학은 상고시대 이래 면면히 이어져 온 민족정신의 맥을 살려 주체적으로 개조·통합·완성하여 토착화시킨 것으로 전통과 근대 그리고 탈근대를 관통하는 '아주 오래된 새것'입니다. 동학의 즉자대자적(卽自對自的) 사유체계는 홍익인간·광명이세의 이념을 현대적으로 구현하는 원리를 제공하고 나아가 평등하고 평화로운 세계를 창조하는 토대가 될 수 있게 한다는 점에서, 백가쟁명의 사상적 혼란을 겪고 있는 오늘의 우리에게 그 시사하는 바가 실로 크다 하겠습니다. 문명의 대전환이라는 맥락에서 볼 때 동학은 새로운 문명의 패러다임, 즉 전일적인 새로운 실재관을 제시함으로써 데카르트-뉴턴의 기계론적 세계관의 근저에 있는 가치체계의 한계성을 극복할 수 있게 한다는 점에서 서구적 근대를 초극하는 의미가 있다 하겠습니다. 특수성과 보편성, 지역화와 세계화, 국민국가와 세계시민사회의 유기적 통일성을 핵심 과제로 안고 있는 오늘의 우리에게 이번에 발간하는 단행본이 해결의 단서를 제공해 주기를 기대해 봅니다.

끝으로, 원주 추계학술대회 개최와 이번 단행본 발간을 위해 지원과 배려를 아끼지 않으신 원주시 시장님께 충심으로 감사드립니다. 그리고 이 책을 발간해 주신 '도서출판 모시는사람들'에도 감사의 마음을 전합니다.

2019년 2월
동학학회 회장 최민자

원주 지역의 동학 포교와
원주 출신 동학인의 동학농민운동

조 규 태
한성대 크리에이티브인문학부 교수

1. 머리말

조선의 정치·경제·사회적 문제를 해결하고, 외세의 침략에 맞서 주권을 지키고, 서구 문화의 쇄도에 맞서 동양의 가치를 지키려 한 동학농민운동은 한반도의 거의 전 지역에서 전개되었다. 경상도·충청도·전라도의 하삼도뿐만 아니라, 경기도·강원도·황해도의 중부지방에서도 동학농민군이 기포하였고, 그 이상을 실현하기 위해 피어린 투쟁을 하였다.

여러 도 가운데에서 태백산맥을 배경으로 하는 강원도는 지리적 이점으로 동학의 은도시대(隱道時代)에 동학인의 대표적인 피난처였다. 특히 동학의 제2대 교주 최시형은 1860~1870년대에 강원도 영월, 인제, 원주, 정선, 양양 등지를 숨어 다니면서 관군의 감시와 추적이 미치지 않을 경우, 비밀리에 동학을 포교하였다. 그리하여 영월, 원주, 횡성, 인제, 홍천, 강릉, 양양 등지에 동학 신자들이 생겨나고, 동학의 교세가 점차 신장되었다.

이런 토대가 있었기에, 강원도의 동학인들은 1893년 3월 보은취회 때 수백 명이 참가하였다. 그리고 이들은 일본군의 경복궁 점령에 항거하여 1894년 8월 전정·군정·환곡의 부담으로 고통을 받던 농민들을 모아 기포한 후 유생층과 합세하여 무비를 갖추고 국권을 수호하기 위한 운동을 전개하려고 하였다. 그리고 1894년 9월 말 최시형의 명령에 따라 기포한 후에는 북접의 손병희 등이 이끄는 동학농민군의 주력과 합세하여 우금치전투 등지에도 참여하였다.

이처럼 강원도 지역의 동학도와 동학농민군의 역할과 활동이 미미하지 않았기에 지금까지 적지 않은 연구가 있었다.[1] 그리하여 강원도 지역의 동학의 개략적 포교 경위와 동학농민운동의 전개에 관한 사실이 밝혀졌다. 최근에는 강원도의 시·군별로 동학농민운동의 전개 과정을 연구하였다. 특히 동학학회는 홍천 지역의 '동학농민혁명'에 관한 학술회의를 통해서 홍천군의 동학 포교 과정과 그 지역인의 동학 포교 활동과 '동학농민혁명' 때의 역할과 활동을 규명하였다.[2] 나아가 강원도 내 다른 지역의 동학농민운동도 세부적으로 검토할 여지가 있다. 필자가 '원주 지역의 동학 포교와 동학농민운동의 전개'를 다루려는 이유가 바로 여기에 있다. 원주의 동학농민운동은 이미 선학들이 동학농민운동의 배경으로서의 '원주민란', 원주 지역 동학의 포교와 동학 조직, 원주 출신 동학농민군의 조직과 활동을 검토한 바 있다.[3] 그렇지만 원주인의 동학 수용과 포교 과정, 주도적 인물, 원주 출신 동학인의 동학농민운동과 그 운동의 성격, 동학농민운동 후 원주 출신 동학인의 동향 등은 사실 검증과 세부적인 내용을 보완할 여지가 있다.

필자는 이 글에서 먼저 원주인의 동학 수용과 동학 포교 활동을 다루도록 하겠다. 이어 원주 출신 동학인이 참여한 1894년 9월 4일 동학농민군의 강릉부 점령의 성격과 동학농민운동 시의 원주인의 역할과 활동을 규명하려 한다. 그리고 마지막으로 동학농민운동 후 원주 출신 동학인의 동향을 추적해 보도록 하겠다.

2. 원주인의 동학 수용과 동학 포교

강원도 원주 지역에 동학이 처음 전해진 시기는 정확히 알 수 없다. 다만 동학교단의 초기 역사를 전해 주는 『대선생사적(大先生事蹟)』〈해월선생문집〉의 다음과 같은 구절로 강원도에 동학이 전해진 시기와 경위를 짐작해 볼 수 있다.

> 甲子(1864년) 三月初, 自獄中有遠逃之命, 仰天叩地, 事不獲已, 束裝登程, 愁雲慘憺, 日月無光, 彷徨道路, 所向無地, 屢日顚倒 轉至于江原太白山中.[4]

즉, 1864년 3월 초 "옥중에서 멀리 도망가라는 명령"이 있자, 최시형 등의 동학인들이 수일 동안 엎어지고 자빠지고 하면서 강원도 태백산에 이르렀다는 것이다.

1864년 3월 2일에는 최제우 등의 동학교인에게 다음과 같은 판결이 있었다.

> 다만 조사한 문서에서 단정한 것으로 미루어 보면 崔福述(최제우)가 그들의 괴수라는 것은 그가 자복한 것과 사실을 조사한 것을 통하여 이미 斷案이 내려진 것입니다. 그러니 감사로 하여금 군민(軍民)들을 크게 모아 놓고서 효수하여 여러 사람들을 경계시켜야 할 것입니다.
>
> 그리고 姜元甫·崔自元이 앞장서서 이끈 죄는 중하게 따져서 두 차례 엄하게 형신한 다음 죽을 때까지 멀리 떨어진 섬에 정배하되, 勿揀赦前하는 것이 합당합니다. 또 李乃謙·李正華·朴昌郁·朴應煥·趙相彬·趙相植·丁錫敎·白源洙는 엄하게 두 차례 형신한 다음 먼 곳으로 정배하며, 申德勳·成一奎는 모두 엄하게 한 차례 형신한 다음 정배하며, 그 나머지 여러 죄수들은 감사로 하여금 등급을 나누어 적당히 처리하게 하는 것이 합당합니다. … (중략) 하니, 윤허한다고 전교하였다.[5]

위의 내용에 따르면, 1864년 3월 2일 승정원에서 최제우를 사형에 처하고, 강원보와 최자원을 종신유배에 처하며, 이내겸(李乃謙)·이정화(李正華)·박창욱(朴昌郁)·박응환(朴應煥)·조상빈(趙相彬)·조상식(趙相植)·정석교(丁錫敎)·백원수(白源洙)는 두 차례 형신한 다음 먼 곳으로 유배를 보내고, 신덕훈(申德勳)·성일규(成一奎)는 한 차례 형신한 다음 유배를 보내라고 건의하자, 고종이 이를 윤허하였다고 한다. 이 명령은 곧 대구 감영에 전달되어 3월 초에 형이 집행되었다. 그런데 옥에 있던 최제우와 동학도들은 자신의 처형 사실을 알고 다른 동학도들에게 화가 미칠까 우려하여 최시형에게 멀리 도망가라고 명령을 내렸다. 이 명령에 따라 최시형은 최제우의 부인과 태백산으로 숨어들었다. 최시형은 1864년 안동과 평해에서 은거하다가 1865년 가족과 최제우의 부인 박씨를 대동하고 당시 강원도였던 울진군 죽병리(竹屛里)로 거처를 옮겼다.[6] 최시형이 강원도 울진에 은거하였을 즈음 다른 동학도들도 강원도에 은거하였음이 틀림없다.

이들 덕에 동학이 차츰차츰 강원도인에게 전파되었다. 특히 이름 미상의 공생(孔生)은 1869년 이전에 강원도 양양의 최희경(崔喜慶)과 김경서(金慶瑞)에게 동학을 전파하였다. 그 결과 최희경과 김경서는 1869년 2월에 영양 산죽현(山竹峴)의 나뭇집에 거처하던 최시형을 찾아와 자신들의 입교 경위와 신앙생활을 이야기하고 최시형에게 양양의 모처로 거처를 옮길 것을 요청하기도 하였다. 최시형이 이들의 청을 받아들여 1869년 3월 양양에 이르렀을 때, 그곳에는 근 3,000호의 교인들이 있었다.[7]

그리고 이 무렵 영월에도 동학이 포교되어 있었다. 1870년 10월 이필제는 이인언(李仁彦)을 최시형에게 보내어 최제우의 신원운동을 벌이자고 하였는데, 이인원은 영월 출신이었다.[8]

이 즈음에 강원도 원주 사람에게도 동학이 포교되었다.

庚午(1870년) 十月, 孔生者 誘言世貞曰 方今襄陽道人願倍大家移遷寧越
則出入相從 惟且好矣 生計亦勝於此 遷于寧越如何 世貞聽其孔生之言 忽爲
搬移于寧越小密院 其處有張奇瑞者 原州人也 入道淵源則 謫居人李慶化之
所傳也.[9]

위의 기록과 같이 1870년 이전 원주인 장기서는 영월에 유배를 와 있던
이경화(李慶化)를 통해 동학에 입교하였다. 이후 장기서는 소밀원에 거처하
면서 1871년 무렵까지 최시형을 가까이서 보필하였다.[10]

그런데 1871년 음력 3월 이른 바 '이필제의 난'이 발생한 후, 다시금 관의
추적을 받자, 최시형을 비롯한 동학지도자와 최제우 가족 등은 더욱더 강
원도의 태백산 깊은 곳으로 숨어, 거처를 옮겨가며 생활하였다. 1871년 전
후부터 1880년대까지 『본교력사』와 『천도교백년략사(상권)』에서 확인되
는 최시형과 동학 간부 및 최제우 가족의 강원도 지방에서의 행적은 다음의
〈표 1〉과 같다.

〈표 1〉과 같이 최시형 등 동학지도자와 최제우 가족 등은 1869년 강원도
양양에 거주한 이후부터 1882년까지 영월군 소밀원·직곡리·거석리 인제
군 남면 무의매·갑둔리, 정선군 무은담·남면 미천리·갈내사(葛川寺) 적
조암·갈천면 장정리 등지에 이거하며 생활하였다. 이들은 이곳에서 도피
생활을 하면서 기도를 드리고, 제를 지내고, 경전을 간행하여 배포하는 등
의 신앙 활동을 하였다.

<표 1> 동학인들의 강원도에서의 행적(1869~1882)

시기	장소	관련 인물	행적
1869.03	양양 이거	최시형	공생, 최희경(崔惠根), 金慶瑞 등의 요청
1870.10	영월 소밀원 이거	최세정, 최제우의 가족	공생의 설득에 의해 박사모, 최세정, 최세청이 상주 동관암에서 영월 소밀원 이거
1871.03	소백산 이거 (충북 단양, 혹은 경북 영주)	최시형, 姜洙, 黃在民 碩鉉, 用權	최시형은 석현가에 거처 강수는 용권가에 거처
1871.	영월 소밀원 이거	최시형, 강수, 황재민	
1871.09	영월 소밀원	최시형, 강수	최시형과 강수 산의 무인지촌에 거처하며 곤드레를 먹고 생활. 황재민은 영남에 보냄
	영월 직곡리	최시형, 강수, 朴用傑 박용걸 老主人	최시형과 강수 영월 직곡리에 가서 박용걸 노주인과 결의형제를 맺고 9일제를 지냄.
	영월 소밀원	최시형, 강수, 장기서,	지달준(池達俊)의 도움으로 영월의 포청 행수 박씨의 검거를 모면한 데 감사.
1872.01.05	영월 직곡리	최시형	弛禍之意로 주문을 만들어 배포
1872.01	영월 소밀원	최시형, 강수	6일 최시형, 강수가 영월 소밀원 근처의 사모와 최세정, 최세청 방문
	영월 직곡리	최시형, 강수	며칠 뒤 잠시 직곡리에 머무름
	경북 영주군 순흥면	최시형, 강수	며칠 뒤 순흥면에서 소밀원에서 온 林生에게 쌀 몇 말을 받고, 최세정의 처로부터 최세정이 양양군에 체포되었다는 소식을 들음.
	영월 직곡리	최시형, 강수, 全聖文, 박용걸, 유인상, 박사모 최세청	정선 도인 유인상이 와서 정선은 아직 거처가 아니라고 함. 1월 28일 최시형, 강수, 전성문, 유인상, 洪錫範, 安時默, 金敬淳 등은 박사모댁에 이르러 박사모와 최세청을 직곡리 박용걸가에 옮김.
1872.03	양양	임생, 世淸	최시형의 명을 받은 임생과 세청이 양양에 가서 세정의 일을 살폈으나 처리 결과는 알 수 없음.
1872.03.23	인제 남면 무의매	최시형, 임생, 세청	최시형이 임생과 세청을 대동하고 대관령을 넘어 金秉鼎, 김연순의 집에 감
1872.03	홍천 東沙屯 충북 단양군 永春面 義豊里	최시형, 金秉鼎, 金演淳, 金龍鎭 숙질과 그 권속 10여인	강원도 홍천 동사둔과 충북 단양군 영춘면 의풍리 등지에 도피 생활
1872.03.	인제	최제우 3녀, 세정의 부인	최제우 3녀, 세정의 부인이 인제옥에 수감
1872.04	정선 舞隱潭		최시형, 강수, 전성문 등과 정선 무은담의 유인상가에서 49일제 실시

날짜	장소	인물	내용
1872.09.	정선 남면 米內川(米川里)	최제우 3녀, 세정의 부인	최제우 3녀, 세정의 부인이 정선 남면 미천리에 있다가 인제옥에 수감
1873.08	영월 직곡리	최시형, 박용걸, 강수, 유인상	박용걸가에 머무르면서 강수와 유인상을 태백산에 가서 기도를 하게 함. 태백산 갈천사 적조암에서 노승 만남
	태백산 葛川寺 寂照庵(정선군 고안읍 정암사)	최시형, 강수, 유인상, 전성문, 金海成	태백산 갈천사 적조암에서 묵주를 쥐고 정좌하여 주문 3만송을 함.
1873.12	영월 직곡리	최시형, 金啓岳 등	박사모의 장례를 치르다
	영춘군 남면 獅項里	박용걸, 최시형	박용걸이 영춘군 남면 사항리로 이사하여 최시형이 그곳에 가서
1874.01	정선 무은담	최시형, 유인상	최시형이 순흥의 박봉한의 집에 갔다가 정선의 유인상 집에 가서 며칠 머무름
1874.01	소백산	최시형, 金演順	인제에 거주한 김연순의 딸을 도솔봉 아래에서 부인으로 맞이함.
1875.01	영월 소밀원	장기서, 세청	세청이 장기서가에 갔다가 질병에 걸려 사망함.
1875.02	소백산 松皐	최시형	도솔봉 근처 송부에 거처함.
1875.08	정선	정선도인	정선도인들이 치성제에 고기를 쓰려하자 최시형이 어육을 사용하는 것을 금함.
1877.10	정선	최시형, 유시헌(유인상)	최시형이 정선 유시헌(유인상)의 집에 가서 九星祭를 행함.
1878.07	정선	최시형 등	정선의 유시헌의 집에서 개접함.
1879.03(윤)	영월 巨石里	최시형, 강수, 金龍鎭	최시형, 강수, 김용진과 영월 거석리의 盧貞植의 집에 가서 유숙함.
1879.03(윤)	인제 남면 갑둔리	최시형, 金顯洙	최시형이 인제의 김현수의 집에 가서 치성제를 드림. 근처의 金啓元, 張春甫, 金卿植, 金允喜 등이 참석
1880.01	인제	최시형, 강시완, 김시황, 김용진	인제접이 引燈祭를 행하자고 요청하여 金演錫가에서 이를 행하다.
1880.03	최시형의 집		3월 10일 대신사 기제를 신사의 집에서 지냄
1880.05	인제 남면 갑둔리	최시형 등 다수.	동경대전 간행소를 마련하여 6월 5일에 마침.
1881.06	충북 단양 泉洞	최시형, 呂奎德	최시형 대신사팔편가사 개간소를 인제 천동 여규덕가에 설치하였다.
1882.06	정선 갈천면 장정리	최시형	최시형 갈천면 장정리 本第에서 기천식을 행하였다.
1885.08	충북 보은	최시형	최시형이 보은으로 돌아옴.

이 무렵 원주의 남쪽인 영월과 북쪽인 인제, 그리고 동쪽인 정선과 양양 등지에는 다수의 동학인들이 있었다. 1869년부터 1881년까지 강원도 원주 주변의 군에 거주하던 동학인을 표로 나타내면 다음 〈표 2〉와 같다.

〈표 2〉 강원도 원주 주변 지역의 동학 입도자(1866~1981)

지역	인물	입교 연도	활동
양양	최희경	1869년 이전	1869년 공씨를 통해 입교 1869년 2월 영양의 최시형 방문, 양양 이거를 요청
	김경서	1869년 이전	1869년 이전 공씨를 통해 입교
영월	이경화	1864년 유배	1864년 유배되었고, 1866년경 해배되어 소밀원 등지에서 포교 활동
	張基瑞	1866~1869	원주인 장기서가 영월에 유배 온 이경화를 통해 입교
	朴用傑	1871	1871년 9월 직곡리에서 최시형과 의형제를 맺고 입교
	林生	1872년 이전	1872년 1월 소밀원으로부터 쌀 몇 말을 갖고 경북 영주군 순흥면에 와서 최시형과 강수에게 전달
	金啓岳	1873년 이전	영월 직곡리에서 박사모(朴師母)의 장례를 치르다
정선	劉寅常	1872년 이전	1872년 1월 정선에서 영월 직곡리로 최시형을 찾아와 박사모와 최세청 최시형 등의 정선 이거 주선
	辛定彦		1872년 4월 최시형과 함께 정선에 거주
	李致瑞 辛處瑞		〃
	洪文汝		〃
	劉啓弘		〃
	崔永夏		〃
	金海成		〃
	方子一		〃
	安順一		〃
	朴鳳漢	1872년 이전	박사모를 위해 재물을 출연. 단양군 순흥면 출신
	全成文	1871년 이전	1872년 4월 최시형, 강수와 정선 무은담에 거주. 영덕인

인제	金秉鼐	1872년 이전	1872년 3월 최시형이 인제군 남면 무의매의 김병내의 집에 감. 최시형의 이거 준비
	金演淳	1872년 이전	1872년 3월 인제군 남면 무의매에서 김병래 김용진과 최시형의 이거 준비
	金龍鎭	1872년 이전	1872년 3월 인제군 남면 무의매에서 김병내, 김연순과 최시형의 이거 준비
	金現洙	1879년 이전	1879년 3월 인제 자신의 집에서 치성제를 드림
	金啓元	1879년 이전	1879년 3월 인제 김현수의 집에서 열린 치성제에 참석
	張春甫	1879년 이전	1879년 3월 인제 김현수의 집에서 열린 치성제에 참석
	金卿植	1879년 이전	1879년 3월 인제 김현수의 집에서 열린 치성제에 참석
	金允喜	1879년 이전	1879년 3월 인제 김현수의 집에서 열린 치성제에 참석
	金演錫	1880년 이전	1880년 1월 김연석의 집에서 인등제를 지냄
	呂奎德	1880년 이전	1881년 인제군 천동에서 최시형 등과 대신사팔편가사를 개간함
홍천		1872년 이전	束沙屯에서 최시형, 김병내, 김연순, 김용진 숙질과 그 권속 10여 인이 도피 생활

영월 · 정선과 인제 · 홍천의 가운데에 위치한 원주에도 동학지도자의 발길이 닿았다. 이는 다음 『최선생문집도원기서(崔先生文集道源記書)』의 내용을 통해서 파악할 수 있다.

壬申(1872년) 正月 士衡被捉於襄陽官 先生聞此報 陪師母宅搬移于旌善米內村. 三月望間, 率世淸及林生, 往探襄陽, 則士衡已爲不幸. 卽越大嶺, 往麟蹄南面舞依梅里金秉鼐家, 卽本月二十三日也. 金演順叔侄搬移次方束裝秉鼐曰, 此地相合, 誠非偶然也. 曾聞大小白山之盛名, 何以去 之. 先生曰不難也. 我且前導率男女十餘口, 或先或後, 至洪川束沙屯宿所 · 雉谷店宿所 · 原州台場宿所(원주군 원주읍 태장리: 필자) · 新林店宿所(원주군 원주읍 신림리: 필자). 一日宿所 至橫呪店(횡성현), 有分路, 先生卽向旌善 霧隱潭 劉道原家, 則道源欣然迎接, 數日後將欲發程, 道源極力挽留, 先生曰後有追探者, 多日

留連 害必及矣. 道源曰 若有追者, 兩丈遠避, 則吾不過定 配, 勿疑慮焉. 翌日 先生與姜洙同入後房, 設四十九齋, 念誦已畢時, 則七月望間也. 旌善辛定彦·辛致瑞·洪文汝·劉啓弘·崔永夏·金海成·房子一·安順一·張基瑞·金秉龠·朴龍傑, 數數相從也.[11]

위의 기록을 보면 최시형은 1872년 정월 최제우의 부인과 가족을 정선 미내촌(米內村, 미내마을), 즉 지금의 정선군 남면 광덕2리의 미내리마을로 옮기고, 3월 23일쯤 인제군 남면 무의리 김병내의 집으로 이동하였다. 그리고 그는 홍천의 속사둔, 치곡점을 거쳐 원주군 원주읍 태장리의 태장 숙소, 원주읍 신림리의 신림점 숙소를 거쳐서 수레너미점(횡현점)을 거쳐 정선 무은담으로 이동하였다. 이것을 통해 보면, 원주의 산악 지대뿐만 아니라 읍내에도 동학지도자들의 손길이 미쳤음을 알 수 있다.

앞서 살폈듯이 원주 출신의 인물로 1870년 이전 동학에 입교하였던 사람은 영월 소밀원에 거주하던 장기서였다. 그는 이후 최시형 등과 긴밀한 연락을 취하고, 그를 보필하며 신앙 활동을 하였다. 장기서는 1871년 이필제의 난 후 영월군 소밀원과 직곡리에 은거한 최시형과 강수에게 음식을 제공하고, 영월 소밀원에 숨은 최세정·최세청과 박사모를 보살펴 주었다. 그리고 1875년에는 자신의 집에 왔다가 사망한 최세청의 장례를 치러 주기도 하였다.[12]

1892년 12월의 보은취회와 1893년 2월의 복합상소 후, 최시형이 각지의 동학교인들을 단속하기 위하여 접 조직을 만들었을 때, 원주 인근 군의 접주로는 여주의 임학선(林鶴仙(林學善))과 임순호(林淳灝), 횡성의 윤면호(尹冕鎬), 홍천의 심상현(沈相賢)이 있었다.[13] 여주 출신인 임학선은 1898년 2월 최시형이 원주 송동의 원진여의 집에서 생활하는 것을 도왔고[14], 임순호는 원주에 포교를 해서 제2차 동학농민운동 시 원주에서 기포하였다.[15] 이 점으로 보아 원주 출신의 동학인 다수가 여주의 임학선과 임순호의 포에 속했던 것으로 판단된다. 그리고 횡성의 윤면호와 홍천의 심상현의 접에도 소속되어 활동하였을 것으로 짐작된다.

그리고 1893년 3월 각지의 동학인들이 보은군 장내리에 모여 '척왜양창의'를 기치로 내걸고 교조신원운동과 아울러 반외세적 운동을 전개하였을 때 원주 지역의 동학교인들도 이에 참여하였다. 당시 보은에 모인 동학인은 수만 명에 달하였는데, 원주접에 속한 동학인은 200여 명이었다. 경기·충청 지역의 동학 접이 수원접 840명, 용인접 200명, 양주·여주접 270명, 안산접 150명, 송파접 100명, 이천접 400명, 안성접 300명, 죽산접 400명, 청안접(淸安接) 100명, 진천접 50명, 청주접 290명, 목천접 100명, 충주 지역의 접 1,000명이었던 점[16]으로 보아, 당시 원주 지역의 동학 교세가 결코 약하지 않았음을 알 수 있다. 당시 보은취회에서 전국적으로 8개의 대접주를 정할 때 관동대접주로 이원팔(李元八)이 임명되었다.[17] 이원팔은 그 출신지가 확인되지는 않으나 1866년 11월 28일 울진 죽병리에서 있었던 최제우의 졸신제(卒身祭)에 참여할 정도로 동학에 입도한 경력이 오래되었고, 경상도와 강원도 남부에서 활동하였다.[18] 그런 그가 최시형이 1869년 이후 강원도 양양, 영월, 정선, 인제, 원주 등지에 포교를 할 때 최시형과 함께 이 지역에서 포교 활동을 하였고, 이것이 배경이 되어 1893년 3월 관동대접주에 임명되었다. 당시 이원팔과 함께 원주 지역의 동학인 200명이 참석하였으므로 이원팔은 원주나 그 인근 지역에 거주하였던 것으로 판단된다.

현재, 1894년 음력 8~9월 강원도 강릉·정선·영월·홍천·평창·인제·원주 등 동북부 지역의 동학농민운동 발생 이전에 동학에 입도한 것이 확인되거나 입도하였을 것으로 판단되는 원주 출신의 인물은 다음과 같다.

먼저 입도한 것이 확인되는 인물로는 1860년대 후반에 영월에 거주하면서 이경화를 연원으로 하여 입교하였던 장기서, 1893년 복합상소 당시 원주접주로 참여한 임순화(林淳化), 1894년 음력 9월 18일의 최시형의 기포령에 따라 원주에서 기포한 임순호(林淳灝)와 이화경(李和卿)[19], 손천민과 관계하며 원주에서 기포한 원주접주 신택우(申澤雨)와 관동대접주 이원팔(李元八)[20], 1894년 강원도 원주에서 동학농민운동에 참여하였다가 1895년 4월 충북 충주에서 체포된 이규하(李圭夏)[21]가 있다. 1894년 10월 말 소모관 맹영재(孟英在)의 첩보 내에 나오는 원주 비적 김화보(金化甫)[22], 1894년 말 원주, 정선, 평창, 영월 등지의 동학농민군과 함께 봉기하여 원주 불원면 등지에서 싸우다가 전사하였다고 하는 이종태[23]도 동학농민운동 이전에 동학에 입도하였던 인물로 판단된다. 또 1898년 2월 여주접주 임학선(林學善(鶴仙))의 부탁으로 최시형을 보살핀 원주군 송동(松洞)의 원진여(元鎭汝(陳眞汝))[24], 1898년 2월 박희인과 김연국을 숨겨 준 원주군 서면 옥직리의 임명화(林明化)와 임석화(林石化)[25]도 1894년 음력 8, 9월 원주의 동학농민군이 기포하기 전에 입도하였을 것으로 짐작된다.

3. 원주 출신 동학인의 동학농민운동

1894년 원주 출신 동학인이 봉기하였던 것은 1894년 음력 8월 말이었다. 「동비토론」에는 다음과 같은 구절이 있다.

> 9월 초 8일 감영의 지 [在營 九月 初八日]
> 1894년 여름과 가을 사이에 먼저 충청도와 전라도에서 동학의 이름을 내걸고 일어났다. 본도(本道), 강원도의 原州 · 寧越 · 平昌 · 旌善 4개 읍도

점점 그 피해를 입어 종종 동학의 接을 설치하는 곳이 있게 되었다. 동학도는 겉으로 학을 숭상한다고 하면서 안으로는 재물을 탈취하려고 했으며, 몇 달 만에 그 무리가 번성하여 곧바로 세상을 뒤덮으니 참으로 예측하지 못한 일이었다.[26]

1894년 여름과 가을 사이에 원주, 영월, 평창, 정선에서 동학이 접을 설치하였다는 것이다. 『임영토비소록』의 음력 8월 20일쯤에 동학인들이 강릉의 서쪽 대화면(당시 강릉부 대화면, 현재는 평창군 대화면)을 침범하였다는 기록[27]으로 보아, 원주 지역의 동학인들은 1894년 음력 8월 20일경 영월, 평창, 정선 등지의 동학인들과 함께 기포하여 대화면을 장악하였던 것으로 판단된다.

그런데 원주 지역의 동학인은 1894년 8월 20일에 왜 기포하였을까? 이 궁금증에 관한 해답의 실마리는 다음의 기록에서 찾을 수 있다.

이른바 '동학'이라는 것은 어떤 학문인지 알지 못하나 오로지 요망한 술법으로 사람을 속여 재물을 빼앗는 道에 지나지 않는다. 저 癸亥, 1863년간에 崔北術이 영남의 경주에서 교를 세우자 영남 감영에서 효수하여 사람들을 경계하였다. 그 후 30년이 지나 匪徒들이 兩湖에서 무리를 지어 북술이 남긴 가르침이라고 칭하며 '동학'이라는 새로운 이름을 다시 세웠는데, 斥洋斥倭를 칭탁해 부르고, 사람과 재물을 겁탈하여 이익을 탐하였다. 1893년 봄에 이르러 더욱 심해져서 묘당에서 招諭使와 安撫使 등을 뽑아서 양호에 보내니, 이에 따라 놀라서 흩어졌을 뿐이었다. 1894(甲午)년 여름에 다시 무리를 모아 전철을 다시 밟았다. 아! 진시황의 채찍은 미치지 못하고 楚石은 쓸모없는 것이 많아서 마침내 급속하게 양호 영남에까지 두루 퍼져 두려워하거나 거리낌 없이 약탈을 자행하였다. 〈중략〉

8월 20일쯤에 본읍의 대관령 서쪽 大和面(당시 강릉부 대화면, 현 평창군 대화면)을 침범하여 金長水의 집을 훼손하고 그 집의 가사와 집기를 탈취한 뒤에 대관령을 넘어 간다고 큰소리쳤다. 이때 본읍(강릉: 질자) 수령은 비어 있어서 백성들이 의지할 곳이 없었고 일은 통솔이 되지 않았으며, 아전과 軍校들은 간이 오그라들고 촌민들은 입을 다물었다. 한두 사람이 모의하여 도모하고자 했으나 그들의 무리가 마을에 퍼져 있는 것을 알고 보복이 두려워서 사람들에게 말하지 못하였다. 마을의 아래위 어디에도 전혀 방책을 세울 수가 없었다.

湖中의 內郡인 제천과 청주 등지의 비도와 영동 산골의 영월과 평창의 비도들이 합세하니 1,000명이 되었다. 본읍의 대화면(현재의 평창군 대화면)에 들어와 모로치(毛老峙)를 넘어 珍富面(평창군 진부면)으로 가서는 노략질이 더욱 심해졌다. 수십 명을 사방으로 보내어 물건을 찾아내게 하였는데, 외진 산골 마을이라도 조금도 모면하지 못하였다. 포와 총 그리고 말은 있는 대로 빼앗았고, 창검과 미투리(麻鞋)도 있는 대로 빼앗아 갔고 없으면 돈으로 대신 거두었다. 총 1자루는 10냥, 창 1자루는 2냥, 미투리 1켤레는 5쥿으로 戶마다 내는 돈이 3~4냥에 이르렀다. 수많은 돈을 거둬 가지고 가서 都所에 낸 것은 10분의 1도 되지 않았다고 한다. 이것은 이른바 예의가 없으면 도적이 될 수도 없다는 것이니, 선현의 말씀을 어찌 믿지 못하겠는가?[28]

위의 기록에서 주목되는 것은, 원주 출신의 동학인이 1894년 음력 8월 20일 경 강원도의 영월, 정선, 평창 등지의 동학인 뿐만 아니라 충북 청주와 제천 등지의 동학인과 함께 기포하였다는 점이다. 충북 청주 및 제천에서 멀지 않은 충경포 우두머리인 임규호(任圭鎬)와 상공포(尙公包)의 우두머리인

이관영(李觀永)이 이끄는 동학농민군은 음력 7월 2일 보은군수 정인량(鄭寅亮)을 찾아가 경사(京師)가 위급하니 창의하겠다는 뜻을 알리고 창의군의 대장이 되어 줄 것을 요청하였다.[29] 즉, 1894년 음력 7월 초 동학농민군 중에는 경복궁이 점령당한 것을 알고 재기포나 창의를 주장하였고, 관리와 양반 유생층과 함께 거의를 주장하기도 하였다.[30] 그런데 1894년 원주에서 기포한 신택우(申澤雨)는 바로 충경포의 접주였다.[31] 그리고 9월 4일 강릉부 진입을 주도한 관동포[32]의 대접주 이원팔도 1866년 경상도에서 활동한 것으로 보아 충경포나 상공포와 관련이 깊었다고 보인다. 이런 사실로 미루어 보면, 원주의 동학농민군이 1894년 음력 8월 20일 영월, 정선, 평창과 청주, 제천의 동학농민군과 함께 기포한 것은 일본군의 경복궁 점령에 맞선 창의였던 것이다.

그런데 지금까지 원주와 인근 지역 동학농민군의 활동을 관리와 양반 유생 등 지배층의 가렴주구와 탐학에서 비롯된 것으로 오해하고, 이를 동학농민군의 제1차 봉기와 성격이 같다고 주장하기까지 하였다.[33] 이는 다음의 기록에 보이는 동학농민군의 양반 지배층에게 한 가혹한 징치, 동학농민군의 환곡 등 삼정의 폐단에 관한 시정 발표 등에 현혹된 때문이었다.

9월 3일에 대관령을 넘어와 득의양양하게 참새가 날고 이리가 날뛰듯이 무질서하게 와서 邱山驛에 묵었다. 이날 밤에 사람을 보내 城山面 執綱을 잡아왔는데, 집강은 바로 琴山 김양반이었다. 정강이 아래에 커다란 종기를 앓아 거동하지 못하고 자리에 누워 괴로워하고 있었는데, 수십 명이 크게 소리를 지르며 난입하여 갑자기 병자를 끌어내었다. 가족들이 소리 내어 울면서 살려줄 것을 간청했으나 조금도 용서하지 아니하였다. 그 집에서 어쩔 수 없이 轎子에 태워 매고 구산역에 이르자 바로 덮어 씌우고 곤봉으로 어깨를 난타하여 거의 죽게 되었다. 울며 목숨을 구걸하니, 위에 앉은 사람이 말하기를, "너처럼 완악한 놈이 집강이 되어 이번 우리 행차에 와서 기다리지 않은 것은 바로 양반의 기세인가? 그 죄가 죽음에 해당된다."라고 하였다. 인사불성이 되어서야 끌어내었다. 약으로 치료하여 겨우 회복되었는데, 다행히 나이가 적고 몸이 강건한 까닭이었다. 의지할 곳 없고 불쌍한 백성들의 처지가 한결같이 이런 지경에 이르렀는가?[34]

9월 초 8일 순영 및 겸관에 보고 [九月初八日 文告 巡營及兼官]

관아의 각처를 지키는 등의 일은 단단히 경계하도록 타일러서 무사하며, 이달 4일에 어떤 난류(亂類)들이 동학을 칭하며 영월·평창·정선의 3개 읍에서 흘러들어 온 자가 수천 명이 되었고, 8개 읍에서 음식을 제공한 연유는 이미 보고하였습니다. 동학도가 지나는 곳의 길목에서 말을 빼앗아 타고, 총과 칼을 가져갔으며 심지어 부중(府中)에 4~5일을 머물렀습니다. 惟正(의례로 궁중 및 서울의 고관에게 바치는 공물)과 軍稅 및 糶稅, 환곡 등의 三政을 마음대로 삭감하였고, 饒戶를 불러다가 재물을 요구하고 전답문서를 빼앗으려고 했습니다. 관원과 백성을 구타하여 관아의 옥사에 가두고 민간의 訟詞를 쉽게 처결했으며, 주리를 트는 형벌로 위협하고 徒黨들을 불러 모았을 뿐 아니라 군기를 탈취하려고 했습니다. 邑村에서 못된 짓은 끝이 없으니 화적이 분명합니다.[35]

그런데 반동학농민군이 작성한 이 기록은 모두 반동학농민군이 자신들의 치부를 숨기고, 동학농민군의 폐단과 악행을 드러내는 식으로 작성되었다. 따라서 당시의 상황을 제대로 파악하려면 글의 이면에 담긴 다음과 같은 사실의 의미를 제대로 파악해야만 한다.

첫째, 1894년 8~9월 봉기한 원주 등 강원도 북부 지역 동학농민군에는 전(前) 좌수 이치택(李致澤, 평창), 진사 박재회(朴載會, 평창) · 이동익(李東益, 강릉 임계) · 박재호(朴在浩, 강릉), 권지관(權地官), 찰방(察訪) 황모(黃某, 삼척) · 지왈길(池曰吉, 정선 여량), 부농 최도열(崔道悅, 홍천), 집강 박석원(朴碩元, 홍천) · 지덕화(池德化, 홍천) 등이 있었다. 이처럼 다수의 향촌 지배층이 동학농민군에 참여한 것은 일본군의 경복궁 점령에 불만을 품고 창의하여 동학농민군과 서울로 가서 이를 바로잡겠다는 생각이 있었기 때문이었다. 한 예로 박재회는 1895년 을미사변 후 관동에서 의병을 일으킬[36] 정도로 강한 항일 의식의 소유자였다.

둘째, 9월 3일 대화면에 들어간 동학농민군이 벌인 행동은 동학농민군의 무장화와 관련된 행동이었다. 즉, 이들은 "포와 총 그리고 말은 있는 대로 빼앗았고, 창검과 미투리(麻鞋)도 있는 대로 빼앗아 갔고 없으면 돈으로 대신 거두었는데 총 1자루는 10냥, 창 1자루는 2냥, 미투리 1켤레는 5전(戔)으로 호(戶)마다 내는 돈이 3~4냥에 이르렀다."

셋째, 1894년 9월 4일 원주 등 강원도 북부 지역의 동학농민군이 강릉부에 들어갈 수 있던 것은 전투를 통한 점령이 아니었다. 이들이 강릉부에 들어갈 때, "말을 타거나 가마를 탄 자가 수십 명이고 나머지는 모두 걸어서 뒤를 따랐다. 길게 늘어져서 모이고 흩어지는데 통솔이 되지 않았고 존비(尊卑)도 없었다."[37] 즉 원주 등 강원도 북부지방의 동학농민군은 전투 없이 이 지역 향촌 지배층의 양해하에 강릉읍에 진입하였던 것이다.

넷째, 강릉부 지역의 관리와 향리, 지역의 지배층은 동학농민군의 활동을 적극적으로 반대하지 않고, 지원하였다. 강릉의 어떤 부잣집은 동학농민군을 위해 술을 빚고 소를 잡아 제공하였다. 그리고 강릉의 향리들은 동학농민군에게 전부 700냥 어치의 음식을 제공하였다.

다섯째, 강릉부(현 홍천의) 내면의 동학농민군 지도자 차기석(車箕錫)은 "자신들과 호비(湖匪), 호남과 호서의 동학도는 같지 않고 다만 학업을 하며 의롭지 않은 행동은 하지 않는다."라고 하였다. 이는 강원도 지방의 동학농민군이 벌인 동학농민운동의 성격이 전라도와 충청도의 제1차 동학농민운동의 성격과 다르다는 것을 의미한다.

요컨대 1894년 8월 20일 원주, 영월, 평창, 정선 등지의 충경포를 중심으로 동학농민군은 일본군의 경복궁 점령에 불만을 품고 청주와 제천 등지 충경포, 상공포의 동학농민군과 함께 창의를 하였다. 이를 이끈 동학농민군의 지도자는 관동대도주인 이원팔과 홍천의 접주 차기석이었고, 원주에서는 접주 신택우 등이 주도하였다. 바로 이런 연유에서 원주, 영월, 평창, 정선, 강릉 등 이 지역의 일부 진사와 찰방과 부농 등 향촌 지배층이 창의에 적극적으로 참여하였던 것이다. 그리고 대화면과 강릉읍 등지에서 무기와 군마와 식량과 자금을 마련하여 무비를 갖춤으로써 서울로 가려고 하였다. 바로 이런 취지였기 때문에 1894년 9월 6일 강릉읍 정동면(丁洞面) 선교(仙橋)에 거주하였고, 임금을 지근거리에서 보필하던 승지 이회원을 찾아가 지원과 동참을 요청하려던 것이다.

그런데 승지 이회원이 1894년 9월 6일 읍의 아전인 정시중(鄭始中)과 최희민(崔熙民)에게 연락을 취하여 동학농민군을 토벌하는 계획을 세웠다. 그리고 최도사(崔都事)를 통해 강릉 읍민을 모으고 부근 5~6개의 마을에서 군정을 모아 9월 7일 초저녁에 동문으로 들어가 동학농민군을 공격하였다. 그날 밤 각 점막에 있던 동학농민군은 놀라 도망하였고, 약 20~30명이 죽었다.[38]

9월 8일 동학농민군이 대관령을 넘어 강릉부를 침공한다는 소문이 있었으나 이것은 소문에 불과하였다. 홍천의 동학농민군은 9월 중순 맹영재가 이끄는 관포군과 사포군의 공격을 받아 고석주(高錫柱), 이희일(李熙一), 신창희(申昌熙) 등이 피살되었고, 팔봉 지역의 동학농민군도 지평의 민보군에게 계속 공격을 받았다.[39] 요컨대 강릉부에 진입한 강릉, 영월, 정선, 홍천, 원주 등지의 동학농민군은 9월 7일 관군과 민보군의 공격을 받은 후 공세적이지 않고 극히 수세적인 입장에 있었다.

원주 등 강원도 북부 지역의 동학농민군이 다시 봉기한 것은 9월 18일 최시형이 전국의 동학농민군에게 기포하라는 명령을 내리고 10여 일이 지난 1894년 9월 그믐이었다. 최시형의 명령 후 원주에서 기포한 동학농민군 지도자로는 이화경(李和卿), 임순호(林淳灝), 신택우(申澤雨)가 있었다. 그리고 원주에서 인접한 횡성에서는 윤면호(尹冕鎬), 홍천에서는 심상현(沈相賢), 오창섭(吳昌燮), 차기석, 인제에서는 성두환(成斗煥)이 기포하였고[40], 원주를 비롯한 관동지역을 관할하던 대접주로 이원팔이 활동하였다. 원주 지역의 동학농민군은 원주의 접주 이화경·임순호·신택우와 횡성의 윤면호, 홍천의 심상현·오창섭·차기석, 관동대접주 이원팔 등의 휘하에서 활동하였을 것으로 판단된다.

1894년 9월 말 봉기한 원주의 동학농민군은 크게 보아 두 방면에서 투쟁을 벌였다. 하나는 충청도로 가서 손병희가 이끄는 동학농민군의 주력과 합세하여 공주 우금치 등지에서 전투를 벌였다. 다른 하나는 강원도 홍천 등 강원도 북부지방에서의 투쟁이었다.

먼저 동학농민군의 주력에 합세한 원주 지역 동학농민군의 활동을 개략적으로 살펴보면 다음과 같다. 원주접주 이화경과 임순호의 접에 속하였거나 인근 지역의 접에 속하였던 원주 지역의 동학농민군은 충주 횡산에 회집하였다.[41] 이후 이들은 옥천군 청산면 한곡리 문바위골로 가서 손병희의 중군에 편성되어 공주로 이동하여 음력 11월 8일에서 12일까지 우금치전투에 참여하거나, 12월 초 청산 등지에서의 전투에 참여하였다. 그리고 일본군과 관군에게 패한 후 각자도생하거나, 일부는 최시형 등의 동학지도부와 함께 활동을 하였다.[42]

특히 원주에서 기포한 임순호는 1894년 음력 11~12월 최시형과 손병희 등의 동학지도부가 부산, 전주, 금구 태인, 정읍, 고부, 장성, 순창, 임실군 조항, 금산, 무주로 피난다닐 때, 수천의 도인을 지휘하며 최시형을 호위하였다. 이후 그는 최시형과 손병희 등이 영동군 용산시장, 송전(松田)과 옥천군 청산, 보은군 북실마을, 충주 외서촌 등지에서 관군 및 민보군과 싸울 때 최시형을 호위하는 활동을 하였다.[43]

그리고 관동대접주 이원팔은 1894년 음력 12월 초순과 중순 최시형 등의 동학지도부와 함께 충북 옥천군 청산면 등지에서 관군 및 민보군과 전투를 벌었고, 12월 18일 보은에서 관군 및 일본군과 전투를 벌였다. 특히 그는 12월 18일 보은읍 종곡리에서 임국호(任局浩), 김군오(金君五), 정대춘(鄭大春) 등과 함께 관군 및 민보군과 전투를 벌이기도 하였다.[44]

다음으로 원주 지역에서 활동하던 동학농민군은 강릉, 홍천, 평창, 정선, 인제 등지의 동학농민군과 합세하여 활동하였다. 이 지역에서 봉기한 동학농민군은 관군 및 민보군에게 강한 적개심을 품었다. 이는 『임영토비소록(臨瀛討匪小錄)』의 1894년 11월 보고를 통해서 알 수 있다.

지난 날, 내면(內面)에 있는 비도들의 괴수 차기석(車箕錫)이 스스로 득도했다고 하면서 어리석은 백성들을 속이고 회유하니 그 무리가 1,000여 명이 되었다. 전하는 말에, "자신들과 호비(湖匪), 호남과 호서의 동학도는 같지 않고 다만 학업을 하며 의롭지 않은 행동은 하지 않는다"라고 했으나, 이것은 한갓 그들 무리를 보호하려는 말로 참으로 믿을 수가 없다. 그러나

내면은 오대산 서북쪽에 자리잡고 있어 길이 막히고 멀고 산과 계곡이 험준하여 가서 토벌하기가 어려웠다. 또한 현저하게 나쁜 행적이 없어 잠시 그대로 두었으나 식자(識者)들은 그것을 걱정하였다.

9월 그믐쯤에 군사를 모아 난리를 일으켜서 창고를 불사르고 인민을 위협하며 따르지 않는 자가 있으면 그 집을 태우고 사람을 죽였다. 또한 포목(布木)·해산물·가축 등의 상인들을 회유하여 그 재물을 빼앗고 사람들을 죽여서 태워 버렸다. 산골짜기 길의 행상 중에 죽은 자가 수백 명이었으나 길이 끊겨서 영동에서는 전혀 그것을 알지 못하였다. 봉평면(蓬坪面)도 읍의 관아와 떨어져 있었다.

내면 근처에 거주하는 윤태열(尹泰烈)·정창해(丁昌海)·조원중(趙元中)·정운심(鄭雲心) 등은 본래 무뢰배들인데, 교활하게 차적(車賊), 차기석을 빙자하여 마을 사람들을 속이고 군사들을 모았으며 창고 옆에 목채를 세우고 강제로 각 마을에 명령을 내려, 호(戶)마다 속미(粟米) 6말, 미투리 한 켤레씩을 빠짐없이 거두었다. 또한, 소를 빼앗아 날마다 여러 마리를 잡으니 고기와 포(脯)가 산과 숲을 이룰 정도였다. 기꺼이 자신들을 따르지 않으려는 자가 조금이라도 있으면 바로 죽였다. 이에 완악한 무리들이 모두 일어나 한 패가 되었다. 진부면 안영달(安永達)·김성칠(金成七) 등도 거기에 가담하였다. 김상연은 진부면 두일촌(斗逸村)에 살았는데, 어느 날 밤에 잡혀가서 4부자(父子)가 함께 구덩이 안에서 죽었다. 지난 날에 잠시 중군을 했다는 소문 때문이었다. 행상과 부고(負賈), 보부상들이 모두 불 속의 귀신이 되었고, 요호와 양민이 솥 안의 물고기로 절로 나뉘어졌다.[45]

위의 내용과 같이, 1894년 음력 9월 그믐 이후 일어난 강릉과 원주 등지의 동학농민군은 반동학농민군에게 강한 적개심과 살기를 띠고, 심지어 자신들의 행동에 협조하지 않는 사람들을 죽이기까지 하였다. 이들이 이러한 태도를 보인 것은 1894년 음력 9월 초순과 중순 관군과 민보군이 동학농민 군을 살육하며 진압하였기 때문이며 분노의 표시와 보복적 행위로 나타난 것이다.

원주 지역 동학농민군은 1894년 음력 10월 13일 밤 대접주 차기석과 접주 박종백의 지휘하에 다른 지역의 동학농민군과 함께 세곡을 모아 두던 홍천 농민 수탈의 상징 동창(東倉)을 공격하였다. 이는 군량미의 확보를 위한 전 술적 작전이었다.[46] 이어 이들은 10월 보름쯤 수백 명의 무리를 이루어 총과 창을 소지하고 홍천읍에 들어가 그곳에 있던 강릉 사람들을 함부로 죽였다. 그리고 현감의 검시 요구에 총과 창으로 현감을 위협하며 거부하였다.[47]

10월 중순 원주 지역의 동학농민군은 이들과 함께 강릉으로 가 과거의 원 수를 갚으려 하였다. 홍천에 모였던 강원도의 동학농민군은 강릉으로 가기 위해 운지(雲地, 강원도 평창군 운교리: 필자)로 이동하였다. 그리고 이곳에 머 물면서 병력을 모아 군세를 증강해나가고 있었다.[48] 그리고 10월 20일 경에 는 원주 지역의 동학농민군은 정선군에 가서 영월, 평창과 제천, 청주의 동 학농민군과 합세하여 이방들의 목을 자르고 "강릉에 가서 9월의 원수를 갚 겠다."고 하였다.[49]

이처럼 강원도 동북부 지역 동학농민군의 기세가 강해지자 일본군에서 는 조선에 파견된 독립후비보병 제19대대의 병력을 파견하여 그 세력의 확 장을 막았다. 일본군 제19대대의 미나미코시로(南小西郞) 대장은 1894년 음 력 10월 12일 1중대로 하여금 동로군으로서 가흥-충주-문경을 거쳐 대구로 가는데, 갈 때 좌측은 원주·청풍을 엄밀히 수색하도록 하였다.[50]

그런데 원주, 영월, 평창, 제천, 청주 등지의 동학농민군은 10월 21일 홍 천군 화촌면 장야평에서 지평현감 맹영재가 이끄는 관군과 싸움을 벌여 30

명의 희생자를 내고 솔치재를 넘어 서석으로 후퇴하였다.[51] 그리고 10월 22일에는 서석에서 벌어진 전투에서 엄청난 피해를 입었다.[52]

강원도 동학농민군이 수세에 몰리자, 강릉부에서는 10월 22일 작대군(作隊軍) 100명을 징발하고, 보부상 100명을 선발하고, 포수 100명을 모집하여 군대를 증강하였다. 그리고 10월 25일에는 진부역으로 병력을 전진시킨 후, 26일에는 봉평 창촌에 가서 동학농민군을 궤멸하고 토벌하였다.[53]

11월 6일 차기석은 강릉·양양·원주·횡성·홍천 등 5개 읍의 동학농민군을 모아 내면 원당리에 들어갔다. 그런데 그 기세가 매우 대단하였다. 원주의 동학농민군은 강릉·양양·횡성·홍천 등지의 동학농민군과 봉평을 공격하려고 하였다.[54]

그러자 관군과 민보군은 11월 10일부터 사방에서 내면의 동학농민군을 공격하였다. 그 결과 내면 자운에 머무르던 동학농민군은 11월 11일 봉평 포군대장 강위서와 홍천 허경의군의 공격을 받아 접주 위승국 형제와 접사 심성국, 박군오, 정창호 등 17명이 총살되었다. 그리고 11월 12일에는 내면 원당리에 주둔하던 차기석 부대가 운두령을 넘어온 강릉의 박동의 부대와 양양의 이석범 부대의 협공을 받아 차기석, 접사 박학조, 손응선, 집강 박석원 등이 체포되었다. 그리고 접주 위승국, 김치귀, 임정호, 접사 심성숙, 성찰 오덕현, 권성오 등 100명이 총살되었다. 그리고 차기석 대접주는 강릉부에 압송되어 11월 22일 박학조와 함께 처형당하였다.[55]

이처럼 강원도 동북부 지역에서 '제2차 동학농민운동'에 참여하였던 원주의 동학농민군은 큰 피해를 입었다. 원주의 김화보(金化甫)는 1894년 10월 21~22일경 소모관 맹영재에게 피살되었다.[56]

그리고 원주 불원면의 이종태도 1894년 말 원주, 정선, 평창, 영월 등지의 동학농민군과 함께 봉기하여 싸우다가 전사하였다고 한다.[57]

4. 동학농민운동 후 원주 출신 동학인의 동향

동학농민운동 후 원주 출신의 동학인들은 최시형 등 동학교단의 지도자들을 보호하였다. 원주에 은거하였을 때 동학인들은 이를 보필하였다. 최시형이 1895년 11월 원주 치악산 아래 수레촌에 초막을 짓고 생활하였을 때, 임순호(임학선)는 손병희, 김연국, 손천민 등과 교회 일을 보면서 최시형을 보필하였다. 그리고 임순호는 1897년 원주 전거리에 거처하면서 최시형, 손병희와 함께 연락을 취하며 신앙 활동을 하였다. 이는 다음의 기록에서 알 수 있다.

> 포덕 38년 4월 (중략) 適有事 出原州等地ㅎ야 未及享禮ㅎ고 歸路에 入田巨里道人林淳顥家ㅎ니 淳顥ㅣ方備奠需ㅎ야 欲行禮어늘 孫秉熙ㅣ謂淳顥曰 吾有天然思想이 有動于中ㅎ니 今夕享禮ᄂ 依我言行之ㅎ고 勿煩于他人ㅎ야 以待事之自露ㅣ可也라ㅎ딕, 淳顥ㅣ從其言ㅎ야 各陳祭需ㅎ니 蓋原其思想은 乃我心抽像的이오 享亦我心紀念的이라. 自我始之ㅎ며 自我主之 而向壁陳設이 殊無意義之謂也니라. 及還家에 神師行祭에 亦以向我爲節이라 異哉로다. 相距九十里之遠ㅎ야 思想也行事也ㅣ不謀而同ㅎ니 師弟間 兩心之相符ㅣ 蓋如此云이라.[58]

위의 기록과 같이 원주 전거리의 임순호는 1897년 4월 최시형, 손병희와 함께 생활하며 동학의 교리와 의식을 실천하였다. 특히 그는 제사를 지낼 때, 손병희의 "우리가 가진 천연사상이 가운데에서 움직임이 있으니 오늘 저녁의 향례는 내 말을 의지하여 행하고 타인을 번거롭게 하지 말아서 일이 스스로 드러나도록 기다림이 옳다."라는 지시를 따라 제수를 나를 향하여 진설하고 제사를 지냈다. 요컨대 임순호는 시천주적 개인의 존귀함을 믿었고, 그러한 믿음에 따라 최시형·손병희와 함께 향아설위의 제사를 실천하고 있었다.

1898년 2월에 임순호는 홍천에 있던 최시형이 원주 송동의 원진녀(元鎭汝)의 집에 가서 근거하는 것을 도와주었다.[59] 그리고 그는 원주 옥직리의 임명화(林明化), 임석화(林石化)로 하여금 집과 가재를 마련하여 박희인(상암장)과 김연국(구암장)을 이거케 하였다.[60]

또 신택우도 최시형 등 동학교단의 간부를 호위하고 돕는 활동을 하였다. 신택우는 1897년 2월경 최시형을 보필하며 음죽현 북면 앵산동(현 이천군 설성면 앵산동)에 거주하였고, 이곳에서 최시형을 보필하다가 1898년 정월 2일 이곳에서 권성좌(權聖佐), 김낙철(金洛喆)과 함께 체포되었다. 얼마 뒤 신택우는 이용구, 김낙철 등과 함께 경성감옥에 수감되었다가 수원감옥으로 옮겨져 혹독한 신문을 받았으나 최시형의 소재지를 발설하지 않았다고 한다.[61]

신택우는 투옥된 후 5개월이 지난 1898년 5, 6월 경 이용구, 전정읍, 권성좌와 함께 석방되었다.[62] 이후 그는 1900년 3월 12일 최시형의 시신을 광주에서 이천군 천덕산에 이장할 때 참여하였다.[63]

이후 신택우는 제3세 교주 손병희의 교권 장악을 도왔다. 그는 1900년 경자 4월 5일에 있은 손병희의 설법식에 참석하였다. 그리고 대도주 의암 손병희 밑의 다섯 편의장 중의 한 사람으로 선정되었다.[64] 그리고 신택우는 충남 정산군에 거주하면서, 의암 손병희와 해월 최시형의 부인을 보필하는 활동을 하였다.[65]

이원팔은 1895년 7월 충청도의 박희인을 찾아가 인제의 최영서의 집에 머무르던 최시형을 찾아오라는 명령을 전달하였다. 그리고 그는 1895년 12

월 박희인, 김기태를 데리고 인제의 최시형을 방문하여 끊어졌던 동학지도 부와 충청도 내포 지역의 도맥을 연결하는 데 도움을 주었다. 그 후 이원팔 은 1896년 정월 마치고개 갈항리, 동년 2월 보은에 거처하면서 내포 지역의 박희인과 함께 신앙 활동을 하였다.[66]

신택우와 임순호는 1900년대 초에 의암 손병희의 문명개화운동을 후원 하였다. 신택우는 1901년 일본에 망명한 손병희가 교인 자제의 일본 유학 을 추진하자, 1903년 4월 편의장으로 편의장 이종구, 홍병기, 이만식과 함께 손병희와 연락을 취하며 청년 40명을 선발하여 일본에 보내는 활동을 하였 다.[67]

1904년 말 손병희가 이끄는 동학교단이 진보회를 조직하고 문명개화운 동을 전개하였을 때, 신택우와 임순호, 그리고 그 휘하의 원주 지역 동학인 들은 적극적으로 이에 참여하였다. 강원도 원주군 문막에서 진보회가 조직 되었을 때, 사인(士人) 박인흡(朴仁洽)이 지회장, 사인 임순호[林淳和: 원 자료] 가 부회장으로 활동하였다. 당시 원주 진보회는 농민 5명과 상인 2명이 평 의원으로 활동하였다.[68] 이후 박인흡은 강원도의 지회장으로 활동하였다.[69]

1904년 말 진보회가 일진회와 합하자, 원주 지역의 동학인들은 일진회에 참여하였다. 이들은 일진회가 1905년 말 한일합방을 주장하자, 원용팔 등 원주 지역의 의병들에게 고초를 겪기도 하였다.[70] 그리고 1909년 12월 일진 회가 소위 한일합방을 찬성하는 성명을 발표하였을 때 원주 지역의 천도교 인(1905년 12월 동학에서 천도교로 변경)도 곤경에 처하였다. 그런 연유로 원주 의 임순호(林淳和, 林順化)는 자신의 이름을 속이고 경성으로 떠났다.[71]

1907년 일진회 회장으로 활동한 이용구와 그 산하 천도교인이 나가 별도 로 시천교를 설립하고, 얼마 뒤 김연국계의 교인들이 시천교에 참여하였을 때, 원주 지역의 천도교인들은 대체로 시천교에 참여하였다. 이는 원주의 천도교인들이 대체로 인제 출신 김연국의 연원에 속하였기 때문으로 판단된다. 원주에는 시천교의 관동지교당과 충북지교당 산하의 원주분교당이 위치하였다.

시천교의 관동지교당과 충북지교당 산하 원주분교당의 간부로 활동한 사람은 다음과 같다. 1911년 1월 시천교의 관동지교장에는 원주의 이창규(李昌奎)가 임명되었다.[72] 그리고 1911년 3월 29일 충북지교당 관내 원주분교당의 교장은 원세복(元世復), 교수 이범석(李範奭), 도집 임순화, 집강 홍대섭(洪大燮), 대정 이인기(李寅基), 중정 오진남(吳鎭南), 전교사 안정섭, 김주배(金周培), 오명심(吳明心)이 임명되었다.[73] 그리고 1912년 4월 29일 관동지교당에 교수 방진남(方鎭南), 도집 이만근(李萬根), 집강 이신규(李伸奎), 대정 이병완, 중정 권영필(權永弼)이 임명되었다.[74]

1914년 전국의 천도교구가 새롭게 정비되었을 때, 원주에 천도교구는 위치하지 않고, 횡성군대교구와 횡성군교구, 정선군교구, 홍천군교구, 평창군교구, 여주군교구가 존재하였다. 당시 횡성군대교구장과 교구장은 이승우(李承祐), 정선군교구장은 김덕기(金德基), 홍천군교구장은 박수동(朴洙東), 평창군교구장은 이필화(李弼和), 여주군교구장은 임순호였다.[75]

5. 맺음말

강원도 원주 지역에 동학이 전파된 것은 1860년대 중후반이었다. 1864년 중형을 선고받은 최제우와 그 휘하의 동학지도자들이 "멀리 도피하라."는 명령을 내리자, 최시형 등 동학의 교인들은 대거 강원도의 태백산으로 몰려들었다. 이들이 강원도의 울진, 양양, 영월 등지에서 은거하면서 비밀리에 포교를 전개하자, 이 지역과 함께 원주인 중에도 동학에 입교하는 사람이 생겨났다. 그 대표적인 인물이 원주 출신으로 영월에 거주하던 장기서였다. 장기서는 1864년 영월에 유배를 왔다가 해배된 이경화(李慶化(李景華, 李正華))를 통하여 동학에 입교하였다.

이후 1871년 이필제의 난 후 동학인들에 대한 추적이 심화되자, 최시형 등 동학의 간부와 최제우의 가족 등은 더욱더 강원도 태백산의 깊은 산중으로 몰려들었다. 그리하여 이후 이들은 영월, 정선, 양양, 인제 등지에 거주하며 이곳과 원주 등지의 인근 지역에 포교를 확대하였다. 그리하여 1870년대 원주를 비롯한 강원도 지역의 북부지방에 동학인들이 대거 증가하였다. 1880년 인제에서 『동경대전』을 간행·배포하자, 강원도 지방의 동학 포교는 더욱 확산되어 원주 지역의 동학교인도 점차 증가하였다.

그 결과 1893년 2월 복합상소와 1893년 3월의 보은취회 즈음 원주 지역에는 접주로 임순호(林淳灝), 관동대접주 이원팔(李元八)이 있었고, 교인 수는 200여 명이 되었다. 1894년 9월 동학농민군의 기포 직전 원주 지역에는 앞서 살핀 접주 외에 접주 이화경(李和卿)과 신택우(申澤雨)가 있었다. 그리고 김화보, 이규하, 이종태, 임명화, 임석화 등도 교인으로 활동하였다.

동학농민운동이 발생하자, 원주 지역의 동학인들은 1894년 8월 20일 봉기하였다. 이는 일본군의 경복궁 점령에 대항한 항거였다. 일본군의 경복궁 점령 후 보안군수 정인량에게 함께 창의하여 창의대장이 되어 달라고 요청한 충경포와 상공포와 맥을 같이하던 충경포 신택우를 중심으로 한 원주 지역의 동학인들은 연원이 유사한 영월, 정산, 평창 및 충북 청주와 제천의 동학인들과 함께 기포하였던 것이다. 바로 이런 취지에서 기포하였기에, 강릉·평창·삼척·홍천 등 강원도 북부 지역의 좌수와 진사와 찰방과 집강과 부농이 참여하였다.

1894년 9월 4일 원주 지역의 동학농민군들은 좌수·진사·찰방·집강·

부농 등 양반 유생을 중심으로 한 향촌 지배층과 합세하여 평화적으로 강릉읍을 점령하였다. 향리들이 식량을 제공하고, 부유층들이 자금을 제공한 것으로 보아 이들의 충의적 거사에 어느 정도의 정서적 공감이 이루어졌다. 국왕을 구출하기 위한 거사이기에 국왕을 측근에서 모시는 승정원의 승지 이회원을 찾아간 것은 너무나 당연한 행동이었다. 비록 강릉부에 진입한 동학농민군들이 환곡 등 삼정의 폐해를 시정한다고 표방하였으나, 이 동학농민군이 거사한 주요 동기는 폐정의 개혁보다 경복궁을 점령한 일본군의 축출에 있었다.

그런데 관료와 양반 유생 등의 지배층도 자신들의 반외세적 기의에 공감한다고 생각한 동학농민군의 믿음은 순수하지만 너무나 순진한 행위였다. 이회원은 강릉읍 주변의 5~6개 마을에서 군정을 모아 1894년 9월 7일 야음을 틈타 강릉읍을 들어가 잠을 자던 동학농민군을 공격하여 20~30명을 죽이고 축출하였다. 그리고 9월 12일 맹영재가 이끄는 관군과 민보군은 홍천에서 동학농민군을 공격하여 고석주, 이희일, 신창희를 죽였다. 팔봉과 원주 등지의 동학농민군도 관군과 민보군의 '토벌'로 엄청난 고초를 겪었다. 1894년 9월 중순 동학농민군은 결코 공세가 아니라 압도적으로 수세의 국면에 있었던 것이다.

1894년 9월 18일 최시형이 기포령을 내렸을 때 원주 지역의 동학인들은 기포하여 동학농민군을 편성하고 충북 청산으로 내려가 손병희 등이 이끄는 동학농민군의 주력과 합세하여 공주 우금치 등에서 전투를 벌였다. 대표적으로 관동대접주 이원팔과 원주접주 임순호는 1894년 12월 옥천군 청산면과 보은군 종곡리 등지에서 관군 및 민보군과 전투를 벌였다.

한편 강원도 원주에 머무르던 원주 지역의 동학인들은 홍천 내면의 대접주 차기석 등과 함께 투쟁하였다. 원주 지역의 동학인들은 강원도 북부 지역의 동학농민군과 함께 1894년 음력 10월 13일 홍천의 동창(東倉)을 습격하여 식량을 확보한 후 보름쯤 홍천읍에 들어가 강릉 사람들을 함부로 죽였다. 이것은 동학농민군이 9월 7일에 당한 사건에 대한 복수였다. 원주와 홍천 등지의 동학농민군은 10월 중순 홍천을 떠나 강원도 평창군 운교리의 운지로 이동하였고, 10월 20일경 정선군에 가서 영월, 평창, 제천, 청주의 동학농민군과 합세한 후 강릉읍에 들어가 원한을 풀려고 하였다. 그러나 10월 21일 홍천군 화촌면 장야평에서 지평현감 맹영재가 이끄는 관군과 싸워 30명의 희생자를 내고 솔치재를 넘어 서석으로 도피하였다. 그리고 10월 22일 서석에서 벌어진 전투에서 엄청난 피해를 입었다. 이 이후 원주 지역의 동학인들은 강원도의 각지로 도망을 다니다가 피살되거나 체포되어 죽음을 맞았다. 원주의 '비적' 김화보와 원주 불원면의 이종태가 바로 그러한 예였다.

동학농민운동 후, 원주 지역의 동학인인 임순호, 신택우, 이원팔 등은 최시형, 손병희 등 동학 간부의 원주 은거를 도왔다. 그리고 끊겼던 도맥을 연결하는 활동을 하였다. 예컨대 이원팔은 충남 내포지역의 동학지도자인 박희인을 원주의 최시형과 연결시켰다.

1898년 최시형의 사후 동학의 도통이 정리되는 과정에서, 원주 지역의 동학인들은 대체로 손병희를 지지하였다. 신택우는 1900년 손병희가 실질적으로 교권을 장악하게 되는 경자설법식에 참석하여 손병희를 지지하였다.

신택우와 임순호 등 원주 지역의 동학인들은 1900년대 초 동학교단이 손병희의 주도로 추진한 문명개화운동을 적극 지지하였다. 신택우는 1903년 편의장으로 전국의 청년 자제 40명을 선발하여 일본에 유학시켰다. 1904년 말 동학이 진보회를 설립하고 '갑진개화운동'을 추진하였을 때 원주 문막에서도 진보회가 설립되었다. 당시 지회장은 박인흡이었고, 부회장은 임순호였다. 그리고 농민 5명과 상인 2명이 평의원으로 활동하였다.

원주 동학을 계승한 장일순의 생명사상*

: 최시형의 '천지부모사상'과
원주캠프의 '한살림철학'을 중심으로

조 성 환
원광대학교 원불교사상연구원 책임연구원

1. 들어가며: 원주 동학의 사상사적 의미

동학이 창시된 1860년대의 동학 포교 중심지가 경상도였다고 한다면, 1870년대에는 그 무대가 강원도로 이동한다. 그 계기는 1871년의 영해교조신원운동의 실패로 해월 최시형이 정부의 탄압을 피해 강원도로 피신했기 때문이다. 이곳에서 해월은 이전의 실패를 교훈 삼아 수행을 쌓고 의례를 정비하며 경전을 간행하는 등 동학의 기본틀을 다진다. 이와 동시에 동학교도도 급속하게 증가하는데, 강원도가 "동학 재건의 땅"(박맹수)이나 "동학의 제2의 고향"(임형진)[1] 등으로 일컬어지는 것은 이러한 이유에서이다.[2] 그런 의미에서 수운이 동학이라는 새로운 '하늘을 열었다'(開天)고 한다면 해월은 그 새로 연 '하늘을 길렀다'(養天)고 할 수 있다.

당시 조선 땅에는 동학과 민란이 동시에 일어났다. 가령 1885년에 원주 지역에서는 환곡의 폐단에 항거하는 농민들의 '원주민란'이 일어났는데[3] 이 시기에 원주에는 이미 동학이 포교되었다.[4] 그렇다면 민란과 동학의 차이는 무엇인가? 민란이 농민의 기본적인 생존권을 주장하는 저항운동이라고 한다면, 동학은 '새로운' 사회를 지향하는 사상운동이었다. 그래서 민란이 유학 안에서의 저항이라고 한다면, 동학은 유학을 벗어난 운동이라고 할 수 있다. 최제우가 제창한 '개벽'이라는 말에는 이러한 의미가 담겼다. 우리가 1894년의 동학농민운동을 '민란'이라고 하지 않고 '혁명'이라고 부르는 이유도 거기에는 동학이 지향한 새로운 사상운동으로서의 성격이 들어 있기 때문일 것이다.

그런 점에서 동학은 당시의 척사나 개화 운동과는 근본적으로 달랐다. 척사가 전통적인 유학을 고수하고자 하는 운동이었고, 개화가 그와는 정반대의 서구적 근대화를 추진하고자 하는 운동이었다고 한다면, 동학은 척사도 아니고 개화도 아닌 제3의 길을 모색한 운동이었다[5](역사학자 이병한은 이러한 의미에서 동학을 '개벽파'라고 명명하였다)[6]. 이 제3의 길은 한국의 토착적인 하늘사상을 바탕으로 새로운 세계를 열고자[開闢] 한 말 그대로 '개벽운동'이었다.[7] 이 새로운 세계는 척사파가 고수한 중국적 유학과도 다르고 개화파가 추구한 서구적 근대와도 다르다는 점에서, '자생적 근대'나 '토착적 근대'[8]라고 부를 수 있다. 반면에 1905년에 탄생한 천도교는 서구적 개화까지도 수용하는 방향으로 나아갔다. 즉 개벽의 범위에 개화까지 포함시킨 것이다. 그 이유는 더 이상 개화를 무시한 개벽은 현실적으로 불가능하다고 판단했기 때문이다. 그런 점에서 의암 손병희의 동학이 개화를 포함하는 동학이라고 한다면, 해월 최시형의 동학은 개화를 수용하기 이전의 동학이라고 할 수 있다. 그 해월의 동학이 끝난 곳이 바로 원주이다.

1898년 4월 5일, 해월은 원주에서 체포되었다. 4월 5일은 공교롭게도 수운이 득도한 날이기도 하였다. 동학이 시작된 날, 해월의 포교가 막을 내린 것이다. 그런 점에서 원주(原州)는 해월의 개벽의 바람이 꽃피운 곳[願州]이자 좌절된 곳[怨州]이라고 할 수 있다.[9] 그러나 그 바람은 그로부터 약 1세기 뒤에 무위당 장일순과 원주캠프[10]의 생명운동으로 이어졌다. 장일순은 1990년에 해월이 체포된 자리에 추모비를 세우고 통곡을 하였다.[11] 장일순이 오늘날 우리에게 해월동학의 의미를 일깨워 준 장본인임을 보여주는 상징적 사건이다. 원주가 동학사에서 차지하는 의미는 여기서 찾을 수 있다.

해월동학이 끝난 곳에서 해월동학이 부활한 것이다.

장일순은 해월의 추모비에 "천지가 부모요 부모가 천지이니 천지와 부모는 일체이다."라는 해월의 말을 새겼다. 이 말은 해월과 무위당 사이의 사상적 연관성을 생각하는 데 중요한 단서를 제공한다. 즉 해월의 그 많은 언설 중에 "천지즉부모"를 택했다는 사실은 무위당에게 가장 인상 깊었던 해월사상 중의 하나가 바로 '천지부모사상'이었음을 시사하기 때문이다.

그런데 해월의 천지부모사상은 비단 장일순뿐만 아니라 장일순과 같이 활동한 원주캠프의 한살림운동에도 공통적으로 보이고 있다. 가령 김지하의 동학 해석이나 최혜성이 대표로 집필한 「한살림선언」(1989)[12]에는 해월의 천지부모사상의 흔적이 보인다. 이것은 장일순으로 대표되는 원주캠프의 한살림 사상의 근저에는 해월사상이 깔려 있음을 의미한다.

그래서 이 글에서는 해월의 사상이 무위당과 원주캠프의 한살림운동에 어떻게 이어지는지를, 김지하와 장일순 그리고 「한살림선언」에 나타난 동학사상의 비교 분석을 통해서 고찰하고자 한다. 이 비교를 통해서 이들 삼자 사이에 강조점의 차이는 있지만, 그 바탕에는 해월의 천지부모사상의 다른 표현인 '한살림사상'이 공통적으로 흐르고 있고, 해월의 사상이야말로 한살림사상의 핵심을 이루고 있음을 확인하고자 한다.

2. 본론

1) 해월의 천지부모사상

해월의 "천지가 부모요 부모가 천지다."라는 말은 『해월신사법설』의 두 번째 장(章)인 「천지부모」편에 다음과 같이 나온다.

천지가 부모요 부모가 천지이니 천지와 부모는 한 몸이다. 부모의 포태가 곧 천지의 포태이다. 지금 사람들은 단지 부모의 포태의 이치만 알뿐 천지의 포태의 이치와 기운은 알지 못한다(天地卽父母, 父母卽天地, 天地父母一體也. 父母之胞胎卽天地之胞胎. 今人但知父母胞胎之理, 不知天地之胞胎之理氣也.)[13]

여기에는 유교에서 말하는 부모 개념과는 사뭇 다른 형태의 부모 개념이 제시된다. 그것은 '인간부모'가 아닌 '천지부모'이다('천지부모'는 요즘 식으로 말하면, '지구부모'나 '자연부모'[14] 또는 '환경부모'라고 할 수 있다). 천지가 부모라는 생각은 마치 그리스도교에서 '하느님'을 '아버지'라고 말하는 것과 비슷하다. 그리스도교에서 하느님이 아버지로 불리는 것은 그가 만물을 창조했다고 보기 때문이다. 이에 반해 해월은 하느님 대신 천지를 부모로 보고 있고, 거기에는 아버지가 아닌 어머니도 들어 있다.

부모를 중시하는 것은 유교가 단연 두드러지는데, 유교에서 부모를 강조하는 이유는 혈연관계를 중시하기 때문이다. 그리고 이 혈연관계는 부모의 육체적 결합에서 결정된다. 사회적 예(禮)는 이 혈연의 친소(親疏) 관계에 따라 규정되고, 족보는 그 친소 관계에 있는 사람들, 즉 친척들의 명단을 기록한 것이다. 이 명단이 관혼상제의 의례나 사회적 관계를 형성해 나가는 데 중요한 단서로 작용한다.

반면에 해월은 혈연이 아닌 생명을 기준으로 부모를 본다. 그래서 자신을 낳아 준 친부모도 부모이지만, 그 친부모의 진짜 부모는 천지이다. 천지가 만물을 생성하기 때문이다. 그래서 논리적으로 따지면 나와 혈연관계에 있지 않은 사람도 같은 형제로 간주될 수 있다. 즉 전 인류가 동포(同胞)가 되는 것이다.

그래서 해월의 논리대로라면 족보의 제일 첫머리에는 시조(始祖)가 아닌 천지가 와야 한다. 왜냐하면 인류 공통의 부모는 천지이기 때문이다. 즉 천지가 전 인류의 시조가 되는 셈이다. 그래서 해월의 생각을 밀고 나가면 족보 그 자체가 무의미해진다. 왜냐하면 혈연의 '차이성'이 사라지고, 그 자리에 생명이라는 '동일성'이 들어가기 때문이다. 해월의 천지부모사상과 유학의 차이는 여기에 있다. 해월은 유학의 '인간부모'와는 다른 '지구부모' 개념을 제시함으로써 유학에서 주장하는 혈연적 차이를 해소한다.

한편 수운은 천지보다는 천주를 강조하였다. 『동경대전』에는 '천지' 사상이 두드러지지 않다. 『동경대전』에 보이는 주된 사상은 강령(降靈) 체험, 시천주, 수심정기, 불연기연 등이다. 그러나 해월의 논리대로라면 시천주의 천주는 천지가 되는 셈이다. 그래서 천주를 모신다는 것은 천지를 모시는 것과 다름없다(侍天地). 그리고 그 천지가 내 안에 들어와 있다는 상징이 바로 부모에게서 받은 '포태'이다. 그래서 부모를 향한 효는 천지를 향한 효로 확장된다. 수운의 시천주(侍天主)가 해월에서 시천지(侍天地)로 '구체화'되듯이, 유교적인 효부모(孝父母) 개념도 해월로 오면 효천지(孝天地)로 확장된다. 말하자면 우주론적인 부모 개념에 바탕을 둔 우주론적인 효사상이라고 할 수 있다.

일찍이 퇴계 이황도 이와 비슷한 효천(孝天)사상을 보였다. 임금은 하늘을 부모처럼 섬겨야 한다(事天)는 것이다(「무진육조소」).[15] 그러나 이때의 '천'은 '천지'와는 약간 다르다. 흔히 주재천(主宰天)이라고 하는 인격적 신 개념이 강하기 때문이다. 반면에 해월의 천지는 '지구'를 말한다. 지구는 살아 있는 구체적인 생명체를 말한다. 그것은 우리 눈앞에 보이는 모든 생명 현상의 총체이다.

해월에 따르면 이러한 의미에서의 천지부모사상이나 효천지사상은 역사상 수운이 처음으로 제창하였다. 즉 뒤집어 말하면 해월이 보기에 동학의 특징은 바로 이 천지부모사상이나 효천지사상에 있다는 것이다.

> 『동경대전』에서 말하였다: "'주'라는 것은 그 존귀함을 일컬은 것으로 부모와 마찬가지로 섬기라는 것이다." … "그 존귀함을 일컬어서 부모와 마찬가지로 섬기라는 것"은 이전의 성인들이 아직 드러내지 못한 것으로, 수운대선생님이 처음으로 창시한 대도이다. 지극한 덕이 아니면 누가 이것을 알 수 있겠는가? 천지가 부모라는 이치를 알지 못한 것이 5만 년이나 되었다. 모든 이가 천지가 부모임을 알지 못하면, 인간 중에 그 누가 부모에게 효도하고 봉양하는 도로써 천지를 공경하고 봉양하겠는가! (經曰: "主者稱其尊而與父母同事者也." … "稱其尊而與父母同事者." 前聖未發之事, 水雲大先生主始創之大道也. 非至德孰能知之? 不知天地其父母之理者, 迄五萬年久矣. 皆不知天地之父母則億兆蒼生, 孰能以孝養父母之道敬奉天地乎?)[16]

여기에서 해월은 『동경대전』의 「논학문」에 나온 "시천주(侍天主)"의 '주(主)' 자에 관한 수운의 설명을 근거로 자신의 천지부모사상을 정당화한다. 그러나 수운이 말하는 시천주의 '천(天)'은 엄밀하게 말하면 '지기(至氣)'나 '일기(一氣)'라는 '기운'을 가리키고[17], 그 기운은 '우주생명'이나 '우주적 생명력'[18]을 의미한다. 그래서 시천주의 천주(天主)는 '지기님'[至氣主]이나 '일기님'[一氣主] 정도로 해석될 수 있다. 반면에 해월이 말하는 천지(天地)는 '지구' 전체를 가리키고, 이때의 지구는 우리가 살고 있는 물리적 '환경' 전부를 의미한다. 그래서 해월에서의 '천주'는 요즘식으로 말하면 '지구님'[天地主]이나 '환경님'[環境主] 정도로 번역될 수 있다.

한편 수운이 궁극적 기운[至氣]을 강조한다면, 해월은 그 기운을 모시는 구체적인 개체에 초점을 맞추고 있다. 즉 수운의 사상이 내 안에 있는 '우주적 생명력'을 모시고 바르게 하는 데 중점이 놓여 있다면, 해월의 사상은 거기에서 한 걸음 더 나아가서 그 생명력[氣]을 모시고 있는 '생명체'[物]를 공경하는 데까지 관심이 확장되고 있는 것이다. 그 존재의 가장 큰 차원은 천지이고, 그 천지의 산물이 만물이다.

해월이 땅조차도 살살 밟으라는 경물(敬物)사상을 설파한 이유는 여기에 있다. '땅' 역시 천지의 기운을 모시는 하나의 생명체로 간주되기 때문이다. 그런 점에서 만물 역시 천주와 다름없다. 여기에서 인간뿐만 아니라 "만물이 모두 천주를 모시고 있다."는 해월의 '만물시천주사상'[19]이 도출된다. 수운의 시천주(侍天主)가 주로 인간을 향해 있다면, 해월에서는 그것이 시천지(侍天地)로 확대됨과 동시에 시만물(侍萬物)로 구체화된다. 그래서 해월은 수운의 '侍'[모심]를 천지와 만물에 대한 '敬'[공경]과 '活'[살림]로 재해석한다(三敬과 活人).

장일순과 원주캠프의 생명사상과 한살림운동은 여기에서 시작한다. 즉 만물의 부모가 천지라고 한다면 만물은 동일한 부모에서 나온 '하나'의 생명체와 다름없고, 그런 점에서 자연과 인간은 '하나'이고 나와 너도 다르지 않다는 것이다. 그리고 이러한 존재의 법칙에 부합되게 사는 삶이야말로 이상적인 삶이라는 것이다.

이와 같은 사상을 장일순과 함께 생명운동을 전개한 박재일과 김지하는 '한살림'이라고 명명하였다.[20] 그런 의미에서 장일순과 원주캠프의 한살림 사상과 운동은 최시형의 천지부모사상의 현대적 표현이자 실천이라고 할 수 있다. 이하에서는 이들 원주캠프에서 동학을 구체적으로 어떻게 한살림 사상으로 재해석하는지를, 김지하와 장일순 그리고 「한살림선언」을 중심으로 살펴보고자 한다.

2) 원주캠프의 동학사상

(1) 생명사상으로의 전환

1970년대 후반, 원주캠프의 리더격인 장일순에게 하나의 사상적 전환이 찾아온다. 이 전환은 원주캠프의 전환과도 궤를 같이하는데, 그는 당시의 전환을 다음과 같이 회고한다.

> 제가 1970년대에 반독재운동을 계속하다가 70년대 후반에 농촌의 곡가와 생산비를 보장하라는 운동을 했었어요. 그러다가 내가 잘못 가고 있다는 것을 깨달았어요. 1977년이었지요.[21]

> 난 사실은 77년부터 결정적으로 바꿔야 되겠다고 생각을 했네. 땅이 죽어 가고 생산을 하는 농사꾼들이 농약 중독에 의해서 쓰러져가고, 이렇게 됐을 적에는 근본적인 문제서부터 다시 봐야지. 산업사회에 있어서 이윤을 공평 분배하자고 하는 그런 차원만 가지고는 풀릴 문제가 아닌데, 그래서 나는 방향을 바꿔야 되겠구나, 인간만의 공생이 아니라 자연과도 공생을 하는 시대가 이제 바로 왔구나 하는 것 때문에 이제 방향을 바꿔야 하겠다고 생각을 했지.[22]

1970년대는 한국이 정부 주도의 경제개발계획과 새마을운동을 바탕으로 산업화에 박차를 가하던 시기이다. 그러나 장일순은 그 과정에서 죽어 가는 농부와 농토를 보면서 산업 문명의 한계를 느끼고, 자연과의 공생의 길을 모색하기 시작한다(共生是道). 산업 문명에서 생명 문명으로의 전환을 시도한 것이다. 이것은 동학의 용어로 말하면 '개벽'을 꿈꾸고 있는 것과 다름없다.

그런데 문제는 '사상'이다. 새로운 문명을 모색하기 위해서는 그것을 추진할 사상이 필요하기 때문이다. 1977년의 사상적 전환 이전에도 장일순과 원주그룹은 이미 시민운동을 전개하고 있었다. 농민과 노동자들과 함께 하는 협동조합운동이 그것이다. 그러나 거기에는 사상성이 결여되어 있었다. 당시의 상황을 원주캠프의 멤버인 김지하는 다음과 같이 회고한다.

> 1970년대 원주에서 무위당 장일순 선생님을 중심으로 김영주 씨, 박재일 씨, 이경국 씨 그리고 그 밖의 다른 분들과 제가 강원도와 충청북도 지역의 농민과 광산 근로자를 중심으로 협동조합을 조직했던 일이 있습니다. 특히 협업운동과 신용협동조합운동에 힘을 많이 쏟았지요. 그러다가 저는 민청학련 사건으로 감옥에 들어가게 되었지요. 그런데 1980년에 제가 출옥한 후, 그동안 추진해 오던 1970년대의 협동운동을 평가한 결과 신협운동을 제외하고는 모두 실패했다는 결론에 도달하게 되었습니다. 그리고 그 원인이 이념적 토대가 취약했던 데 있다는 것을 알게 되면서, 생명을 억압하고 소외시키며 분열시키고 죽이는 삶의 질서에 대항하며 살아 있는 생명으로서의 인간의 생명을 회복하는 광범위한 운동을 전개하기로 했던 것입니다.(무크지《한살림》)[23]

여기에서 김지하가 원주캠프 운동의 한계로 지적한 '이념적 토대'는 운동의 근거가 되는 '철학적 세계관'을 말한다. 기존의 진보 진영의 운동은 그것을 마르크스적인 세계관에서 찾았다. 그러나 김지하는 감옥 수감 중에 그것의 한계를 이미 자각하기 시작하였던 것 같다. 마르크스적인 세계관의 한계는 장일순도 지적한 바가 있다.

마르크스도 자연에 대한 얘기는 했지만 오늘날의 이 시점에 와서 생긴 자연의 한계 문제 등은 생각을 안 했거든요. 또 하나, 물량을 넉넉하게 생산해서 공생하자는 얘기는 했지만, 지금은 그것 가지고 될 수 없게 변했습니다. 이미 그런 테두리와 바탕으로는 얘기할 수 없어요. 자연 자체의 위격도 인격과 조금도 다르지 않다는 정도로 높여 놓지 않으면 해결이 안 되는 겁니다.

그러니까 방대한 물량을 생산해서 낭비를 한다는 것은 살생행위라는 것을 체득해야 하는 거죠. 불교에서 말하는 살생이라는 것도 오늘날에 와서 더욱 진지하게 얘기될 수 있구요. 동학에서는 경천(敬天) · 경인(敬人) · 경물(敬物)이라고 해서 같은 격으로 물질도 높여 놓았습니다. 물질은 이용을 하는 대상이 아니라 아끼고 공경할 대상이며 생명의 분신이라는 생각의 차원으로 가지 않고서는 지금의 문제를 풀지 못한다는 거죠.[24]

김소남은 장일순의 이 말을 인용하면서 장일순의 사상적 전환을 다음과 같이 설명한다: "장일순은 1946년 원주읍에서 포교소를 운영하였던 오창세를 통해 해월사상을 접한 이후 정치활동정화법과 사회안전법 등으로 정치활동이 제약당하였던 시절 내면화되어 있던 것이 1970년대 후반 해월사상에 대한 주목과 재해석을 통해 마르크스의 계급사상에 기반한 운동론과 무한 생산의 대상이 될 수 없는 자연의 한계에 대한 성찰, 경천(敬天) · 경인(敬人) · 경물(敬物) 등 자연의 위격을 높여 공경의 대상으로 삼아야 한다는 문제의식으로 발전되면서 '생명의 세계관'을 마련해 나갔다."[25]

이상에서 장일순과 김지하 등은 마르크스주의(계급 대립)나 자본주의(무한 생산)로 대변되는 서구 근대적인 세계관의 한계를 극복하기 위한 사상적 대안으로 동학에 주목하였고, 거기에서 새로운 운동의 철학적 근거를 찾았음을 알 수 있다. 그 철학은 동학사상을 재해석한 생명철학이고, 그 운동은 '한살림'으로 명명된 생명공동체운동이다. 이 철학과 운동의 주인공은 장일순, 김지하, 최혜성, 박재일, 이경국 등으로 구성된 원주캠프이다. 이들은 각각 저마다의 역할과 특징이 있었는데, 장일순이 해월동학을 중심으로 한살림 철학을 전개하면서 이 그룹을 이끌었다고 한다면, 김지하는 수운동학을 재해석한 생명철학을 전개하면서 이 그룹의 운동에 동참하였고, 최혜성은 당시 신과학 사상 등을 섭렵하여 「한살림선언」을 정리하였으며, 박재일은 이런 철학을 바탕으로 한살림 생활협동조합을 시작하였고,[26] 이경국은 신용협동조합 운동을 전개하였다.

(2) 김지하의 수운동학 해석

김지하가 원주캠프에서 활동할 당시의 동학 해석은 그가 1985년에 쓴 「인간의 사회적 성화」[27]에 잘 나타나 있다. 이 글은 수운이 제시한 동학의 13자 주문을 생명철학적 관점에서 해석한 것으로, 한살림운동이 시작되기 적전에 나왔다는 점에서 주목할 만하다.

이 글의 관심은 「인간의 사회적 성화」라는 제목에서 알 수 있듯이[28], '자연'보다는 '인간'에 초점이 맞춰져 있는데, 이때 인간은 인간 일반이기보다는 '민중'을 가리킨다. 그것은 이 글이 아시아, 아프리카, 라틴아메리카 등에서 전개된 제3세계의 민중운동에 대한 평가로 시작되고 있다는 점으로부터도 알 수 있다. 김지하에 따르면 이 일련의 해방운동은 '생명의 세계관'에 바탕을 둔 민중의 생명운동이라는 점에 공통점이 있는데(108쪽), 한국의 경우에는 '동학'이 이러한 운동에 해당한다. 즉 동학은 민중이 생명의 근원을 자각하는 데에서 시작된 생명공동체운동으로, 이것을 그는 '사회적 성화'라고 명명한다.

김지하의 이러한 해석은 동학을 제3세계의 탈식민지운동이나 민중운동의 일환으로 본다는 점에서 시사적이다. 기타지마 기신은 20세기에 전개된 남아프리카의 독립운동을 '토착적 근대화 운동'(indigenous modernity movement)으로 명명한 바 있는데, 그 근거는 투투 대주교와 만델라 등이 중심이 되어 '우분투'라는 토착사상을 바탕으로 '아파르트헤이트(인종차별)정책'을 철폐하고 새로운 남아프리카공화국을 건설했다는 것이다.[29] 마찬가지로 20세기에 인도에서 간디를 중심으로 전개된 독립운동 역시 힌두사상을 바탕으로 한다는 점에서 토착적 근대화 운동의 일환으로 볼 수 있다.

이런 관점에서는 동학 역시 남아프리카나 인도와 유사한 토착적 근대화 운동으로 볼 수 있는데, 그 이유는 토착적인(indigenous) 하늘사상을 바탕으로 조선과는 다른 새로운(modern) 사회를 건설하려고 했기 때문이다. 김지하가 비록 '근대'라는 표현은 쓰고 있지 않지만, 그의 해석에는 동학을 토착적 근대화 운동의 일환으로 볼 수 있는 단초가 이미 들어 있다고 할 수 있다(여기서 '근대'는 종래와는 다른 '새로운 시대'를 말한다[30]). 마찬가지로 원주캠프의 한살림운동 역시 동학이라는 토착사상을 바탕으로 산업 문명과는 다른 새로운 생명 문명을 모색하였다는 점에서 토착적 근대화 운동의 사례라고 볼 수 있다.

한편 김지하가 동학을 민중의 생명회복운동으로 해석하는 바탕에는 동학의 존재론이 전일적 생명론에서 출발한다는 전제가 깔렸다. 즉 김지하가 보기에 동학은 "우주는 하나의 생명체이다."라는 전일적 생명관을 표방하고, 이러한 생명관을 실천하는 것이 바로 '큰 살림', 즉 '활인(活人)'이라는 것이다(147쪽). 여기에서 '활인'은 최시형의 말이고[31], '큰 살림'은 이듬해에 박재일이 시작한 '한살림쌀가게'의 '한살림'과 같은 의미이다.

이러한 해석은 그가 13자 주문 중에서 '각지불이(各知不移)'를 해석하는 대목에서 두드러진다. 그는 이 구절을 "이 세상 모든 사람이 서로 따로따로 옮겨 살 수 없는 통일적인 생명임을 스스로의 실천을 통해 혁명적으로 깨우쳐 안다"(115쪽)고 해석하는데, 여기에서 '통일적인 생명'은 "모든 인간이 하나의 생명체"라는 생명관을 말한다. 아울러 이러한 생명관에서는 인간은 본성적으로 서로 협동하고 연대하는 공동체적인 삶을 지향하는데(122쪽), 이에 반하는 행위가 인간의 자기 배신이자 자기소외이고, 이것을 수운은 '이(移)'라는 글자로 표현했다는 것이다(119쪽).

이상에서 보면 김지하의 동학 해석은, 우주는 하나의 생명체라고 하는 전일적 생명관과 이러한 생명론을 삶 속에서 실천하는 한살림의 실천론으로 정리할 수 있는데, 이후에 한살림운동에서 말하는 한살림에는 실로 이 두 가지 의미가 다 들어 있다. 그리고 적어도 이 점에 한해서 말한다면, 김지하는 수운동학보다는 해월동학에 근거하고 있다고 할 수 있다. 가령 김지하가 해석한 동학의 전일적 생명관은 수운의 일기(一氣) 개념에서도 이론적으로 도출될 수 있지만, 해월의 천지부모사상과의 연관성이 더 가깝고, 그것의 실천론인 '큰 살림'의 '살림' 역시 해월의 '활인' 개념에 연원한다.

(3) 장일순의 해월동학 해석

한편 장일순의 경우에는 수운동학보다는 해월동학의 재해석을 통해서 한살림사상을 전개한다. 전반적으로 "생명은 하나"라는 존재론과 그것의 실천으로서의 한살림운동을 주창하는 점에서는 김지하와 동일하지만, 구체적인 실천의 측면에서는 내용상의 차이를 보인다. 김지하가 수운동학의 해석에 기반하여 민중(인간)의 주체적 저항과 상호 협동을 강조했다고 한다면, 장일순은 해월동학의 해석에 기초하여 만물과의 일체와 평화혁명을 강조한다.

이하에서는 구체적으로 장일순이 해월동학을 어떻게 해석하는지, 그리고 그 해석이 해월이나 김지하와 어떻게 다른지 살펴보고자 한다.

> 우리 모두는 하늘과 땅이 먹여 주고 길러 주지 않으면 살 수가 없어요.
> 만물이 모두 하늘과 땅 덕분에 살아 있고 그의 자녀들이니 만물은 서로 형제자매 관계 아닙니까?
> 짐승도 하늘과 땅이 먹여 주고 벌레도 하늘과 땅이 먹여 주고 사람도 하늘과 땅이 먹여 주죠.[32]

여기에서 장일순은 천지가 만물을 자식처럼 길러 주고, 그런 의미에서 만물은 모두 하나의 형제라는 사상을 설파하는데, 이것은 앞에서 살펴본 해월의 천지부모사상과 동일하다. 다만 장일순의 경우에는 천지부모사상에 입각한 만물일체사상이 강조되는데, 바로 이 점이야말로 해월이나 김지하와는 구별되는 장일순 사상의 특징이라고 할 수 있다.

> 해월 선생께서
> "천지즉부모(天地卽父母)요 부모즉천지(父母卽天地)니, 천지부모(天地父母)는 일체야(一體也)"라 하셨는데
> 지구와 하나 되는 것, 우주와 하나 되는 것
> 천지만물과 하나 되는 것이 바로 그것이지요.[33]

세계의 실상을 전일적 생명관으로 본다는 점에서 해월과 김지하, 장일순은 모두 동일하다. 그러나 그것을 실천하는 방법으로 해월이 만물 공경[敬物]을 강조하고 김지하가 민중의 연대를 강조했다고 한다면, 장일순은 만물

과의 일체를 강조한다. 이것은 그가 현대 문명의 문제가 존재들 간의 '분리'에서 기인한다고 보았기 때문일 것이다. 이 분리가 모든 갈등과 대립 그리고 죽음을 불러온다는 것이다.

그러나 만물이 본래 하나이고 분리될 수 없음을 자각하면, 인간들과의 관계에서도 생명 회복을 위한 '투쟁'보다는 상호 간의 '사랑'이 강조되게 된다.

> 사랑의 관계에 있어서는 '너'와 '나'라는 관계가 아니라 '하나'라고 하는 관계, 동체(同體)라고 하는 관계, '무아(無我)'의 관계지요. 무위라는 것은 그런 속에 있어서 하나의 행위 양식이라고 할 수 있어요.[34]

여기에서 장일순은 만물일체적 존재론을 바탕으로 나와 너(적)를 구분하지 않고 사랑으로 대할 것을 제안하는데,[35] 이러한 행위 방식은 다른 곳에서 '보듬는 혁명론'으로도 표현된다.[36] '한살림'은 장일순이 이러한 만물일체적 존재론과 실천론을 표현하기 위한 말이다.

> 생명이라고 하는 것은 하나지 둘이 아니다.[37]

> '한살림'이란 이야기 그 자체가 뭐냐, 생명이란 얘기거든. 하나란 말이야. 나눌 수 없는 거다 이 말이야.[38]

> 자연과 인간… 인간과 인간 일체가 하나가 되는 속에서… 일체의 조건이 나를 있게끔 해준 것이지 내가 내 힘으로 한 게 아니다.… 그것을 알았을 적에 생명의 전체적인 함께하심이 어디에 있는 줄 알 것이고, 우리가 연대관계 속에 유기적인 관계 속에 있으면서, 헤어질 수 없는 관계 속에 있으

면서, 그러면서 투쟁의 논리가 아니라 화합의 논리요 서로 협동하는 논리라는 그런 시각으로 봤을 때에 비로소 우리가 존재할 수 있다고 하는 새 시각 속에서 우리 한살림공동체 이야기도 될 수 있겠지.[39]

여기에서 장일순은 한살림의 존재론과 실천론을 바탕으로, 김지하가 수운해석을 통해 이끌어 낸 '협동'의 논리와 원효가 고민했던 것과 같은 '화합'의 논리를 도출해 낸다.

이상의 고찰에 따르면, 장일순은 만물의 일체성에 근거한 평화와 화해적 삶을 주창하는 점에서 김지하와 차이를 보이며, 오히려 아파르트헤이트 철폐운동의 사상적 근원이 되었던 아프리카의 토착사상 '우분투'와 상통한다고 할 수 있다.

(4)「한살림선언」에 나타난 동학사상

김지하와 장일순의 '한살림사상'에 입각한 동학 해석은 1989년에 나온 「한살림선언」에 그대로 녹아 있다. 다만 차이가 있다면 「한살림선언」에서는 당시의 신과학의 성과가 반영되었거나, '한사상'을 들어서 한살림사상을 설명한다는 점 등이다. 「한살림선언」에 보이는 해월의 천지부모사상을 살펴보면 다음과 같다.

① 부모의 포태가 곧 천지의 포태이기에 사람이 어렸을 때 어머니의 젖을 빠는 것도 한울과 땅의 젖이고, 자라서 오곡을 먹는 것도 한울과 땅의 젖이라 한다.(51쪽)[40]
② 모든 생명은 한울 가득히 가지를 뻗고 있는 우주라는 큰 나무에 연결된 가지, 줄기, 뿌리이다. 모든 살아 있는 것은 우주생명이라는 나무에서

단절되면 그 생명을 잃고 만다.(68-69쪽)

　　③ (기계문명으로 인한 생태계 파괴라고 하는) 이 위기 상황에서 인간이 먼저 해야 할 일은 소외된 본성을 회복하는 일일 것이다. 그것은 인간이 자기 안에 모셔진 우주적 생명을 깨닫는 일이다.… 이러한 각성된 깨달음이 있을 때 인간에게 새로운 희망의 길이 열릴 것이고 참된 인간 회복과 인간 해방의 길이 열릴 것이다.(73-74쪽)

①에서는 해월의 천지부모사상이 직접적으로 표현되고, ②에서는 해월이 '부모'라고 표현하고 장일순이 '지구'나 '우주'라고 표현한 '천지'를 '나무'에 비유하면서, 김지하가 '자기소외'라고 해석한 '이(移)'를 나무에서의 단절로 설명한다. 아울러 ③에서는 자기 안에 모셔진 우주적 생명의 자각을 통해서 자기소외를 벗어나서 인간 해방으로 나아갈 것을 설파하는데 이 점 역시 김지하와 일치한다.

한편 "천지가 하나의 생명"이라는 해월사상을 한국의 전통적인 '한' 개념으로 설명하는 점도 특징적이다.

　　우리 민족은 우주의 근원적 생명을 '한'이란 말로 표현해 왔다. '한'은 서로 상반되는 의미를 동시에 내포하고 있다. '한'은 '전체로서의 하나'이면서 동시에 '개체로서의 하나'이다. 그리고 '한'은 밖으로 퍼져 나가는 '원심적 확산'과 가운데로 모여지는 '구심적 수렴'을 동시에 뜻하기도 하다. '한'은 많은 개체를 하나의 전체에 통합하면서 수렴의 순환적 활동을 수행하는 한울을 말하는 것이라고 할 수 있다.(45-46쪽)

여기서 '한'은 해월의 '천지부모사상'과 '만물시천주사상'을 설명하는 개념으로 활용된다. 주자학적으로 말하면 '리일'(理一)이라는 '전체로서의 하나'가 천지부모에 해당되고, 분수(分殊)라는 '개체로서의 하나'가 만물시천주에 해당하는데, 양자를 모두 아우르는 개념이 '한'이다. 이처럼 '한'이라는 말에는 전체[一]와 개별[多]이라는 상반되는 의미가 모두 들어 있기 때문에 해월의 천지[一]와 만물[多]을 지칭하기에는 안성맞춤이다. '한' 개념을 끌고 들어온 것은 이러한 이유에서일 것이다. 그래서 '한을 살린다'는 '한살림'은 전체로서의 천지와 개체로서의 만물을 모두 살리는 것을 말한다. 이처럼 '한살림'이라는 단어에는 해월의 천지부모사상과 만물시천주사상, 그리고 활인(活人)사상 등이 농축되어 있다.

한편 「한살림선언」은 기존 문명을 거부한 대안의 산물이라는 점에서 100여 년 전의 동학과 상통한다. 동학이 중국문명의 붕괴와 서양 문명의 위협이라는 위기의식에서 나온 새로운 문명론이라고 한다면, 한살림 역시 과학주의, 기계주의, 자본주의, 마르크스주의로 인한 생명 파괴의 위기의식에서 나온 새로운 문명론이기 때문이다. 한살림이 동학으로 돌아갈 수밖에 없었던 것도 이러한 문제의식을 공유하고 있었기 때문이다. 「한살림선언」에서는 현대 문명을 다음과 같이 진단한다.

> 17세기 이래 약 300년간 서구인들이 주도해온 세계 질서와 그 기반이 되고 있는 세계관, 가치 체계, 문화 모형에 대해 전면적 재검토와 재평가를 할 때가 온 것이다.(23쪽)

여기에서는 이른바 서구적 근대로 대변되는 300여 년 동안의 서구 근대 문명을 총체적으로 반성하도록 촉구한다. 그런 점에서 한살림은 서구 근대 문명에 대한 일종의 '개벽'이라고 할 수 있다. 그런데 그 개벽의 방식은 서구인들이 시도한 '포스트모더니즘'과 같은 서양 현대철학과는 근본적으로 다르다. 왜냐하면 근원적인 처방을 동학의 생명사상에서 찾기 때문이다. 그런 점에서 한살림은 '현대판 동학'이라고 할 수 있다.

한살림이 한국 사상사에서 차지하는 의의는 여기에 있다고 생각한다. 마치 100여 년 전의 동학이 그랬던 것처럼, 당면한 현실 문제를 외부에서 빌린 이론이나 학설에 의존하지 않고 자기 내부의 사상 자원으로 해결하고자 하는 태도이다. 이에 대해 오늘날의 한살림운동가들은 다음과 같이 평가한다.

> 한살림선언의 가장 탁월한 점은 대안적 세계관과 전망을 우리의 역사와 사상 속에서 찾고 있다는 점이다. 동아시아의 전통사상, 특히 우리나라 고대의 한사상 혹은 하늘님사상과 신라에서 유행한 선도(仙道)의 일종인 풍류도, 근세의 후천개벽사상과 동학 등에서 대안적 세계관의 원형을 발견했다는 것은 정말 놀라운 '사건'이라고 할 수 있다. 한국의 현대 지성사가 사실상 서구의 모방에 머물렀다는 점을 생각하면 더욱 그렇다.[41]

여기에서는 '한살림'을 한국 현대사상사에서의 획기적인 '사건'으로 평가한다. 그리고 그것은 한국 근대사상사의 획기적인 사건인 동학을 잇고 있다고 자리매김한다. 여기에서 우리는 오늘날 한국인 인문학자에게는 결여되어 있는 '사상적 자부심'을 느낄 수 있다. 그것은 공자식으로 말하면 '술(述)'이 아닌 '작(作)'을 했다는 자부심이고(述而不作), 그 '작'의 방식이 외래사상이 아닌 한국 사상의 '술(述)'에 의한 것이라는 데에서 오는 자부심이다.

3. 맺으며

　장일순의 사상은 한마디로 하면 '한살림 철학'이라고 할 수 있다.[42] 즉 나
와 남, 인간과 자연, 개체(만물)와 전체(천지)가 하나의 생명으로 연결되어 있
다는 것이다. 그리고 이러한 존재의 실상에 따라서 나와 남, 인간과 자연,
개체와 전체를 구분 짓지 않고 하나로 인식하며 사는 삶 역시 한살림으로
표현된다. 따라서 장일순의 '한살림'에는 생명은 하나라고 하는 존재론적
차원과 그 존재론에 입각해서 살아야 한다는 실천론적 차원이 모두 담겼다.
이것은 일반적인 중국철학사 서술 용어로 말하면 '만물일체사상'이라고 할
수 있다.

　김지하의 수운 해석과 최혜성의 「한살림선언」의 바탕에도 이러한 한살
림사상이 깔려 있다. 그런 점에서 원주캠프의 한살림운동의 핵심에는 수운
동학을 '천지'와 '만물'의 차원에서 재해석한 해월동학이 자리잡고 있다고
할 수 있다. 다만 이들은 구체적인 방법론의 차원에서 약간의 차이를 보이
는데, 가령 장일순이 만물일체적 삶을 강조한다면, 김지하는 민중의 주체성
을 강조하고, 「한살림선언」은 거시적인 대안문명론을 제시하고 있다. 그러
나 이들이 기본적으로 동학사상에 입각한다는 점에서 원주캠프의 한살림
운동은 그 자체로 하나의 '신동학운동'이라고 할 수 있다. 그리고 그 운동이
일어난 곳이 다름 아닌 해월동학이 끝난 원주라는 점이 19세기와 20세기의
'원주 동학'이 차지하는 의미라고 생각한다.

원주 동학농민혁명사 전개 과정과 문화 콘텐츠 활용 방안 연구*

채 길 순
명지전문대학교 교수

1. 서론

강원도 원주는 지리적으로 충청도와 경기도의 접경 지역이다. 따라서 원주 지역은 강원도 산골 지역 잠행 포덕에 이어 경기·충청 평야 지역으로 포덕의 경계를 넓혀 가는 교두보 역할을 했다. 이런 조건 때문에 원주 지역의 동학 및 동학농민혁명사적 특징은 강원·경기·충청 인근 지역 동학 활동과 관련을 맺고 있으며, 원주 지역이 천도교 2세 교주 최시형의 38년 잠행의 마지막 피체지가 되었다.

원주에 동학 포교 사실이 확인되는 시기는 1870년 이전 원주인 장기서가 영월에 유배와 있던 이경화를 통해 입교하였고, 소밀원에 거처하면서 1871년까지 최시형을 가까이 보필한 것으로 보아 원주 동학은 이 시기로 보는 것이 타당할 듯하다.[1]

원주 동학교도는 1892년부터 시작된 공주취회, 광화문복합상소, 보은취회와 같은 교조신원운동에 동참했고, 동학농민혁명 시기에도 경기·충청 인근 지역을 비롯하여 강릉 관아 점령에 동참하는 등 다양한 활동을 펼쳤다. 이 같은 역사적 사실에도 원주 지역은 '최시형이 마지막 피체된 곳' 정도로 알려졌을 뿐, 동학 및 동학농민혁명사 연구가 미흡했다. 이 연구의 목적은 원주 지역 동학농민혁명사의 연구 토대를 마련하고, 이를 문화 콘텐츠로 활용할 방안을 마련하는 데 있다.

연구 방법은 관민의 사료를 토대로 접근하며, 현장 답사의 증언을 통합적으로 적용하는 방법으로 진행하고자 한다. 이 연구는 역사적인 사건 추이에 따르며, 원주 지역에 동학이 유입된 과정, 교조신원운동기 활동, 동학농민혁명 초기와 재 기포 시기, 동학농민군 토벌 과정, 2세 교주 최시형의 도피와 체포 과정을 다룬다. 그리고 원주 지역 동학과 동학농민혁명사의 문화콘텐츠 활용 방안을 다른 지역 홈페이지에 구축된 문화 콘텐츠 사례를 통해 고찰하고자 한다.

2. 본론

1) 원주 지역 동학농민혁명사의 흐름

강원도의 대표적인 동학농민혁명 활동은 원주, 횡성, 홍천, 춘천의 동학교도들이 강릉 관아를 점령한 사건이며, 홍천 장야촌, 동창, 풍암리 등지에서 벌인 전투이다. 이 같은 활동에 원주 지역 동학농민군 활동을 규명하는 것이 원주 동학농민혁명사 고찰의 핵심이 될 것이다. 원주 지역 동학교도와 동학농민군의 활동을 시기별로 살펴보고자 한다.

(1) 원주 지역 포교 활동

2세 교주 최시형의 강원도 포교 활동은 어려운 여건 속에 지속되었다. 긴박하게 쫓기는 중에 포교 활동을 벌였기 때문이다. 최시형의 포교 기록은 1869년 2월 이후부터 강원도 양양 간성 고성 인제 양구 화천 춘천 홍천 횡성 원주 평창 영월 정선 등지에서 포교 활동을 벌였다고 한다.[2] 이 시기에 양양 인제 영월 등 산악지대를 잠행포덕 하는 정황이 나타난다. 1873년 기록에

"포덕 14년(1873), 계유 10월에 신사는 강수 · 유인상 · 전성문 · 김해성 등을 데리고 태백산 갈래사 적조암에 오르니 주지승 철수좌 공손히 맞아 대우 후한지라, 신사 철수좌에게 일러 가로되, '거산예불과 취천기천은 승속이 일반이니 내의 소공은 다만 넘천송주로다.' 했다. 승이 가로되 주문은 무슨 글입니까. 신사 가로되 상인(上人)은 혹 동학이란 말을 들었느뇨. 주문은 동학의 법문이니 내 주문을 고성 낭독할지라 상인이 혐기치 않겠나뇨 하매…" 하는 기록으로 보아 "태백산공"이라고 일컬어지는 정선 · 태백 지역에서의 포교 활동이 포착된다. 이 시기에는 최시형이 양양 인제 영월 정선에서 짧게는 몇 개월, 길게는 몇 년 씩 체류하면서 포교 활동을 벌였다. 이 시기 포교 형태는 "숨어서 포교하고, 한편으로는 거점을 정해 놓고" 하는 포교활동이었다. 당시 양양 · 인제 · 횡성 · 원주 · 영월 · 정선으로 이어지는 길이 최시형의 포교 동선이자 영역이 되었다. 이는 1869년 강원도에 동학이 전파된 뒤부터 1894년 동학혁명이 일어나기 직전까지 25년 동안 동학 포교의 근원지가 된 셈이다. 원주는 산악과 평야 지역의 경계에 위치한다는 점에서 동학 포교의 교두보 역할을 한 셈이다.

(2) 교조신원운동 시기 활동

1892년부터 시작된 공주취회 · 삼례취회, 광화문복합상소 · 보은취회(1893)와 같은 교조신원운동기에 이철우가 관동대접주로 임명되었고, 홍천에 차기석, 인제에 김치운 등으로 본포를 설치하게 하여 도소의 접주로 임명했다. 여기서 원주 동학교도의 참여자 수는 200여 명에 달했다는 기록을 만날 수 있다.[3]

(3) 초기와 2차 봉기 시기의 원주 동학농민군 활동

『임영토비소록』에 동학농민혁명 초기에 해당되는 1894년 여름과 가을 사이에 원주 영월 평창 정선에서 동학이 접을 설치했다[4]는 기록으로 미뤄 전라 경상 충청 지역에서 활동을 벌일 때 원주는 이미 활동을 시작했음을 알 수 있다.

2차 봉기 시기에 원주 동학농민군 활동은 인근지역 활동과 묶어서 언급된다. 강원도 도지에 "영월·평창·정선·원주 등지에서 동학농민군이 강릉으로 진격한 것은 고종 31년(1894) 9월 4일이었다. 영월·평창·정선 등은 영동문화권에 속해서, 당시 강릉과 양양의 동학교도가 힘을 합치는 형세를 이루었다."고 하는 것으로 미뤄 2차 봉기 시기에 원주 동학농민군 활동이 확인된다. 또, 같은 자료에 충청도 청산대회에 참여한 교도의 수는 수만 명이며, "강원도 지역은 북접교도에 속했는데, 청산대회에 원주 방면에서 2 백여 명의 교도가 참가했었다."고 하여 구체적인 숫자가 확인된다. 같은 기록에 "당시 청산대회에 참가하여 동학군의 책임을 맡은 강원 지방의 인물은 원주의 이화경·임순화, 횡성의 윤면호, 홍천의 차기석·심상현·오창섭 등으로, 이들은 더불어 기포하였다."[5]고 하여 원주 동학농민군 활동은 일정 부분 청산 문바위에 있던 동학교단의 영향력 아래 놓였다는 사실을 알 수 있다.

동학교단이 청산대회에 모일 것을 지령한 것은 9월 18일이었고, 조직적인 지령을 받은 것은 9월 20일이었지만 앞에서 살펴본 바와 같이 실제로 활동을 시작한 시기는 10월이었다. 차기석 접주가 동학농민군을 이끌고 창고를 들이친 것이 10월 13일이었고, 홍천 지역에서 전투가 벌어진 시기는 10 월 21일과 22일이었다.

9월 18일 최시형의 기포령에 따라 기포한 임순화, 이화경[6], 손천민과 관

계하며 원주접주 신택우와 관동대접주 이원팔이 원주에서 기포했다.[7]

이 무렵 원주 지역 동학농민군 활동을 관 기록에서 만날 수 있다. 지평현감 맹영재의 첩보에 "…충주 양반과 백성의 호소에 따라 동도를 토벌하러 충주로 향해 가는데, 관동소모관(關東召募官)이 공문을 보내 홍천 서석리(瑞石里)의 동괴(東魁) 차기석(車箕錫)이 갑자기 충주에서 와서 평민 7명을 죽이고 홍천, 횡성, 원주 등지를 침범하려고 하니 포군 수백 명을 인솔해서 오라고 하였습니다. 또한 강원도 관찰사가 관문(關文)을 보내 동도들이 10월 13일 밤에 갑자기 홍천에 들어와서 창고에 불을 질러 모두 타서 남은 것이 없고, 차기석과 접주 박종석(朴宗石)이 사람을 함부로 죽이니 비록 다른 지방에 있더라도 포군을 뽑아 보내 힘을 합해 토벌하자고 했습니다. 다시 회군을 해서 이천(利川) 구은평(九隱坪) 접주 이정오(李正五)를 잡은 뒤에 여주 포군이 빼앗긴 총 3자루 중에 1자루를 먼저 찾아 주고 나서 그를 쏘아 죽였습니다. 저는 군대를 인솔해서 바로 홍천 동창(東倉)으로 갈 것입니다."[8] 이 기록에 따르면 강원도 차기석 접주의 동학농민혁명 시기의 활동 범위가 이천 충주 지평 원주 횡성 강릉 홍천 지역으로 광범위했던 사실과, 원주 지역 동학농민군의 활동이 여러 지역과 연계된 활동임을 알 수 있다.

이 같은 사실은 "소모관 맹영재가 첩보를 올리기를 원주의 비적 두목은 김화보(召募官孟英在牒報原州匪金化甫)"라 하여 원주의 동학지도자가 구체적으로 거론되며, 지평현감 맹영재의 첩보에서 동학지도자 김화보(金化甫)의 뚜렷한 행적이 보인다. "…군대를 영솔해서 홍천(洪川) 동창(東倉)에 다시 갔다가 본 현에 돌아왔고, 원주(原州)의 동도 거괴인 김화보(金化甫)를 잡아서 엄중히 조사했더니, '그 자신이 교장(敎長)이 되어 박학종(朴學宗)의 집을 빼앗아 접소(接所)로 삼았고 그와 접촉해서 입도한 자가 장우근(張友根), 박삼석(朴三石), 김기순(金己順), 김진해(金辰亥), 김점복(金占卜), 손재규(孫在圭),

안재풍(安在豊) 등 7명이다.'라고 했습니다. 10월 18일에 본 현의 홍문(紅門) 밖에서 죽이고, 그 목은 역자(驛子, =역에서 일을 보는 사람)를 정해 동영(東營, 강원 감영)에 압송하려고 합니다."라고 했다. 따라서 10월 18일은 원주 동학농민군이 지평 홍문 밖에서 처형된 날이며, 강릉 관아에 효시(梟示)된 사실을 알 수 있다.

(4) 원주 지역 민보군 활동

원주 지역 동학농민군의 활동을 견제한 세력이 있었다. 『갑오군정실기』 10월 22일 보고에 따르면, 임금께 아뢰기를, "유학(幼學) 한용익(韓用翼)을 참모관(參謀官)으로 임명하여 먼저 소모관으로 간 지평현감 맹영재에게 가게 해서 함께 사무를 처리하도록 하는 것이 어떠하겠습니까?'라 하여 유학을 중심으로 민보군이 형성되었다.[9]

당시 『동학당정토인록』에 따르면 "이천군의 순무사였던 이언묵과 김도환, 삼척의 김헌경, 강릉의 원세중·최돈민·최지집·박동의·강주서, 양양의 김익재·노정수·장혁주·김준수·최주하, 횡성의 정준시, 평창의 김충근, 원주의 이철리…" 등이 확인되는데, 원주를 포함한 인근 지역마다 민보군 활동이 있었다는 사실을 알 수 있다. 또 『갑오군공록』에 기재된 강원도 동학농민군 토벌에 나선 인물로 "관동소모장 김태진, 이천 장교 이언묵·이시점, 관동소모진 군관 이시영·황기정, 원주 진사 이철화, 평창의 김충근, 양양의 유학 이국범·이석범, 강릉 민보장 이수해, 강릉의 수교 이진석, 평창의 군교 문도순…"이라고 기록되어 원주에서 민보군으로 활동한 인물로 이철화가 있다. 당시 민보군 지휘를 맡았던 인물이 많은 것을 보면, 상대적으로 강원 지역의 동학농민군 세가 그만큼 컸던 사실을 반증하는 셈이다.

원주의 동학교도가 다른 고을에서 잡혀 죽기도 했다. 여주(驪州) 의병소(義兵所)의 보고에, "11월 6일에 동도 한석룡(韓錫龍)을 원주(原州) 서면(西面) 덕평리(德平里)에서 잡았는데, 충청도 내포(內浦)에서 살다가 기내(畿內)에 들어와 의병소(義兵所)의 기밀(機密)을 정탐했습니다."라고 하여 군율에 따라 죽였다.[10]

(5) 동학농민혁명이 끝난 뒤 최시형의 잠행 행로

동학농민혁명이 실패로 돌아간 뒤 최시형은 처음 도피처인 강원도에 다시 의지한다. 『천도교창건사』에는 "갑오 12월 24일로 끝마친 동란의 여파로 나라에서 여당을 진멸코자 하여, 우선 그 괴수되는 신사를 체포코자 각지에 수사망을 치고 천하에 명하여 대색(大索)하는지라, 신사 손병희, 손병흠, 손천민, 김연국으로 더불어 홍천에 잠유하다가…"라 하여 동학농민군 지도자의 탐색이 살벌하게 진행된 사실을 알 수 있다. 아래는 위 기록을 요약 발췌했다.

1895년 을미년 정월에 "인제군 최영서(崔永瑞) 가(家)에 이르러 제인(諸人)에게 일러 가로되, 이때 두령 된 자 가히 한곳에 구유하지 못할지라 하시고…."라 하여 음성 마지막 전투를 치르고 나서 바로 강원도로 피신한 사실을 알 수 있다.

"최영서 집에서 최우범(崔禹範) 가(家)로 옮겼고, 다시 원주 수례촌(水禮村, 수례촌)으로 옮겨 숨어서…"라 하여 최시형이 원주로 들어온 시기에도 여전히 관아의 동학교도 탄압이 가중된 시기였다는 사실을 짐작할 수 있다.

"포덕 39년(1898) 1월 3일 원주 전거언리(前巨彦里, 전거론)로 옮겼고, 지평 갈현 이강수(李康洙) 집으로 옮겼다가, 다시 홍천군 서면 오창섭(吳昌燮) 집으로 옮겨 1개월여를 머물렀다."라 하여, 이 시기는 홍천 원주 지평으로 옮기며 여전히 관의 추적이 긴박했던 사실을 엿볼 수 있다.

1898년 2월 그믐에 여주 임학선(林學善)의 주선으로 원주군 송동(松洞, 지금의 원주군 호저면 송골마을)으로 옮겼다. 이곳에서 체포되어 최시형의 38년간의 도피 여정이 마무리된다. 당시 손병희는 송골에서 5리 가량 떨어진 섬배(지금의 원주군 소초면 의관리 윗섬배) 이화경(李和卿)의 집에 머물고 있었고, 김연국은 옥직리(지금의 횡성군 서원면 옥계리 옥지기)에 있었다. 곧, 최시형의 수제자들은 송골과 10리 안팎의 가까운 지역에 기거하면서 최시형을 보호하였던 것이다. 홍천접주 오창섭, 원주접주 이화경은 이 시기에도 고장을 떠나지 않은 것으로 미뤄 홍천 풍암리전투에 참전했던 원주 지역 동학교도와 지도자들이 집으로 돌아와 최시형의 도피를 도운 셈이다.

(6) 동학 도통 전수 과정

당시 최시형은 칠순을 넘긴 고령이어서 교단의 앞날을 걱정하지 않을 수 없었다. 1896년 1월 최시형은 손병희, 손천민, 김연국에게 각각 의암(義菴), 송암(松菴), 구암(龜菴)이라는 도호(道號)를 내리고 이른바 3암(菴)을 중심으로 한 집단지도체제를 운용했다. 그러나 이제 정식 후계자를 임명하여 동학의 맥을 이어야겠다고 여겨 고심 끝에 1897년 12월 24일 3암을 한자리에 불러 모았다. "그대 3인은 나를 따라 수년간 도학을 같이하고 재앙과 경사를 함께했으니 어찌 일체(一體)라 하지 않으리오. 그러나 도(道)의 발전과 일의 종리(綜理)는 주장자(主張者)가 없어서는 안 되는지라 이후 의암으로서 북접대도주(北接大道主)를 삼노라." 하여 손병희에게 도통(道通)을 전수했다. 이로써 손병희는 최제우, 최시형에 이어 동학 제3대 교주가 되었다.

(7) 최시형의 체포 과정

1894년 동학농민혁명의 폭풍이 지나간 뒤 조선 정부는 동학의 우두머리 최시형을 체포하려고 혈안이 되었다. 1898년 경기 지역에서 최시형 체포에 이천의 관리와 병사들이 대거 동원되었으나 실패했고, 1898년 1월 즈음에 이용구, 신택우, 권성좌가 체포되었다. 이천, 여주의 주재 병사 수십 명이 권성좌를 앞세우고 최시형이 머무는 전거론으로 향했다. 당시 최시형은 질환으로 누운 상태여서 하늘에 운명을 맡길 뿐 어떤 대책도 세울 수가 없었다. 다급하게 닥친 상황에서 손병희가 나섰다. 그는 병사들을 향해 "어찌 사대부의 집에 무례히 들어오느냐?"며 호통을 쳤다. 병사들은 그 위엄에 놀라 "이 집에 동학 우두머리가 있다는 말에 잡으러 왔다."고 말하면서 권성좌를 가리켰다. 이에 손병희가 뜰에 있던 큰 몽둥이를 집어 들고 권성좌를 향해 "너는 어떤 놈이기에 사대부의 집을 동학 괴수의 집이라고 무고했느냐?"며 꾸짖었고, 권성좌는 혼비백산하여 자신이 집을 잘못 알았노라고 둘러댔다. 권성좌가 아랫마을에서 서당을 운영하던 김낙철을 최시형이라고 지목하자 병사들은 그를 체포했다.

병사들이 물러간 뒤 손병희는 그날 밤 서둘러 최시형을 가마에 태우고 산속으로 도피했다. 이들은 지평군 갈현, 홍천군 서면을 거쳐 2월 말에 마지막 피체지 강원도 원주군 호저면 고산리 송동(松洞 =송골)에 있는 원덕여의 집으로 옮겼다.

동학사에서는 4월 5일(음)이 최제우의 득도기념일이자 최시형이 체포된 날로 기록하고 있다. 최시형은 체포 전날 어떤 예감에서인지 제자들에게 각자 집에서 득도기념일 향례를 치르라며 돌려보낸 뒤 '혼자 앉아 마치 누구를 기다리는 듯이 계시다가' 그날 아침 여섯 시경에 송경인이 거느린 관병에게 체포되었다. 많은 제자들을 보호한 셈이나, 어떤 상황에서인지 영동

송일회와 옥천 박윤대가 함께 체포되었다.

최시형은 문막을 거쳐 여주나루에서 물길로 서울에 압송되었다.

(8) 최시형의 도피와 사상적 행적

1897년 10월 28일 여주시 강천면 도전리(전거언리)에 머물 때였는데, 최제우 탄신일을 맞아 향례를 거행할 때 각지에서 많은 도인들이 모여들었다. 이때 최시형은 제자들에게 이천식천(以天食天)과 이심치심(以心治心)의 이론을 설법했다. 이는 "물건마다 한울이요, 일마다 한울이다. 모든 물건이 다 한울로써 한울을 먹는 것 아님이 없다."는 가르침이다.

이 밖에도 최시형은 마음이 바르면 곧 심령의 가르침을 듣는다는 '강화(降話)의 도(道)', 후천개벽 기운이 회복되었으니 동학은 하늘의 명이라는 '오도(吾道)의 대운(大運)', 이천식천의 원리에 따라 화를 피하고 복을 구해야 한다는 '식고(食告)의 의(義)', 약을 쓰지 않고도 병을 저절로 낫게 하는 '물약자효(勿藥自效)의 이(理)' 등을 설법하였다.

특히, 이천 앵산동에서는 "향아설위"를 반포한다. 이는 제삿상을 벽이 아닌 나를 향해 돌려놓으라는 것으로, 혁명적인 사고에서 비롯되었다.

(9) 원주 및 원주 주변 지역 사적지

○해월 선생 추모비(모든 이의 벗 최보따리 기념비, 원주시 호저면 고산리 교산교)

○ 최시형 피체지(원주 호저면 고산리 송골마을)

○ 여주나루 이송지(최시형은 문막을 거쳐 여주나루에서 나룻배로 양수리를 거처 한양으로 이송되었다.)

○ 최시형 도피처 전거론리(全巨論里, 현 여주시 강천면 도전리)

○ 최시형 향아설위 제례법 반포터(수산리 마을회관 옆, 이천시 설성면 진상미로 924번길 175-5)

○ 최시형 도피처 수레너미(원주 치악산 중, 현 강원 횡성군 강림면 강림3리)

2) 원주 지역 동학농민혁명사의 문화 콘텐츠 활용 방안

요즘은 지자체마다 지역 특성을 갖춘 문화 콘텐츠[11]가 대세를 이루고 있다. 인터넷에서 유통되는 문화 콘텐츠의 분야는 다양하지만, 여기서는 시·군 지방자치단체 공식 홈페이지에 소개되거나 운영되는 지역의 관광 역사 문화생활 정보 분야에 국한하여 논의하고자 한다.

(1) 원주 지역 동학농민혁명의 역사적 의의

앞에서 고찰한 바와 같이 원주 지역에는 동학이 일찍부터 유입되어 동학교도가 많았고, 동학농민혁명 시기에는 이들의 투쟁 활동이 두드러졌다. 특히 원주 지역에는 한석룡 김화보 장우근 박삼석 김기순 김진해 김점복 손재규 안재풍 등 많은 동학지도자의 활동이 두드러졌고, 이들을 중심으로 공주취회, 광화문복합상소, 보은취회와 같은 교조신원운동에 주도적으로 나섰으며, 동학농민혁명 시기에 투쟁이 치열했으며, 토벌 시기에 그만큼 피해가 컸다. 이상에서 살펴본 바와 같이 원주 동학의 역사적 의의는 크다.

(2) 원주 지역 동학농민혁명사의 문화 콘텐츠 현황과 타 지역 홈페이지 활용 사례

현재까지 원주 지역 동학농민혁명사의 연구 토대는 미흡했을 뿐만 아니라, 원주 시민들의 동학농민혁명사에 관한 인지도도 낮다. 단적인 예로, 원주 시청 홈페이지나 시청에서 발행하는 관광 지도에는 동학농민혁명사 관련 유적 소개는 거의 없다. 먼저 타 지역 홈페이지에 구축된 문화 콘텐츠 현황을 살펴보고 지역 특색에 맞는 문화 콘텐츠의 방향을 짚어 보고자 한다.

정읍 시청 홈페이지는 시청 업무에서도 문화행정국 소속 문화체육과 동학선양팀에 전문 직원 1명을 두고 동학농민혁명 관련 문화 콘텐츠를 총괄한다. 정읍 시청 홈페이지에 동학농민혁명 관련 문화 콘텐츠가 총 67건이 실렸다. 정읍은 "압정으로 발생한 고부 농민 봉기는 전봉준(全琫準)과 손화중(孫華仲)을 중심으로 제폭구민(除暴救民)과 보국안민(輔國安民)의 기치를 둔 갑오동학농민혁명으로 확산되었다. 그러나 이 혁명은 일본군의 간섭으로 공주싸움에서 패배함으로써 실패로 끝났다."는 메인 문화 콘텐츠를 시작으로, 해마다 실시되는 〈동학농민혁명기념제 행사〉를 중심으로 각종 문화 역사 콘텐츠를 소개한다.

특히 게시판 검색 결과는 총 647건인데, "동국대학교에서 동학농민혁명 학술대회" "제124주년 동학농민혁명 기념 정읍동학마라톤대회" "동학농민 혁명 기념공원 조성" 관련 기사가 실렸다. 이 밖에 기타 이미지 파일 검색 결과 총 501건이었다. 동학농민혁명 관련 역사와 유적지 소개는 체계적으로 구축되어 있는 편이다.

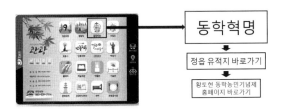

고창 군청 홈페이지는 검색 결과 웹페이지에 총 96건이 검색되며, 다양한 정보를 공유한다. 고창군은 지역의 선사 문화, 판소리, 동학농민혁명 등 다양한 자료 수집 및 특성화된 문화 활동을 벌이는 점이 타 지역과 변별력이 있다. 특히 고창읍성 소개를 "농민 수탈에 저항하여 새로운 세상을 꿈꾸었던 동학농민혁명 시대"로 스토리텔링화하여 조명한다. 같은 조건에서 선운사 도솔암 마애불 비결사건을 통해 동학농민혁명을 계획하는 전봉준과 손화중, 동학농민혁명으로 시작된 무장기포와 황토현전투에서 승리하고 남하하는 동학농민군이 무장 객사에서 휴식과 재정비하는 정황을 입체감 있게 보여준다. 고창의 동학농민혁명 홍보관에서는 동학농민혁명의 정신을 선양하기 위한 목적으로 동학농민혁명의 전개 과정과 역사적 의의 등을 알기 쉽게 설명·전시한다. 상기 홍보관은 동학농민혁명 120주년을 맞이하여 2014년 4월 오픈하여, 일반 관람은 물론 학생 유적지 답사 등 프로그램을 다양하게 활용한다. 홈페이지에 소개된 게시물은 총 805건으로, 제15회 동학농민혁명 학술대회(2018년 11월 22일) 등을 두루 관리하며, 문화관광과에 동학농민혁명 업무 직원 1명이 별도로 맡아서 운영한다.

이미지 검색 결과는 총 56건으로, 각종 행사를 시각화된 콘텐츠로 보여주며, 총 308건의 이미지를 보여준다.

이와 함께 동학 유적지가 체계적으로 소개된다.(아래 그림 참조)

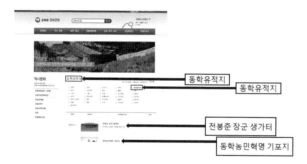

남원 시청 홈페이지에는 시대별로 남원의 역사가 요약되었는데, 남원성을 중심으로 기술되었다. 그렇지만 조선 시대나 근대 어느 곳에도 동학농민혁명사에 대해서는 언급이 없다.

남원 동학농민혁명 메뉴 검색결과 총 0건, 컨텐츠 검색결과 총 9건으로 매우 빈약한 편이다. 그나마 마을전설로 3건이 실렸을 뿐이고, 나머지 6건은 공지 사항이 전부였다. 군청에서 제공하는 공식적인 문화 콘텐츠는 아예

없는 셈이다. 동학 관련 남원성에 관한 기술 2건으로, 동학농민혁명 당시 운봉 민보군이 실제 주둔한 사실과 남원성이 동학농민전쟁 때 많이 허물어진 사실을 기록하고 있다.

이 밖에 남원과 동학농민혁명 관련 역사가 18건이 수록되었고 동학농민혁명 관련 학술대회 등 기초 정보가 실렸다. 특히 향토박물관 동학농민혁명배너(웹용)에 11건이 실렸고, 이미지 창에 9건을 올렸다. 남원지역 동학농민혁명사의 전개 과정과 유적지 소개는 비교적 짜임새 있게 갖췄다고 볼 수 있겠다.(아래 그림 참조) 특히 〈남원의 동학과 동학농민혁명 특별전〉을 소개한다.

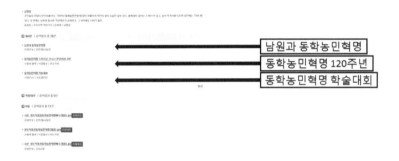

보은 군청의 경우, 1893년 보은 장내리 보은취회에서, 그해 북실 집단 학살에 이르기까지 다양한 역사에 비해 문화 콘텐츠 구축이 미흡한 편이다. 보은 군청 홈페이지에는 동학농민혁명 기념공원 소개 사이트가 마련되었으며, 기타 동학농민혁명에 관한 통합 정보는 16건으로, 역시 미흡한 편이다. 이 밖에 공지사항에 게시된 내용은 총 5건으로, 동학농민혁명기념공원 시설 관리 관련 및 2007년도 보은 동학농민혁명기념공원 기념탑 설치 및 주변 계획 관련 건이다. 그러다 보면 21건에 불과하다. 군정 소식에 6건이 검색되었는데, 제6회 보은동학제(2008.04.03.) 행사 소개, 제4회 충북종단 대장정 참가자 모집(2016.06.05.), 동학농민혁명기념공원~산외면사무소(총 22km) 걷기대회(2016.6.1.24.), 동학취회 120돌 맞이 동학보은취회 행사소개, 제9회 보은동학제(2011.4.22-23, 장안면 장내리, 뱃들공원, 동학농민혁명기념공원), 제10회 보은동학제(2012.05.04.-5/뱃들공원 및 동학기념공원) 등이다. 미흡하나마 사료를 잘 소개한 편이지만 역사 소개나 동학기념공원 조차도 소개하지 못하는 실정이다.

원주 시청 홈페이지에 실린 동학 관련 콘텐츠는 『동학농민혁명참여자등의 명예회복에 관한 특별법』이 통과되고 나서 동학농민혁명 참여자의 유족 등록 신청 관련(2005.02.07 / 2007.02.20) 2건이 있다.

가장 최근의 글로는 2018년 10월 30일 동학농민혁명 추계 학술대회 원주 개최 건이며, 동학농민혁명 120주년 기념 문학 포럼이 『토지』와 동학이라는 주제로, 10월 24일부터 25일까지 토지문화관에서 열린 기사가 전부다.

사실상 원주 동학농민혁명사는 거의 전무하다고 볼 수 있다. 현재 밝혀진 최시형 최후 피체지 가옥과 피체지 기념비석과 안내판이 있지만 원주 시청 홈페이지에 이에 관한 소개가 전혀 없다.

(3) 원주 지역 동학농민혁명사와 문화 콘텐츠 활용 방안

지방자치단체의 그 지역 동학농민혁명사에 관한 저변 확대를 위해서는 향토사학 연구가 선행되어야하며, 시민 교육과정이나 시민 정보 공유를 위한 효과적인 홈페이지 활용 방안이 마련되어야 한다.

문화 콘텐츠 구축 단계는 ① 문화 콘텐츠 구상 및 계획 ② 기본 사료 수집 정리 ③ 문화 콘텐츠 구축과 홍보 단계로 정리 될 수 있다. 이 같은 단계를 적용하여 원주 지역 동학농민혁명사 문화 콘텐츠 활용 방안을 제시하면 다음과 같다.

첫째, 지역 역사 연구 결과를 군청 홈페이지 역사 및 문화 관광 사이트에 탑재하고, 이를 기반으로 주민이나 관광객의 자발적인 참여와 실천을 유도하는 방안이다. 둘째, 원주 지역 동학농민혁명사 관련 사적지에 안내 표지판이나 표지석을 제작 설치해야 한다. 시민단체와 지자체에서 공유된 기획이면 지역의 동학농민혁명사를 이해시키는 데 효과적일 것이다. 이 같은 시설을 시청 홈페이지에 소개해야 한다. 셋째, 최근 지자체마다 개발해 내놓는 둘레길 기획이다. 원주의 역사 유적의 사례를 활용한다면 아래와 같다.

(1) 최시형의 고난의 길 체험 둘레길 : 최시형 도피처 치악산 수레너미(현 강원 횡성군 강림면 강림3리) → 최시형 피체지(원주 호저면 고산리 송골마을) → 문막 → 여주나루

(2) 최시형의 동학사상의 길 체험 둘레길 : 최시형 피체지(원주 호저면 고산리 송골마을) → 최시형 도피처 전거론리(全巨論里, 현 여주시 강천면 도전리) →

최시형 향아설위 제례법 반포터(수산리 마을회관 옆)

넷째, 다양한 문화 콘텐츠 개발이다. 예컨대 원주 송골에서 문막까지 최시형 고난의 길 체험 둘레길, 관광 지도, 리플릿, 만화, CD매체, 다큐멘터리 동영상 등 다양한 문화 콘텐츠로 제작하여 보급하거나 시청 홈페이지를 통해 소개돼야 한다. 이러한 문화 콘텐츠의 모범적인 사례는 여러 지방자치단체의 홈페이지에서 좋은 예를 찾아볼 수 있다.

3. 결론

지금까지 원주 지역 동학농민혁명을 전후한 시기의 동학 포교 과정과 역사적 의의, 문화 콘텐츠 개발 방안 등을 고찰했다. 모든 문화 콘텐츠 정보는 인터넷이나 스마트폰을 통해 빠른 속도로 확산된다. 그렇지만 빠르게 확산된 문화 콘텐츠는 관심 밖으로 빠르게 밀려나 잊히기 쉽다. 지속적인 관심을 유지하기 위해서는 문화 콘텐츠의 체계적이고 지속적인 관리가 요구된다. 현재를 기준으로, 원주 지역 동학농민혁명사 연구는 학술대회를 통해 문화 콘텐츠화의 바탕이 구축된 셈이다. 이 연구 자료를 데이터베이스(database)화 하고, 군청 홈페이지에 우선 탑재해야 한다. 이를 통해 주민을 대상으로 한 교육 홍보 프로그램을 개발해야 한다. 이어 사적지 안내판을 설치하고, 지역 문화 관광 코스에도 소개해야 한다. 당장 시행 가능한 프로그램은 "최시형의 고난의 길 체험 둘레길"이나 "최시형의 동학사상의 길 체험 둘레길"이다.

이 논의는 원주 지역 동학농민혁명사의 큰 흐름을 좇다 보니 깊은 연구가 되지 못했으며, 주변 지역 동학농민군 활동과의 연계 문제에 소홀했다. 이를 뒷날의 과제로 남겨 둔다.

동학농민혁명 이후
해월 최시형의 피신과 교단 정비

성 강 현
동의대학교 사학과 겸임교수

1. 머리말

1893년 3월 전개된 보은 교조신원운동에서 동학도들은 실력행사를 통해 교조의 신원과 국정의 쇄신, 그리고 반외세를 외쳤다. 약 20일간 전개된 보은 교조신원운동에서 동학지도부는 조정에서 파견된 양호선무사(兩湖宣撫使) 어윤중(魚允中)의 교조 신원과 동학도 처벌 금지, 탐관오리 징치 등의 약속을 믿고 해산하였다. 하지만 조정은 약속과 달리 보은 교조신원운동의 지도부 체포에 나섰고 이는 동학도 탄압으로 이어졌다. 결과적으로 동학교단은 광화문에 이어 다시 한번 조정에 기만을 당한 셈이었다. 연이은 정부의 기만과 지속적 탄압으로 동학도들의 정부에 대한 불신은 동학농민혁명의 근저로 작용하기에 충분했다.

1894년의 동학농민혁명은 우리 근대사의 한 획을 그은 중요한 사건이었다. 자주적 근대화와 반외세를 외쳤던 동학농민군은 3월 기포에서 관군을 격파하고 전주를 점령한 후 전주화약을 맺고 전라도 군현에 집강소를 설치하여 폐정 개혁에 나섰다. 조정은 자신들의 힘으로 동학농민군을 물리칠 수 없다고 판단해 청에 원병을 요청하였다. 청은 텐진조약에 따라 일본에 이 사실을 알렸고 일본군도 인천으로 상륙하였다. 조정은 전주화약으로 동학농민군과 화해한 후 청군과 일본군의 귀환을 요구하였지만 청과 일본은 이를 받아들이지 않았다. 급기야 일본군은 경복궁을 점령하고 근대적 개혁을 명분으로 국정을 장악하고 나아가 청·일 전쟁을 일으켰다. 동학농민군 지도부는 국정 간섭과 침략 야욕을 몰아내기 위해 재기포하기로 결정하였다. 흔히 2차 기포로 알려진 9월의 동학농민군의 총기포는 전라도의 호남동학군과 소위 '북접'이라 불리는 호서동학군이 참여하였다. 통칭 호서동학군은 충청도를 포함해 경기, 강원, 경상, 황해의 동학농민군을 포괄한다. 이들은 동학교주 해월 최시형의 명에 따라 궐기하였다.

동학농민군은 논산에서 집결하여 공주 진격을 위해 나섰다. '남북접' 연합군인 동학농민군은 공주 점령을 위한 우금치전투에서 근대적인 무기로 무장한 일본군과 관군에 크게 패하였다. 이 전투에서 관군은 일본군의 지휘를 받으며 동족인 동학군을 무참하게 학살하였다. 우금치전투 패배 이후 동학농민군을 이끌던 전봉준과 손병희는 전주로 물러나 동학농민군을 정비하고자 했으나 뒤쫓아 오는 일본군과 관군의 추격에 연이어 패하였다. 이렇게 속수무책으로 밀리던 동학농민군의 지도자인 전봉준과 손병희는 태인에서 후일을 기약하며 해산하였다. 그러나 전봉준, 김개남, 손화중, 김덕명, 최경선, 성두한 등 호남 동학농민군 지도자들은 대부분 체포되어 참형을 당하였다. 이에 비해 임실에서 해월과 만난 손병희 등 동학교단 지도부는 관군과 일본군의 포위망을 뚫고 강원도로 피신하는 데 성공하였다.

지금까지 동학농민혁명 연구는 많이 이루어졌다. 동학농민혁명의 배경과 전개 과정, 남북접 문제, 동학농민군 지도자, 집강소의 활동 등 다양하게 이루어졌다. 그렇지만 호남의 동학농민군과 해산된 이후 동학교단의 지도부에 관한 연구는 소략한 편이다. 동학농민혁명 이후 동학교단 지도부의 활동에 관한 연구는 동학농민혁명 이후의 동학교단의 정비와 동학에서 천도교로의 연결 과정을 파악하는 데 중요한 내용이다. 나아가 천도교의 3·1독립운동과 동학농민혁명의 연관성을 밝히는 중요한 연구 과제이다.

동학농민혁명 이후 지도부의 활동에 관한 연구 성과로는 장영민, 박맹수, 임형진, 성주현 등의 연구가 있다. 먼저 남북접 문제에 관해서는 장영민[1]과 박맹수[2]가 서로 상반된 견해를 보인다. 장영민은 해월은 북접, 서장옥은 남접이라는 관계로 설정하여 남접을 이끈 서장옥이 동학농민혁명을 주도하였다고 보았다. 박맹수는 전봉준과 해월 등 동학집행부가 대립 관계에 있었던 것이 아니라 서로 연락을 주고받았으며 이것이 9월의 총기포를 이끌어내었다고 보았다.

다음으로 동학농민혁명 이후 동학교단의 활동은 임형진[3]과 성주현[4]의 연구가 있다. 임형진은 손병희가 동학교단의 3대 교주가 되어 개화운동을 전개하였으나 이용구가 친일을 하자 동학을 천도교로 개편하고 이들과 결별하면서 민족종단으로 성장하였다고 교명 변경의 이유를 밝혔다. 성주현은 동학농민혁명 참가자의 동학농민혁명 이후의 활동에 주목하였다. 그는 사발통문의 서명자 20명의 행적을 추적하여 이후 천도교 활동에 참여한 사실을 실증적으로 밝혀 동학농민혁명이 고부기포부터 동학도인들이 중심이 되었고 이들의 활동이 이후에도 천도교 활동으로 이어졌다고 파악하였다.

이상의 연구 성과를 종합하면, 지금까지의 동학농민혁명 이후에 관한 연구는 동학농민혁명에 참여했던 인물의 행적과 해월에게서 동학 종단의 지도자로 이어받은 동학의 3대 교주인 손병희에 관한 연구가 주를 이루었다. 하지만 동학농민혁명 당시 동학교단의 최고 책임자였던 해월 최시형의 도피 과정과 교단 수습 그리고 손병희로의 도통 전수에 관한 연구는 이루어지지 않았다.

따라서 본 연구는 동학농민혁명 과정에서 해월 최시형을 포함한 동학교단 지도부의 피신 과정을 추적하고, 강원도로 피신한 뒤 동학농민혁명 이후의 동학교단 정비와 도통 전수 과정을 살펴보는 것이 목적이다.

2. 호서동학군의 북행(北行)과 해산

공주 점령을 위한 우금치전투에서 패배한 동학농민군은 수습을 위해 전라도 전주로 향하였다. 그러나 동학농민군을 뒤쫓아온 일본군과 관군의 추격에 급격히 무너졌다. 동학농민군은 11월 19일 전주로 밀려 수습을 시도하였지만 틈을 주지 않고 추격해 오는 일본군과 관군에 속수무책으로 당하였다.[5] 이에 동학농민군은 11월 23일 금구 원평으로 후퇴하였다. 전주에서 후퇴할 때 전봉준의 부대와 김개남의 부대는 분리되었다. 전봉준은 고부와 태인 방향으로 이동하였고 김개남은 남원 방향으로 향하였다.

당시 전봉준이 이끄는 부대는 6,000~7,000명 정도로 적지 않은 규모였다.[6] 관군 측에서는 23일 금구 원평으로 간 동학농민군이 수삼천(數三千) 명, 25일 원평에 집결해 있는 동학농민군의 수가 1만여 명 이상인 것으로 보고하였다.[7] 이로 보아 23일 이후 꾸준히 동학농민군의 수가 늘어나 25일에는 약 1만 명의 동학농민군이 금구 원평에 집결하였음을 알 수 있다. 전봉준이 이끄는 동학농민군은 원평에서 일본군, 관군과 치열한 전투를 벌였다. 원평 전투의 내용은 다음과 같다.

전봉준이 이끄는 동학농민군은 25일 원평에 도착하여 진을 쳤다. 품(品)자를 만들어 진을 친 동학농민군과 일본군 및 관군의 전투는 오전 9시경에 시작되어 오후 4시경에 끝났다. 이 전투에서 동학농민군은 37명의 전사자를 내었으며, 관군과 일본군은 회룡총(回龍銃) 10정, 조총 60정, 연환(鉛丸) 7석(石), 화약 5궤(5櫃), 자포(子砲) 10좌(坐), 도창 200자루, 미(米) 500석(石), 전(錢) 3,000냥, 목(木) 10동(同), 소 2마리, 말 11필, 우피(牛皮) 10장, 호피(虎皮) 1령(令), 문서(文書) 2롱(籠) 등을 노획하였다.[8]

7시간에 걸친 원평전투에서 패한 동학농민군은 태인으로 밀렸고, 11월 27일 다시 일본군, 관군과 치열한 전투를 벌였다.

　　　동학농민군 8천여 명은 전봉준, 김문행(金文行), 유공만(劉孔萬), 문행민
　　(文行敏) 등의 지휘하에 태인의 주산인 성황산, 한가산, 도리산 등 3산 9봉
　　우리에 진을 쳤다. 태인까지 추격해 온 관군과 동학농민군 사이에 전투가
　　시작되었다. 오전 10시부터 약 12시간에 걸쳐 동학농민군은 치열한 접전을
　　벌였으나 4-50명이 생포되고 30-40명이 전사하였으며, 회룡포 15정, 조총
　　200여 정과 다수의 탄약, 죽창, 말 6필 등이 노획되는 참패를 당하고 고부
　　와 남원 방면으로 퇴각하였다. 이때 동학농민군의 수는 8,000여 명이었으
　　며, 경군은 230명, 일본군은 40명이었다.[9]

　　태인전투는 12시간에 걸친 공방을 벌일 정도로 치열하였다. 동학농민군도 여기에서 밀리면 회생할 수 없다는 각오로 전투에 임했다. 오전 10시에 시작된 전투는 밤 12시가 되어 끝났다. 14시간에 걸친 이 전투에서 동학농민군은 전사 30~40명, 생포 40~50명 등 100여 명이 희생되거나 체포되었다. 태인전투의 패배는 동학농민군에게 결정타가 되었다. 『전봉준공초』에서 전봉준은 금구전투를 끝으로 동학농민군이 해산되었다고 언급하였지만[10] 위의 자료를 보면 태인전투에서 패배한 후 동학농민군이 해산하였음을 알 수 있다. 그러나 동학농민군은 정읍에서 소규모 전투 후 장성의 노령까지 후퇴하였다가 해산하였다. 오지영의 『동학사』에는 이를 다음과 같이 기록한다.

　　　禁溝, 院坪 싸움과 泰仁, 井邑 등지에서 여러 번 싸웠으나 大勢 임의 그

룻된지라 連戰連敗를 본 東學軍들은 長城 蘆領 下에서 再起의 約을 두고 各其 헤어지고 말았고[11]

태인전투를 끝으로 전봉준이 이끄는 호남동학군과 손병희가 이끄는 호서동학군은 갈라섰다. 동학농민군이 연패하여 밀리자 전봉준과 손병희는 각자 흩어져 일본군과 관군에 대항하며 후일을 도모하기로 약속하였다. 정읍과 장성의 분기점인 노령[12]에서 전봉준과 헤어진 손병희는 호서동학군을 이끌고 내장산(內藏山) 갈재[13]를 넘어 순창 복흥을 거쳐 11월 28일에 임실 갈담으로 왔다.[14] 이때 손병희와 함께했던 동학농민군 지도부는 손천민, 손병흠, 홍병기, 김연국, 안학산, 이원팔 등이었다.

손병희 등 호서동학군은 우선 임실군 청운면 새목터 허선(許善)의 집에 있던 동학교주 해월을 만났다.[15] 9월 재기포 이후 해월은 전라도 임실에 와서 동학농민혁명을 주시하였다. 동학농민혁명 당시 해월이 임실에 있었다는 점은 동학농민혁명에 해월이 깊숙하게 관여했음을 의미한다. 호서동학군은 교주 해월과 합류하면서 동학교단의 지도부가 되었다. 호남동학군이 일본군과 관군에게 와해되었고 전봉준 등 호남동학군의 지도부도 대부분 체포되었기 때문에 동학교단은 교주 해월을 위시한 호서동학군이 유지할 수밖에 없었다. 결국 동학교단은 동학농민혁명 이전의 상태로 되돌아간 셈이었다.

임실 갈담에 집결한 동학교단의 지도부는 관군과 일본군의 추격을 벗어나는 도주 방안을 논의하였다. 논의 결과 동학지도부는 북행(北行)을 결정하였다. 동학지도부의 북행(北行)에는 두 가지 이유가 있었다. 우선 동학지도부의 근거지가 강원도와 충청도 일대였기 때문이었다. 동학농민혁명의 주무대인 호남은 동학교단의 근거지가 아니었다. 따라서 동학지도부는 자신들의 근거지인 충청도와 강원도 일대로 피신하는 게 가장 안전하다고 판단하였다. 다음으로, 북행은 동학지도부의 피해를 최소화할 수 있었기 때문이었다. 남진을 하면 삼로(三路)를 통해 남하하면서 동학군을 소탕하는 일본군과 관군의 지속적인 추격을 벗어날 수 없었다. 남진을 하다 혹여 해월이 체포되면 동학교단 자체가 붕괴되는 상황에 직면할 수 있었다. 따라서 일시적으로는 관군과 일본군과 접전을 벌이더라도 포위망을 벗어나면 안전하기 때문에 동학지도부는 북행을 결정하였다.

조정에서는 동학교단의 책임자인 해월을 잡아들이기 위해 혈안이 되었다. 동학농민혁명의 최고책임자로 해월을 지목했기 때문이었다. 해월을 잡기 위한 조정의 움직임은 집요했다. 탐세인(探細人), 즉 염탐꾼을 활용할 정도였다. 12월 3일에 상주 소모영에 해월이 충청도 옥천에 은신해 있다는 첩보가 탐지되었다.

> 상주 소모영 유격장 김석중에게 소모영 탐세인(探細人) 박정호(朴貞浩)가 야간에 와서 최시형이 5, 6일 전에 옥천 고관(高寬) 등지에서 은신해 있던 것을 밀고하였다.[16]

이처럼 관에서는 동학농민혁명의 최고 지도자인 교주 해월의 소재지를 찾기 위해 혈안이 돼 있었다. 그러나 해월의 행적은 관에 노출되지 않았다. 그만큼 해월을 보호하기 위한 동학교도의 노력과 충심이 컸다.

12월 들어 해월 등 동학지도부는 본격적으로 북행을 감행하였다. 이들은 임실(任實)에서 장수(長水)를 지나 덕유산(德裕山)이 있는 무주(茂朱)로 향했다.[17] 동학지도부가 무주를 지나간 시점인 12월 8일 무주접주 이응백이 진안·고산·금산·진산 등지의 동학농민군과 함께 무주 용담현을 점령하였다.[18] 해월의 동학지도부가 여기에 직접적으로 관여했는지는 확인할 수 없지만 해월의 도주 경로에서 발생하였다는 점에서 해월을 따르는 동학농민군들의 활동으로 보인다.

이 시기 상주 소모영 유격병은 무주에서 10리 거리인 하고관리(下高寬里)에 이르렀을 때 동학농민군 7,000여 명이 무주읍을 함락시키고 영동·상주로 향하고 있다는 소문을 듣고 즉시 상주로 회군하였다는 기록이 있는 것으로 보아 상주 소모영 유격병들이 본 동학농민군은 이응백의 부대로 보인다. 7,000여 명의 동학농민군이 있었다는 것으로 보아 무주 일대에서 활동하던 동학농민군의 규모가 적지 않았음을 알 수 있다.[19]

동학지도부는 무주를 거쳐 북상하던 도중에 황간현을 일시 점령하기도 하였다.

> 황간현감으로부터 통보해 오기를, 동학도 1만여 명을 최법헌이 이끌고 전라도 무주로부터 행진해 와 이미 황간 부근 옛 근거지인 서수원에 머물고 바야흐로 황간을 습격하려 한다 하였다.[20]

위의 글에 따르면 동학지도부를 따르는 동학농민군의 규모가 1만 명에 달하고 있음을 확인할 수 있다. 이로 보아 무주 용담현을 점령했던 동학농민군들이 해월을 따라 북행했음을 알 수 있다.

동학지도부는 12월 9일 영동(永同)과 황간(黃澗)을 지나가면서 관아를 점령하고 무기를 탈취해 영동의 용산시(龍山市)로 잠입하였다.[21] 일본군의 보고에 나타난 특이점은 동학농민군의 우두머리로 최법헌(崔法軒), 즉 해월을 지목했다는 점이다. 이를 통해 전봉준과 헤어진 손병희가 임실에서 해월을 만난 후 호서동학군을 해월이 지휘하였음을 알 수 있다.[22]

해월의 동학농민군이 영동과 황간 일대를 점령하자 12월 10일[23]에 충북 영동 청산의 향리가 상주 유격병에게 호남에서 비류(匪類), 즉 동학농민군 '수만(數萬)'이 황간과 영동 등지로 온다고 전하고 급히 구원해 달라고 요청하였다.[24] 또 김산소모사(金山召募使) 조시영은 상주소모사 정의묵에게 무주에서 넘어오는 동학농민군을 방어하기 위해 상주 소모영 정예포군 200명을 추풍령에 보내 줄 것을 요청하였다. 이에 정의묵은 상주를 지키기 위해 병력을 보내 줄 수 없다고 회신하였다. 이처럼 무주에서 북행하는 동학지도부를 진압하기 위해 그 지역의 관에서 합동작전을 벌였다.

12월 10일 동학지도부가 황간과 영동 일대를 통과하자 일본군도 북행하는 동학농민군을 초멸(剿滅)하기 위해 황간으로 군로조사대의 일부 병력을 급파하였다. 북행하는 동학지도부와 관군은 12월 11일~12일 이틀간 영동의 용산시에서 상주 소모영 유격병과 전투를 벌였다. 이 용산시전투에는 상주 소모영 유격병을 포함해 경리청의 군과 청주병이 포함되었는데 동학농민군은 이들을 격퇴하고 보은 방향으로 향하였다. 해월이 이끄는 1만여 명에 달하는 동학농민군은 후퇴하면서 관군과의 전투에서 승리하는 전과를 올리기도 하였다.

해월의 동학농민군은 다시 북상하여 12월 12일 청산을 점령하고 15일까지 머물고 있었는데 상주 소모영군이 추격해 온다는 소식을 듣고 16일에 보은 북실로 후퇴하였다. 관군의 기록에 따르면 해월이 지휘하는 동학농민군이 12월 16일[25] 보은 관아를 점령하고 관아 건물을 불질러 파괴하였다고 기록하였다.[26] 보은을 지나 북상을 거듭하던 동학농민군은 보은의 북실과 종곡 일대에서 일본군과 상주 민보군을 만나 수백 명이 몰살당하는 큰 패배를 당하였다.

관에서는 보은으로 동학농민군이 지나갈 것을 예견하고 군대를 보은에 집결시켰다. 12월 8일[27] 금영순찰사 지휘에 따라 대관 김명환(金命煥)과 참모관 이윤철(李潤徹), 교장 정재원(鄭在元)이 병정 70명을 거느리고 동학농민군 우두머리를 토벌하고 체포하려고 보은(報恩)과 청산(靑山) 등지로 출발했다.[28] 동학농민군을 토벌하기 위한 관군과 일본군은 속속 보은으로 집결하였다. 12월 17일 밤 일본군과 관군은 동학농민군을 기습하였으나 오히려 포위당하였다. 본격적인 전투는 12월 18일과 19일 양일간에 걸쳐 보은의 북실과 종곡 일대에서 전개되었다.

북실전투는 해월이 이끄는 약 1만 명의 동학농민군이 보은 북실에 들어가서 쉬고 있을 때 추격해 온 상주 소모영 유격병·용궁 민보군·함창 민보군과 일본군 270명이 기습하여 시작되었다. 동학농민군은 다음 날 아침 북실의 북쪽 고지에 올라가서 공방전을 벌이다가 많은 전사자를 남기고 퇴각하였다. 보은 북실전투의 동학농민군 전사자의 수는 기록마다 차이가 나는데 일본군 전투 보고에는 학살한 동학농민군이 300여 명이라고 하였다. 『소모일기(召募日記)』는 395명, 『토비대략(討匪大略)』은 야간 전투에서 살해된 수는 393명이고 총으로 죽임을 당한 수가 2천2백여 명이라고 하였다.[29] 이 전투에서 관동대접주 이원팔 전사하였다고 관의 기록에 보이는데 이는 오보였다.[30] 이원팔은 이때 전사하지 않고 이후에도 활동하였다.[31]

보은의 북실전투에서 많은 희생자를 내고 가까스로 몸을 피한 해월의 동학농민군은 청주의 화양동을 지나 충주 방향으로 접어들었다. 12월 22일[32] 충주 외서촌의 되자니[33]에 머물던 동학농민군은 또 한 번 일본군과 격전을 벌였다. 일본군은 이미 동학군이 음죽 일대를 지나갈 것을 예상하고 12월 18일 가흥수비병을 장호원과 음죽 사이에 정찰대로 파견하였다. 12월 22일의 되자니전투는 정찰대였던 가흥수비대와 일본군 본진인 제18대대와의 전투여서 희생자가 많았다. 이 전투에서 동학농민군 수십 명이 전사하였

는데 일본군은 1명만이 부상당하였다.[34]

해월은 되자니전투에서 패한 직후인 12월 24일 동학농민군의 해산을 결정하였다.[35] 12월 2일 전봉준이 체포되었고, 이를 전후해 김개남, 손화중 등 호남의 동학군 지도부가 체포된 상황에서 관군과 일본군은 남은 해월의 동학농민군 소탕에 혈안이 되었다. 해월은 동학지도부와 함께하는 동학농민군의 수가 많아 관에 노출되어 피신하는 데 어려움이 많았다. 그리고 피신 과정에서 일본군과 관군에 연패하면서 더 이상 대규모로 활동할 수 없어 동학농민군을 해산하지 않을 수 없었다.

3. 해월의 강원도 피신과 교단 수습

해월은 전봉준이 동학농민혁명을 기포하였을 때 우려를 표명했지만 동학도들이 희생당하는 상황에서 이에 대한 대비책을 마련하고자 관군에 대항했다. 또한 전봉준 기포의 진의를 파악한 후부터는 호남의 동학군과 반목하지 않고 전봉준과 연락을 취하며 동학도의 참여를 조율하였다. 그리고 일본의 내정간섭이 본격화되자 총기포령을 내려 전체 동학도가 함께 혁명의 대열에 나섰고 본인도 전라도에 잠입하여 전황을 지켜보았다. 그러나 동학농민혁명의 결과는 처절했다.

호서동학군을 해산한 이후 해월 등 동학지도부는 소백산을 통해 강원도로 피신하기로 방향을 정하였다. 당시 동학지도부는 해월을 비롯해 손병희, 홍병기, 이승우, 최영팔, 임학선 등의 두령이 함께했다. 장호원 방향에 일본군과 관군이 지키고 있다는 정보를 입수한 해월 일행은 죽산의 월정고개[36]로 방향을 잡았다. 그러나 이곳에서 관군을 만나 지도부는 급박하게 사면팔방(四面八方)으로 흩어졌다. 해월과 손병희는 각기 다른 민가에 숨어 있다

며칠 후에 극적으로 만나 위기를 모면했다.[37]

해를 넘긴 해월 일행은 1895년 1월 4일[38] 충주 외서촌 무극리를 지나다가 일본군 가흥병참부에서 파견한 정찰대와 제16대대 이시모리(石林) 중대의 지대를 만나 수십 명의 전사자를 남기고 흩어졌다.[39] 해월 일행은 가까스로 위기를 넘기고 충주 외서촌에 있던 이용구의 집에 은거하였다. 그러나 이곳이 관군에게 탄로가 나서 한밤중에 이천 마이산으로 피신하였다가 이목정[40]에 있는 동생 병흠의 집으로 잠입하였다.[41]

관군과 일본군의 포위망을 뚫고 나가는 일이 쉽지 않자 손병희는 기발한 방법을 동원하였다. 여주를 지나 원주시 부론면 노림리에 있는 노림점을 통과할 때는 해월을 가마에 태우고 암행어사의 복장을 입고 유유히 관군의 주둔지를 지나가기도 하였다.[42] 해월 일행은 숱한 어려움 속에서 이와 같은 기지를 발휘해 일본군과 관군, 민보군을 피해 포위망을 벗어나 강원도로 잠입하는 데 성공하였다. 이때가 1895년 1월 하순이었다. 11월 27일 전봉준과 헤어진 후 11월 28일 해월과 손병희가 임실 갈담에서 만난 후 북행을 시작한 지 약 2달간의 고난의 행군 끝에 탈출에 성공하였다.

해월 일행은 강원도 홍천의 고대(高垈, 높은터)에 잠시 머물렀다가 인제의 느릅정에 있는 최영서(崔永瑞)의 집까지 도피해 은신하는 데 성공하였다. 이때가 1895년 1월 하순이었다. 느릅정은 한자로는 유목정(楡木亭)으로 표기하는데 현재 인제군 남면 신남리에 위치한다. 또 느릅정은 인제 현청과는 약 18km 떨어진 외진 곳이었다. 느릅정은 해월이 1880년 『동경대전』을 간행한 갑둔리와는 고개 하나를 넘으면 있는 가까운 곳이었다. 해월을 위시한 동학지도부가 인제를 찾은 이유는 인제 지역이 깊은 심산유곡이어서 피신하기도 좋았지만 인제의 동학도인들이 동학농민혁명 당시 기포하지 않아 다른 지역에 비해 상대적으로 지목이 심하지 않았기 때문이었다.[43]

강원도로의 은신에 성공한 해월은 먼저 교단 수습에 나섰다. 이를 위해 우선 동학농민혁명으로 갈라진 교도들의 마음을 하나로 결속하는데 최선을 다했다. 동학교도들은 동학농민혁명 이후 전봉준 등 호남동학군들의 기포에 불만이 많았다. 1892~1893년간 전개한 교조신원운동이 민회 성격의 집회라고 정부에서 인정을 받은 상황에서 일어난 동학농민혁명은 취지는 좋았지만 결과적으로 교단의 괴멸로 돌아왔다. 그러자 전봉준과 호남동학군의 기포를 비판하는 여론이 일었다. 그러나 해월은 전봉준 등 누구도 원망하지 않았고 교도들간의 반목을 잠재우기 위해 노력하였다.

해월은 최영서의 집을 찾아온 전라도 임실의 대접주 이병춘이 동학농민혁명의 공과를 묻자 "일이 모두 한울에서 나왔으니 천명(天命)을 기다릴 뿐이요 일체 사혐(私嫌)을 생각하지 마라."[44]라고 하여 동학농민혁명 이후 교도들 간의 반목을 삼가고 단합하기를 촉구하였다. 즉 동학농민혁명은 개인의 욕심에 의해 일어난 사건이 아니라 천명에 따라 일어난 것이기 때문에 여기에 대해 왈가왈부하는 것은 옳지 않다고 하면서 훗날의 역사적 평가를 받자고 하였다. 또 "군자가 환란(患亂)에 처(處)하여서는 환란의 도를 행하며 곤란(困難)에 처하여서는 곤란의 도를 행함이 가(可)하니 제군은 오직 천리(天理)에 순(順)하여 기회를 기다리라."고 말하며, 동학농민혁명으로 와해된 교단의 재기를 위해서 힘이 들더라도 교세를 회복하도록 어려움을 감수하고 힘을 모으자고 제자들을 설득하였다. 이처럼 해월은 동학농민혁명 이후 어려운 상황 속에서도 교도들 간의 화합과 재기를 도모하였다.

이렇게 교도들의 마음을 안정시킨 후 해월은 본격적인 교단 정비에 나섰다. 와해 직전의 교단을 재건하기 위해 지도급 인사들은 팔을 걷어붙이고 나섰다. 우선 경제적 어려움을 해결하는 게 급선무였다. 최영서의 경제 사정이 좋지 않자 손병희와 동생 병흠은 추위가 풀리자마자 장삿길에 나섰다.

이들은 강원도 간성을 경유하여 원산으로 향하였다. 손병희는 안경을 팔아 장사를 시작해 이문을 남겼다. 그중 일부는 해월의 생계를 위해 쓰고 나머지는 장사 밑천으로 삼아 장진(長津), 강계(江界)를 거쳐 청나라 국경에 가서 장사를 해 큰 소득을 얻었다. 손병희의 소득으로 해월 등 동학지도부는 경제적 어려움을 조금 벗어날 수 있었다.[45] 또한 이종훈은 자신의 전답 10두락을 팔아 교단 운영에 활용하였다.[46] 이처럼 동학농민혁명 이후 어려움에 처한 교단을 위해 지도자들이 헌신하였다.

경제적 문제를 어느 정도 해결하자 다음으로 해월의 안전을 위해 은신처를 옮겼다. 최영서의 경제적 어려움과 함께 안전을 위해 6월 들어 해월은 홍천의 고대(高垈)에 있는 최우범의 집으로 은신하였다. 해월이 최우범의 집에서 여름을 나는 동안 출타하였던 손병희가 소득을 얻어 돌아와 해월의 은신을 주도하였다. 손병희는 해월의 안전을 위해 인적인 드문 곳으로 은신처를 찾았다. 1895년 12월에 손병희는 치악산 아래 수레촌[수레너미골][47]에 해월의 은신처를 마련하였다. 임학선의 주선으로 손병희는 수레촌에 초가삼간을 구입하였고 해월은 이곳에서 겨울을 났다. 동학농민혁명의 여파로 해월은 1895년 한 해 동안 인제와 홍천, 원주 등 강원도의 깊은 산중에 몸을 숨겼다.

해월은 이 어려운 시기에도 교단 재건을 위한 활동을 멈추지 않았다. 당시 동학농민혁명에서 살아남은 호남 도인 박치경, 허선, 장경화, 조동현, 양기용 등이 수레너미로 해월을 찾아왔다. 그리고 이들을 통해 해월의 생존 소식을 전해들은 다른 지역의 도인들도 은밀하게 해월이 있던 수레너미를 찾아 교단의 재건을 논의하였다. 1896년 1월 말에는 동학농민혁명 기간 동안 흩어졌던 해월의 가족이 수레너미로 올 정도로 어느 정도 안정을 찾았다.

이렇게 숨죽이며 1년을 지낸 후 1896년을 맞이한 해월이 동학교단의 중흥을 위한 방안을 내놓았다. 해월이 제시한 방안은 해월의 2선 후퇴와 젊은 지도부의 구성이었다. 당시 해월의 나이가 70세였다. 1월 5일에 손병희에게 '의암(義菴)'이라는 도호(道號)를 주고 이튿날 충주 방면으로 내려보내 도인들의 상황을 알아보게 하였다. 그리고 11일에는 손천민에게 '송암(松菴)', 김연국에게 '구암(龜菴)'의 도호를 주었다. 해월은 이들 3명을 불러 '하몽훈도전발은(荷蒙薰陶傳鉢恩) 수심훈도전발은(守心薰陶傳鉢恩)'[48]의 시구를 쓰게 하고 2선 후퇴의 뜻을 밝혔다.

해월은 이들 3인의 집단지도체제로 교단을 운영하라고 지시하였다. 해월은 동학교단의 재건을 위해서는 자신이 2선으로 후퇴하고 젊은 지도부를 구축해야 한다고 판단하였다. 동학교단에서 '3암(三菴)'이라고 불리는 이들 3인은 30대 중후반의 젊은 층으로 10대에서 20대 초반에 동학에 입도하여 10년 이상 동학교단의 지도부로 활동했다. 그리고 교조신원운동과 동학농민혁명에서 지도자로 활동한 역량 있는 인재들이었다. 이후 동학교단의 통문은 이들 3인의 이름으로 배포되었다. 3인의 이름으로 내보낸 '명심수덕(明心修德)'의 통문에는 종교적 수양에 힘쓸 것을 당부하는 내용이 주를 이루었다.

수례촌에서 겨울을 보낸 해월은 2월 초에 충주 외서촌 마르택[49]으로 이사하였고 손병희는 옆 마을인 방축리[50]에 자리를 잡았다. 손병희가 있었던 방축리는 마르택에서 약 11km 거리에 위치해 있다. 해월은 이곳 마르택에서 두령 임명첩을 발행할 때에 '해월' 인장을 처음으로 사용하였다.[51] 해월은 이곳에 은거하다 6월 들어 가족을 맡겨 두고 권병덕의 주선으로 청주시 청천면 산막리의 신경진의 집에 가서 머물렀다. 그러나 충청도 일대는 동학에 대한 지목이 여전하여 한 달 후인 7월 초에 경상북도 상주 화서면 높은터 이

자성의 집으로 숨어들었다. 상주 높은터는 청계사에서 동북쪽으로 약 10리의 산길을 올라가야 하는 깊은 산중이다. 동학농민혁명 이후 해월은 깊은 산중의 믿을 만한 교도들의 집을 연연하면서 은신하였다.

이렇게 어려운 상황 속에서도 해월은 종교적 가르침을 게을리 하지 않았다. 이 시기 해월의 대표적인 법설로는 "천의인(天依人)하고 인의식(人依食)하니 만사지(萬事知)는 식일완(食一碗)이니라."가 있다. 해월은 밥 한 그릇을 먹는 이치를 잘 아는 것이 도를 통하는 것이라고 강조하면서 생활 속에서의 종교적 수행을 권장하였다. 8월 하순에 해월은 상주 높은터에서 상주군 은척면 은척원 남궁칠의 집에 거처를 옮겼다. 해월이 은척에 있을 때 평안도 용간의 홍기조, 홍기억, 임복언 3인이 방문하였다.[52] 또 황해도 도인 방찬두도 은척까지 해월을 찾아왔다. 이렇게 북방의 도인들이 찾아오자 해월은 새롭게 포덕을 할 지역으로 황해도와 평안도 등 북쪽 지방을 염두에 두었다.

은척면은 상주읍에서 떨어진 곳이지만 이곳으로 많은 도인들이 왕래하자 지목의 염려가 생겨 오래 있을 수 없었다. 1897년 1월 해월은 손병희의 주선으로 경상도를 벗어나 경기도 음죽군의 앵산동으로 이주하였다.[53] 앵산동에는 손병희의 막내 사돈인 신택우가 살고 있었다. 앵산동은 충주의 마르택과 멀지 않은 곳으로 이주도 손쉬웠다. 앵산동에 들어온 해월은 특히 도인들의 왕래를 금하였다. 원주접주 임순호의 수기에 손천민이 잘못을 꾸짖으며 앞으로 나타나지 말라고 질타했다는 내용이 있는 것으로 보아 해월의 금령은 강력했음을 알 수 있다.[54]

해월의 의식(儀式) 정비는 이 시기에도 이어졌는데 대표적인 것이 '향아설위(向我設位)'의 제례법이었다. 해월은 1897년 4월 5일 수운의 득도기념일을 맞아 앵산동에서 처음으로 벽을 향해 위를 차리던 관행을 버리고 나를 향해 위를 차리는 '향아설위'의 제례를 시행하였다. 그러면서 해월은 "앞으로 모든 의례의 차림은 벽을 향해 차리지 말고 나를 향해 차리도록 하라. 한울님이 내 몸 안에 모셔져 있거늘 어찌 나를 버리고 다른 곳을 향해 차리겠는가."하며 도인들이 이 제례법을 시행하라고 당부하였다.

동학농민혁명 이후 동학에 대한 지목은 쉽게 수그러들지 않았다. 서우순이 청주병영에 붙잡혀서 4년간을 공주감옥에서 갇혀 있었고, 편의장이었던 신택우도 한양에서 체포되어 혹독한 고문을 받다가 다리가 부러졌다. 그러나 이들은 해월의 은거지를 알아도 끝내 발설하지 않았다. 이를 보면 동학의 지도부들은 교단의 구심점이었던 해월을 보호하기 위해 심혈을 기울였음을 알 수 있다.[55]

4. 도통 전수와 해월의 체포

1896년 6월에 접어들자 혹심했던 조정의 지목은 다소 수그러들었다. 이해 2월에 고종이 러시아 공사관으로 피신하는 아관파천(俄館播遷)이 일어나고 독립협회가 활동하는 등 사회적 분위기가 바뀌자 동학에 대한 지목도 다소 누그러졌다. 그러자 앵산동으로 도인들의 출입이 잦아졌다. 7월에는 팔도의 두목들이 대부분 앵산동을 찾았다. 이 시기에 황해도와 평안도의 동학 전파가 많이 이루어졌다. 포덕이 다시 일어나자 접주와 육임의 첩지 발행도 늘어났는데 해월은 지금까지 사용하던 '북접법헌(北接法軒)'의 명의 대신 '용담연원(龍潭淵源)'을 사용하였다. 해월은 동학농민혁명 이후 교단에 남아 있던 호남과 호서의 갈등을 해소하고 창도주 수운을 상징하는 용담을 넣어 사용하였다. 이는 교조 수운의 정신으로 교단을 하나로 통합하자는 해월의 의도가 반영되었음을 알 수 있다.

동학농민혁명 이후 오랜 도피 생활로 해월의 건강이 좋지 않았다. 70세를 넘긴 나이에 도피 생활에 몸을 돌볼 틈이 없었다. 1897년 여름이 되면서 해월이 하혈하는 일이 발생하였다. 이렇게 해월의 건강이 좋지 않자 손병희는 해월을 치료하기 위해 여주 전거론으로 옮겼다. 손병희는 여주 전거론[56]의 임순호를 방문했다가 집 두 채를 새로 지은 것을 알고 임순호에게 간청해 해월을 이곳에 은거시켰다.

> 5월에 충주에서 의암성사를 뵈었다. 그때 내가 살고 있던 전거론리가 퍽 고요하고 그윽하다 하시며 해월신사께서 다년간 너무 고생을 하셨고 더욱이 노인이신지라 한벽한 곳을 가리어 집을 정하고 다시 규칙을 정하여 정양하시게 하는 것이 마땅하다 하시고 나에게 그 주선을 맡기시었다. 그때 해월신사께서는 어디서 한 달을 편히 계시지 못하였다.[57]

몸이 성치 않은 해월은 장보교(帳步轎)를 타고 앵산동에서 전거론으로 왔다. 뒤이어 해월의 가족까지 전거론으로 이주하였다. 해월은 전거론에서도 5개월 정도 질병으로 고생하였다.[58] 질병으로 고생하던 해월은 자신의 건강이 악화되자 교단의 직임을 완전히 물려주는 '도통 전수(道統傳授)'를 시행하였다. 1897년 12월 24일 해월은 동학교단의 도통을 손병희에게 물려주었다. 1년 가까이 해월은 김연국, 손천민, 손병희 3인 집단체제를 통해 교단의 후계 구도를 구상하였지만 손천민이 해월의 지시를 어겨 떨어져 나갔고, 김연국은 오랜 기간 해월을 지근거리에서 보좌했지만 기국이 적어 어려운 시기에 교단을 이끌어 가는 데 마땅치 않다고 판단하였다. 결국 해월은 험난한 시기에 교단을 이끌어 갈 적임자로 손병희를 꼽았다. 이렇게 의암은 동학의 3대 교주가 되었다.

도통을 물려준 직후인 1898년 벽두부터 해월은 위기에 봉착하였다. 이전에 경기도 여주 보통리에서 관군에게 체포된 권성좌가 고문에 못 이겨 해월의 은거지를 실토해 전거론으로 들이닥쳤다. 1월 3일 오후에 이천 관군 30여 명이 권성좌를 앞세워 전거론으로 출발하였고 1월 4일 새벽에 전거론에 도착했다. 당시 위급한 상황을 임순호는 수기에서 다음과 같이 기술했다.

> 나는 곧 신사(최시형-필자 주) 댁으로 달려가니 성사(손병희-필자 주)와 구암(김연국-필자 주) 기타 몇 사람이 있었다. 일의 급한 것을 전하니 일동은 화기를 잃고 침묵할 뿐이었다. … 이때 강암(손병흠-필자 주)이 신사께 피신하도록 말씀하였으나 급즉완(急則緩)이라 하시고 "일이 이미 이에 이르렀으니 이러한 경우에는 다만 천명을 기다릴 따름이다." 하시었다.[59]

관군은 김연국의 집을 지나 해월의 집으로 들이닥쳤다. 이때 손병희가 기지를 발휘하였다. 손병희는 목침을 들어 문지방을 내리치면서 권성좌를 향해 "네가 누군데 자세히 나를 봐라, 알거든 안다고 해라."라고 호통을 치자 권성좌가 손을 내저으며 "아니다"라고 대답하였다. 권성좌는 손병희의 기에 눌려 횡설수설하다가 관병에게 해월이 다른 곳에 있다고 말하며 집을 빠져나갔다.[60] 권성좌는 결국 김낙철(金洛喆)을 해월로 지목했고 김낙철은 자신이 해월이라고 말하며 순순히 잡혀갔다.[61]

김낙철이 대신 잡혀가서 위기를 모면한 해월은 이날 밤에 급히 길은 나섰다. 지평군 갈현의 이강수의 집에 며칠 머물다 홍천군 서면 제일동 오창섭을 찾았다. 오창섭의 집도 여의치 못해 다시 오창섭의 사촌인 오문화의 집으로 은신했다. 1월 22일 원주군 귀래면 방아재리에 있는 용여수의 집으로 숨어들었다.

해월이 위기를 모면하고 몇 차례 도인 집을 떠돌다가 마지막으로 정착한 곳이 원주 호저면 고산리 송골의 원진여의 집이다. 해월이 원진여의 집에 도착한 시기는 1898년 1월 30일이었다. 당시 해월이 있던 원진여의 집으로 진입하는 곳에 손병희의 집과 김연국의 집이 있어 해월을 만나기 위해서는 이들의 허가가 있어야 했다.

해월은 이곳 송골에 은거하다 4월 5일 세찰사(細察使) 송경인(宋敬仁)이 이끄는 관군에게 체포되었다. 송경인은 옥천에서 박가라는 사람을 통해 정보를 입수해 해월을 체포하기 위해 나섰다. 송경인은 송겸수(宋兼秀, 일명 宋一會)와 박윤경(朴允景, 일명 朴允大)을 통해 해월이 여주 전거론에 있다는 정보를 알고 전거론에 도착하였으나 해월은 이미 사라진 후였다. 송경인은 이곳에서 이치경 형제를 체포한 후 심문해서 송골을 드나들던 안백석을 붙잡아 해월이 송골에 숨어 있다는 사실을 파악했다. 이날 송경인은 안백석을 앞세워 송골로 들어왔다.

해월은 송경인에게 결박되었고 바로 가마에 태워져 문막까지 이송되었다. 4월 5일은 수운이 동학을 창도한 득도기념일이었다. 송경인이 미리 해월의 은거지를 알고 동학지도부를 일망타진하기 위해 4월 5일 송골로 들이닥쳤다. 그러나 해월은 득도기념을 각자 도인들이 집에서 행하라고 하여 손병희를 위시한 지도부는 붙잡히지 않았다. 이때 해월과 같이 붙잡힌 도인은 임순호뿐이었다.

송경인은 문막에서 배를 타고 여주로 향해 저녁 때 도착하였다. 도중에 문막에서 황영식이 체포되었다. 임순호는 여주에서 뇌물로 풀려났고 해월과 황영식이 배편으로 서울로 압송되었다. 서울로 압송된 해월은 서소문감옥에 수감되었다. 5월 11일에 재판이 시작되었으나 5월 20일 들어 해월의 질환이 악화되자 5월 30일 교형(絞刑)을 선고하였다. 당시 검사는 윤성보, 재판장은 조병직(趙秉稷)이었다. 판사는 고부군수로 동학농민혁명의 원인을 제공했던 조병갑도 포함되어 있었다.[62] 해월의 죄명은 '제사편금지사무사술조(祭祀編禁止師巫邪術條)'로, 혹세무민(惑世誣民)하는 사교(邪敎)의 우두머리라서 처형한다는 내용이었다. 판결문에는 동학농민혁명의 주모자라는 내용도 포함되었다.

6월 2일 해월은 육군법원 교형장에서 처형되었다. 이로써 1863년 수운에게 도통을 전수받은 이후 1898년 체포될 때까지 36년간 가장 힘들었던 시기의 동학의 이끌었던 해월의 일대기가 막을 내렸다. 해월은 수운에게 이어받은 동학교단의 책임자로 동학의 교리를 충실히 실천해 교조신원운동 당시 80만 명에 이르는 교단으로 성장시켰다.[63] 이러한 해월의 피땀 어린 노력이 없었으면 1984년의 동학농민혁명은 존재하지 않았을 것이다. 해월의 순도로 동학교단은 의암 손병희를 중심으로 새로운 시기를 맞이하였다.

5. 맺음말

보은 교조신원운동 당시 동학교단의 지도부는 양호선무사 어윤중과의 담판에서 동학도의 수를 80만 명 이상이라고 하였다. 동학농민혁명은 해월의 30여 년의 포덕을 바탕으로 성장한 동학의 세력이 부패한 조정을 혁신하고자하는 반봉건과 외세의 정치적·경제적 침탈에 대항한 반외세 운동이었다. 그러나 일본군의 개입으로 민중의 염원을 대변한 동학농민군의 꿈은 좌절되었다. 아울러 동학교단도 와해되는 위기에 봉착하였다.

1894년의 제2차 기포 이후 해월은 전라도 임실로 내려가 동학농민혁명을 주시하였다. 우금치전투의 대패와 뒤이은 금구 원평과 태인 전투에서 연패한 동학농민군은 해산을 결정하였다. 호서농민군을 이끌었던 손병희는 남은 동학군을 이끌고 임실로 내려와 해월과 상봉하였다. 그리고 관군과 일본군의 포위망을 뚫기 위한 탈출을 시도하였다. 일본군은 동학군을 초멸(剿滅)시키기 위해 3로로 진로를 정해 서울에서 남하하며 동학군을 대규모로 학살하였는데 해월 일행은 이들의 포위망을 뚫는 북행(北行)을 시도하였다.

해월과 손병희는 남쪽으로 탈출하려고 하지 않고 소백산을 타고 북쪽으로 탈출 계획을 세웠다. 해월은 무주, 장수를 거쳐 충북 영동과 황간을 거쳐 보은으로 향하면서 일본군과 관군과 수차례 교전을 벌였다. 동학지도부는 보은 북실전투 이후 음성 되자니에서 일본군과 격전에서 패한 이후 호서동학군도 해산하였다. 이후 해월과 동학지도부는 몇 차례의 위기를 넘기며 포위망을 뚫고 강원도까지 피신하는 데 성공하였다.

강원도로 피신한 이후 해월은 동학교단의 재건을 위해 노력하였다. 1895년부터 1898년까지 4년간 해월의 활동은 이후 동학 재건의 밑거름이 되었다. 주요 활동을 정리하면, 첫째, 교단의 단합을 강조하였다. 해월은 동학농민혁명을 천명(天命)에 따라 일어난 사건으로 정리하여 교인들 간의 갈등을 최소화하였다.

둘째, 해월은 손병희, 김연국, 손천민 등 30대 청년 지도자를 교단의 전면에 내세웠다. 동학농민혁명을 통해 해월이 30년간에 걸쳐 성장시킨 삼남 일대의 동학 조직이 와해되었고 유시헌, 남계천, 윤상오 등의 지도자들이 희생되었다. 이 와중에 해월은 30대의 젊은 지도부를 과감하게 등용하였다. 그리고 의암 손병희에게 도통을 물려주었다. 해월의 안목은 10년 만에 성과를 거두었다. 손병희는 이후 동학교단을 천도교로 개칭하여 국내 최고의 종단으로 성장시켰고 일제강점기 최대의 독립운동인 3·1만세운동을 주도하였다.

셋째, 동학의 새로운 포덕 대상지로 평안도와 황해도 등 북부 지방을 삼았다. 삼남 지방은 동학농민혁명으로 동학의 조직이 와해되었고 동학농민군을 진압하는 데 참여한 민보군과의 갈등도 지속적으로 나타났다. 해월은 이렇게 와해된 동학 조직의 재건을 위해 북부지방으로 눈을 돌려 손병희 등을 파견하여 포덕의 씨를 뿌렸다. 이들은 천도교 시기 동학 조직의 핵심 성장 지역이 되었다.

넷째, 동학의 교리와 의식을 정비하였다. "만사지는 식일완"이라는 법설과 '향아설위' 의식이 이 시기의 해월의 대표적인 교리와 의식 정비였다. 특히 향아설위의 제례는 귀신이 있는 벽을 향하여 위를 설하는 것이 아니라 살아 있는 한울님인 나를 향하여 위를 설치하는 제례법으로 동학의 시천주 사상을 가장 잘 표현한 의식으로 평가된다.

해월은 동학농민혁명 이후 교단의 괴멸 상태에서도 이를 극복하고 동학 교단 재기의 기반을 다졌다. 교인들의 마음을 하나로 통일하고, 손병희 등 청년 지도자를 정면에 내세워 교단을 진취적으로 만들었고, 새로운 포덕의 대상지를 선정하고, 교리와 의식을 정비하는 등 교단의 책임자로서의 의무를 다하였다. 이러한 해월의 노력이 손병희에 이어져 동학교단은 발전하였고 천도교로 이어져 개화운동과 일제강점기 3·1독립운동을 주도하는 국내 최고의 종단으로 성장할 수 있었다.

원주 지역
동학농민군과 의병

이 병 규
동학농민혁명기념재단 연구조사부장

1. 머리말

1894년 동학농민혁명 과정에서 원주 지역에서도 동학농민군 활동이 있었다. 또한 의병운동도 활발하게 전개되었다. 동학농민군과 의병을 하나의 주제로 엮는 것은 쉽지 않은 일이다. 1894년과 이를 전후한 시간, 원주라는 공간 위에서 동학농민군과 의병이 어떤 관계가 있는지를 살펴보는 것도 의미 있는 작업이라고 생각된다. 지금까지 강원도의 동학농민혁명을 주제로 하여 적지 않은 연구[1]가 있었고, 원주의 동학농민혁명을 주제로 한 연구도 있다.[2] 그런데 이러한 연구들은 원주 지역에서도 동학농민혁명이 활발하게 전개되었고 동학농민군의 활동이 활발하였다고 전제하고 논의를 이어 간다. 그러나 그렇게 설명할 수 있는 내용이 드러나지 않는다. 그렇다면 관점을 달리해야 하는 것 아닌가 싶다. 즉 원주 지역에서 동학농민군의 활동이 활발한 것이 아니라 미약하였다. 따라서 왜 원주 지역에서 동학농민군의 활동은 활발하지 않았는지에 초점을 맞추어 살펴봐야 한다. 이에 따라 1894년 동학농민혁명을 전후하여 원주라는 지역에서 어떤 일들이 있었으며 원주 사람들이 어떤 입장과 태도를 취했는지 살펴보고자 한다. 즉 1885년 원주민란, 1894년 동학농민혁명, 1896년 의병, 이 역사적 사건 사이에 어떤 상관관계가 있으며, 이 사건의 주도세력 사이에 어떤 관계가 있었는지 살펴보고자 한다.

2. 원주민란

1) 원주의 지역적 조건

동학농민혁명을 살펴보기에 앞서 1885년 원주민란을 살펴봐야 한다. 원주는 조선 개국과 함께 편제된 지방 제도 정비 과정에서 강원 감영이 설치되었다. 원주에 강원 감영이 설치되었다는 것은 강원도의 수부로서 정치, 경제, 사회, 문화, 교육의 거점이라는 의미이기도 하다. 강원도 남서부에 위치한 원주는 동쪽으로는 비로봉, 남대봉 등 험준한 산악 지대이지만 서쪽으로 넓은 평야가 형성되어서 강원도 지역에서 생산력이 가장 왕성한 지역이었다. 또한 남한강과 섬강을 끼고 있고, 역로가 발달해서 한양으로 수운하는 생선, 소금, 인삼, 목재 등의 집산지였으며, 이 때문에 고려시대 이래로 조창(흥원창)이 설치되어 그 기능을 담당하고 있었다. 특히 한양으로의 진출이 용이하여 한양의 사대부들이 낙향하는 하한선이 되었다.[3] 원주의 이러한 지정학적 위치는 조선 개국과 함께 단행된 지방 제도 정비 과정에서 강원도 26개 군현을 관할하는 강원 감영이 들어서는 이유가 되었다. 당시 각도의 감영은 지리적으로 한양과 가까운 도계 지점이면서 관찰사가 순력하기 편리한 지역에 설치되었다.

한편 원주 지역 양반 사회는 17세기 들어 새로운 양반 성씨들이 대거 입향 하면서 일대 변화를 맞이하였다. 새로 이거한 대부분이 한양 사대부였다. 이들은 중앙 정계에서 활동하다가 낙향할 때 처가가 원주이거나 사패지가 원주인 것을 인연으로 해서 입향하였다. 이와 함께 이들이 원주에 낙향한 중요한 이유 중 하나는 우선 원주가 한양으로 진출하기 용이하고 강원의 수부로서 교육적 여건이 좋았기 때문이다. 당시 한양에서 낙향한 사대부들은 다시 한양으로 진출할 생각이었다. 여기에 유력 가문들은 상호간 혼인을 통해 결속을 공고히 하였으며 향촌 문제에 공동으로 대처하였다.

한편, 강원 감영의 행정 기구와 원주목의 재정은 원주 민인들이 담당하였는데, 재정 운영 과정에서 많은 문제를 노출하였다. 이 과정에서 실무를 담당한 이서들의 침탈이 매우 심각하였다. 원주의 이서들은 자신들의 권력 기반인 강원 감영 주변에 거주하면서 서로 공동체 인식과 상호 결속을 강조하였으며, 재지사족의 서원에 비견되는 이족의 사우를 새로 만들거나 이를 확장하여 향촌 사회에서 세력을 확대하는 기반으로 만들었다. 원주 지역에서 이서들의 위상은 재지사족과 견줄 만큼 막강한 것이었다. 이러한 지역적 위상을 바탕으로 이서들 중에는 중앙 정치 세력과 연계를 맺어 향촌 사회 내 정치적 입지를 확고히 하고자 하였다.[4] 이러한 원주 이서층의 침탈은 한층 더 조직적으로 발전하였다.

2) 원주민란의 전개

원주민란은 환곡 운영에서 나타난 봉건적 수취 체제의 모순을 해결하고자 발생한 것으로 원주목 북창 소속 민인들의 봉기인 북창봉기와 강원 감영 관할인 영창, 사상 소속 민인들의 봉기인 태장봉기로 나눠볼 수 있다. 이 두 봉기는 환곡 문제의 해결이라는 공통점이 있지만 그 전개 과정에서 유력 가문의 참여 형태, 이서층의 대응 등에서 다른 모습을 보여준다. 북창의 업무를 담당하던 북창색 남성갑의 침탈은 계속되었다. 이 때문에 북창의 환곡은 급감하였으며 그러한 결과는 북창 농민들의 피해로 이어졌다. 북창 6개면 농민들이 남성갑의 부정 수탈을 등소하는 등소운동으로 북창봉기는 시작되었다. 이 등소운동의 소장은 안창리에 거주하는 사족 김택수가 담당하였다. 김택수는 사족으로서 농민들의 입장에서 소장을 작성해 주었다. 북창봉기의 결말은 농민들이 북창 이서 남성갑을 화형하는 것으로 마무리되었다. 남성갑이 농민들의 요구에 독설을 퍼부으면서 대응하자 농민들은 그를 화형했던 것이다.

이에 장붕기(張鵬基) 등의 이서들은 원주 남산으로 피신하였다가 돌아와서 양반가를 부수면서 신주(神主) 등도 함께 파괴하였고, 부녀들을 구타함으로써 사족의 권위를 침해하였다. 특히 만종리(萬宗里)의 이재화(李載和)의 집을 부수면서 그 집에서 보관하고 있던 공자영정(孔子影幀)을 파괴하였다. 이 공자영정은 이재화의 선조(先祖)인 이양원(李陽元)[5]이 선조(宣祖) 때 사신으로 중국에 갔다가 명나라 황제에게 받은 것으로 소중하게 여겨 조상 대대로 내려오는 것이었다. 또한 원주 지역의 사족들이 찾아와 예를 올리는 것이기도 하였다. 또한 장붕기는 김택수의 집으로 들어가 집을 부수고, 부녀를 구타하고, 재물을 약탈하였다. 이렇게 한 이유는 북창색(北倉色) 남성갑(南聖甲)이 죽임을 당하고, 읍내에서 봉기가 일어난 것이 김택수의 중재 거부 때문이라고 인식하던 것으로 보인다.[6]

장붕기가 중심이 되어 일어난 공자영정의 파괴와 김택수 집을 공격한 일은 재지사족들이 원주민란에 적극적으로 참여하도록 만들었다. 그리하여 교회(校會)가 열리게 되었는데 그 교회는 김택수의 형인 김관수(金寬秀)의 주도하에 열렸다. 교회(校會)에 참여했던 사람들은 유학 김관수(金寬秀) 외 95명이었으며, 그들의 직역을 보면 유학(幼學) 12명, 진사(進士) 10명, 생원(生員) 1명, 감역(監役) 4명, 교리(校理) 1명, 정언(正言) 1명 등이었다(『按覈狀啓-原州-』「原州儒民稟目」).

원주민란은 새로운 관점에서 접근해 봐야 한다. 동학농민혁명이 일어나기 약 10년 전이라는 시간적 조건과 강원 감영이 있던 원주라는 공간적 조건 위에서 환곡을 통한 이서층의 수탈이 극심해지자 농민들이 이의 제기를 하여 등소를 하였고 여기에 재지사족이 농민들의 입장을 대변하는 데 동참하였다. 이것이 발전하여 재지사족이 집단적인 행동을 하였다. 농민들과 재지사족이 한편으로 하여 이서층과 대립하는 구도를 보인다. 이러한 상황은 조선시대에 쉽게 일어나기 어려운 상황이다. 왜 이러한 일이 원주에서 일어났을까?

먼저, 원주가 감영이 소재한 곳으로 원주의 이서층이 매우 강고한 세력을 형성했다. 둘째, 조선 후기 조세 수취제의 모순을 노정하는 것이기도 하다. 조세 수취의 실행자, 즉 이서층의 의도에 따라 조세 수치가 자의적으로 이루어졌기 때문에 그 피해를 농민들이 직접 당했던 것이다. 그런데 이러한 구도는 1894년 동학농민혁명이라는 역사적 사건과 이후 의병운동 과정에서 새롭게 형성된다. 1894년을 전후한 시기에 원주라는 지역에서 이서층, 농민, 재지사족, 동학교도, 동학농민군, 포군 등 다양한 세력들이 역사적 사건에 따라 입장과 태도를 다르게 드러내는 것을 우리는 확인할 수 있다. 그것은 절대적 선악이나, 시비, 정의와 부정의 등의 기준으로 판단하고 해석하기는 어렵다. 당사자들은 자신들의 입장에서 최선을 다했을 것이다. 현시점에서 우리가 그것을 어떻게 판단하고 해석해야 하는지는 또 다른 차원의 문제이다.

3. 원주 지역의 동학 포교

원주민란 단계에서 동학교단의 움직임은 드러나지 않는다. 강원도에서 동학이 전파된 것은 비교적 이른 시기였다. 강원도 지역에서 포교의 시작은 최제우와 함께 체포되었던 이경화가 영월로 정배되면서였다. 그는 1864년

3월 무렵 영월 소밀원을 중심으로 동학 포교를 시작하였다.[7] 1870년대 후반 동학교단은 영월, 정선 등 영서 지방의 비밀 포교지를 중심으로 기반을 확대해 나갔다. 이후 1880년에는 인제 갑둔리에서 『동경대전』과 『용담유사』를 간행하여 교리를 체계화하였다.

그러나 1880년대 이후 강원도 지역에서 동학교단의 활동이 구체적으로 드러나지는 않는다. 다만 1893년 보은집회에 강원도에서 관동대접주 이원팔이 참여하였으며, 여기에 참여하였다가 4월 보은집회 해산 시 돌아간 동학교도 가운데 강원도 원주접 200여 명도 포함되었다는 기록[8]이 있다. 이원팔이 원주를 거점으로 하여 동학 포교를 하였다고 볼 수 있는 근거는 미약하다. 관동대접주의 활동 영역을 원주로 국한할 수 없다. 또한 원주접 200여 명이 어떤 사람들인지 확인되지 않는다. 그리고 이후에 이들이 원주라는 지역을 기반으로 활동한 양상들이 거의 발견되지 않는다. 1893년 보은집회에 참여했다면 1894년 1차 봉기에 활동하였든지 아니면 1894년 2차 봉기 과정에서 그 세력을 기반한 활동이 있어야 하는데 원주라는 지역을 기반으로 그러한 활동은 나타나지 않다. 따라서 원주라는 지역을 중심으로 생각한다면 동학교단의 활동은 상대적으로 두드러졌다고 말할 수는 없으며, 1893년 원주접 200여 명과 1894년 원주 지역에서 활동한 동학농민군과의 관련성은 쉽게 연결되지 않는다.

4. 원주 지역의 동학농민군

1) 원주의 동학농민군

1894년 동학농민혁명 1차 봉기 과정에서 원주에서 동학농민군의 움직임은 포착되지 않는다. 원주 지역을 기반으로 동학농민군으로 활동을 전개한 경우는 임순화, 신택우, 김화보, 이규하, 이화경, 임순호 등이 있다. 임순화는 1894년 10월이 되자 강원도 원주에서 동학농민군과 함께 적극적으로 동학농민혁명 2차 봉기에 참여하였다. 접주 신택우 역시 1894년 강원도 원주에서 동학농민혁명에 참여한 후 피신 생활을 하다가 결국 1898년 1월 경기도 음죽에서 체포당하여 서울로 압송되었다. 김화보는 강원도 원주에서 동학농민군으로 활동하다가 1894년 10월 관군에게 체포되어 처형되었다.[9]

이화경은 1894년 10월 동학농민혁명 2차 봉기가 시작되자 강원도 원주에서 동학농민군과 함께 활동을 전개하였다.[10] 임순호는 1894년 10월 동학농민혁명 2차 봉기 과정에서 강원도 원주에서 동학농민군을 이끌고 참여한 뒤 피신 생활을 하다가 1898년 3월 경기도 여주에서 체포되었다.[11] 이규하는 1894년 강원도 원주에서 동학농민혁명에 참여한 뒤 숨어 지내다가 결국 1895년 4월 충청도 충주에서 체포되었다.

> 강원 감영에서 온 보고(1895년 4월 19일 제175호)
>
> 보고할 일입니다.
>
> 원주 귀래면 집강 이병삼의 소본 안에 "작년 가을에서 겨울 사이에 비도의 우두머리 이규하가 본면에 접을 설치하여 어지럽혔고 다른 면에서는 더욱 심하였습니다. 요즘 화적이 홀연히 나타나 민심이 다시 소란해졌기 때문에 본면에 사는 진사 이철화가 포군을 인도하여 거느리고 비적의 우두머리 이규하와 홍종성 두 놈을 충주 소태양면 구룡동 김가의 집에서 잡았습니다."라고 하였습니다. 장수와 나졸을 정하고 격식을 갖추어 압송하며 해당 통문 1장과 봉투 1개를 동봉하여 올려 보냅니다.[12]

이 자료는 1895년 4월 19일 강원 감영에서 법부에 보낸 문서이다. 이에 따르면 원주 귀래면 집강 이병삼의 보고 내용에 1894년 가을 동도 이규하가 원주 귀래면에 접을 설치하여 활동을 전개하였다. 이에 귀래면에 사는 진사 이철화가 민보군을 조직하여 동도 우두머리 이규하와 홍종성을 충주 소태 양면 구룡동 김가의 집에서 체포하였다. 이후 강원 감영에서 이규하를 법부로 압송하였다. 민보군을 조직한 진사 이철화는 충주 소태양면까지 추격하여 이규하를 체포하였다.

이와 같이 원주 지역에서 동학농민군의 활동은 주로 2차 봉기 과정에서 나타난다. 그런데 원주 지역에서 활동을 전개한 동학농민군은 위에서 언급한 동학농민군이 대부분이다. 원주가 감영이 있는 큰 도시로서 많은 인구가 살고 도시의 규모와 역할을 감안할 때 동학농민군으로 활동한 숫자가 다른 지역에서 비해 매우 적은 편이다. 원주보다 규모가 작은 충청도 태안과 전라도 장흥 지역에서 동학농민군으로 확인된 숫자는 수백 명에 달한다. 이렇게 볼 때 원주에서 동학농민군의 활동이 활발했다고 보기 어렵다. 원주 감영을 중심으로 한 지역에서는 동학농민군의 활동이 거의 없었으며 특별한 움직임도 포착되지 않는다. 이규하의 경우도 원주 감영과는 거리는 있는 귀래면에서의 활동이다. 또한 1894년이나 1895년 사이에 원주 지역에서는 동학농민군과 진압군·일본군 사이에 전투가 확인되지 않는다. 오히려 인근의 정선, 영월, 평창 지역에서 더 활발하게 전투가 전개되었다.

2) 정선 · 영월 · 평창 동학농민군

원주 인근의 정선, 영월, 평창 지역의 동학농민군 활동은 활발하였다. 이들은 강릉까지 진출하였다. 이 지역에서 활동한 동학농민군의 활동은 다음과 같다.

김상오, 공계정, 전순길, 손영팔, 박재회, 이치택, 지왈길은 1894년 9월 4일 영월, 평창, 정선의 동학농민군과 연합 전선을 펼쳐 강릉 관아를 점거하였다. 지왈길은 1894년 11월 23일 정선의 민보군에게 체포된 뒤 이틀 만에 처형되었다.[13] 또한 윤태열, 이창문, 김대영, 김희열, 용하경, 오순영, 이화규, 정창해, 안영보, 안영달, 김순복, 유도원, 임정호는 동학농민혁명에 참여하였다가 1894년 10월~11월 강원도 봉평에서 강위서와 박동의가 이끄는 민보군에게 체포되어 처형되었다.[14] 정운심과 조원중은 동학농민혁명 과정에서 윤태열 등과 함께 농민군을 모집하고 군량, 군물을 마련하였으며 1894년 11월 6일에는 강원도 홍천 내면까지 진출하여 동학농민군 지도자 차기석과 함께 강위서의 민보군을 공격하여 승리하였다.[15]

접주인 이문보는 1894년 11월 5일 평창, 후평 등지로 진출하여 관군, 일본군과 전투를 벌였으나 결국 체포당하여 처형되었다.[16] 오덕보는 동학농민혁명에 참여하여 1894년 8월 강원도 평창에서 활동하였다.[17] 접사 이중집, 임순철, 김윤언은 동학농민군으로 활동하다가 1894년 11월 6일 강원도 정선 여량에서 이진석의 민보군에게 체포당하여 처형되었다.[18] 박재호는 진사였음에도 강원도 평창으로 이사한 뒤 1894년 동학농민군 지도자가 되어 군자금과 군수품을 모으는 등 적극적으로 활동을 전개하였다.[19] 박규협은 1894년 강원도 평창 지역에서 동학농민군으로 활동하였다.[20]

5. 원주 지역의 반농민군

원주 지역의 반농민군의 가장 대표적인 인물은 이철화이다. 그는『갑오군공록』에 원주 진사 참위로 등재되어 있을 만큼 적극적으로 동학농민군 진압활동에 참여하였다. 이철화는 원주 지역의 유력한 재지사족의 일원이다. 그는 1885년 원주민란과 간접적으로 관련이 있다. 원주민란은 원주의 이서층의 수탈과 착취에 농민들과 재지사족이 대립하는 양상이었다. 이 과정에서 이서층이 재지사족을 공격하게 되는데 이때 이재화의 집을 부수면서 보관되어 있는 공자영정을 파괴하였다. 이재화는 바로 이철화의 사촌이었다. 이철화는 원주민란에서는 농민층과 함께 이서층에 대립하다가, 동학농민혁명 국면에서는 동학농민군을 진압하는 활동을 적극적으로 전개하였으며 이후 을미의병 단계에서는 의병장으로 활동하였다. 이철화가 동학농민군을 진압하는 활동을 적극 전개한 것은 그가 성리학적 사고 구조를 지닌 사족으로서 조선의 기본 질서를 지키고자 하는 강한 의지가 있었기 때문이라고 여겨지며 의병 활동 역시 이러한 이유로 적극적인 활동을 이어 간 것으로 여겨진다.

강위서 역시 원주와 인근 지역에서 대표적으로 동학농민군 진압에 적극 참여하였다. 강위서는 봉평면 집강 겸 소모종사관으로서 누구보다도 앞장서서 동학농민군 진압 활동을 전개하였다.[21] 『임영토비소록』에는 강위서가 본래 의기가 많고 포를 잘 쏘았는데, 불의에 분개하여 몰래 여러 사람들과 모의하였다[22]고 설명되어 있다. 강위서는 집강으로서 관과 민을 연결하는 역할을 하였는데 특히 동학농민혁명 과정에서 동학농민군을 진압하는 데 매우 적극적이었다. 강위서는 동학농민군 임정호 등 38명을 쏘아 죽였고 나머지 100여 명을 잘 타일러서 귀화시켰다고 한다.[23] 이후 그는 의병에 적극 가담하여 민용호 의병장이 이끄는 강릉 의병의 전군장 및 선봉장으로 활동하였다.

박동의도 봉평 지역에서 대단히 적극적으로 동학농민군을 진압하는 활동에 참여하였다. 박동의는 유학으로서 활동을 전개하다가 소모종사관으로 임명되었고, 내면의 동학농민군 정창호 등 10명을 체포하여 머리를 베었다고 한다.[24] 박동의는 강위서와 함께 봉평 지역에서 가장 적극적으로 동학농민군 진압 활동에 참여하였으며 동학농민혁명이 끝난 이후 강릉 의병의 군사로 활동하였지만 신평전투에 참전하여 전사하였다.

원주와 인근 지역에서 반농민군으로 활동한 이들은 주로 재지사족이었다. 이철화는 사족이었고, 강위서는 집강으로 활동했으며, 박동의는 유학이었다. 이들은 원주 지역사회의 기본 질서와 조선의 질서를 수호하고자 하였으며 동학농민군의 활동은 이를 위협하는 일이라고 생각하여 동학농민군을 몰아내고자 하였다.

6. 1896년 원주 지역의 의병

원주 지역에서 동학농민군으로 활동하고 의병 활동에 참여한 경우는 발견되지 않는다. 오히려 반농민군 활동을 전개한 경우 의병으로 이어지는 것을 볼 수 있다. 1894년 이후 일본은 조선의 근대화를 후원한다는 미명 아래 친일 내각의 각종 개혁 정책을 통해 조선에 침략을 가속화하였다. 특히 단발령, 지방 제도 개혁 등은 전국적으로 양반 유생뿐만 아니라 이서층, 포군, 농민 등 다양한 계층의 반발을 불러일으켰다. 그리하여 민비시해 사건과 단발령 반대를 기치로 의병운동이 시작되었다. 원주 지역에서도 1896년 1월 이춘영, 김백선, 김사정, 안승우 등이 강원 원주, 경기 지평 등지의 유생과 포군 등을 이끌고 원주 안창에서 강원도 최초 의병으로 봉기하였다. 이들은 원주 관아, 제천 관아, 단양 관아를 점령하고 단양 장회협전투에서 중앙군과 교전하여 승리하는 등 초기 의병운동에서 큰 전과를 올렸다. 그러나 원주 지역 포군이 중심이 된 후속부대가 민용호 의병부대에 편입되고 이어서 의병내 불화와 이탈자가 발생하는 등 의병운동에 커다란 위기가 발생하였다. 이러한 위기는 '거이수지(去而守之)'하고자 했던 유인석을 비롯한 대다수의 화서학파가 의병에 참여하는 계기가 되었다. 즉 이춘영, 안승우 등의 초기 의병운동 위기 이후 전기 의병 최대의 세력인 호좌의진을 탄생시키는 데 결정적인 역할을 하였으며, 중앙 정계의 변화에 일정한 역할을 하였다.[25] 이때 참여한 원주 의병들을 구분해 보면 유생과 포군층으로 구분해 볼 수 있다.

〈표1〉 원주 지역 의병운동 참여자[26]

성명	출생사망연도	본관	거주지	비고
구연상	미상	능성구씨	원주	관군 정탐
구철조	미상	능성구씨	충주	사과, 호좌의진,원주수성장
김교헌	1859~?	경주김씨	원주	진사(1882), 호좌의진, 원주신림면 파수장
김난규	미상	미상	미상	정선군수, 포군소모
김만동	미상	미상	주천	충주정탐
김병대	미상	미상	미상	홍산군수, 호좌의진, 원주수성장
김사두	1865~1896	연안김씨	원주	호좌의진 중군장 참모
김사정	1867~1942	연안김씨	원주	진사(1891), 총독소모장, 헌책
무총	미상	미상	원주	구룡사 승려, 승장
박운서	미상	미상	원주	포군영수, 도령장
박정수	1859~1917	죽산박씨	원주	호좌의진 중군 참모
심상희	1861~1931	청송심씨	원주 지내면	여주의병장
원용정	1860~1907	원주원씨	원주 강천	호좌의진 유인석 종사
원용팔	1862~1907	원주원씨	원주	심상희 의병부대 후군장, 호좌의진 중군장
유석길	미상	미상	원주	포군, 포군소모
윤기영	1856~1907	파평윤씨	원주	호좌의진 유격진 중군장
이강혁	미상	미상	원주	이강년 의병부대 종사
이명로	미상	미상	주천	진사, 호좌의진 소모장
이석길	미상	미상	원주	포군, 이강년 의병부대 유격장
이인영	1860~1909	경주이씨	원주	원주의병장
이철화	1855~?	전주이씨	원주	진사(1876), 갑오군공, 괴산 등지 의병소모

이춘영	1869~1896	덕수이씨	지평	호좌의진 중군장, 처가 안창리 연안김씨
주현삼	?~1907	능성주씨	원주	주용규 셋째아들, 호좌의진 유인석 참모
한동직	미상	청주한씨	원주	오위장, 호좌의진 참장
홍우범	미상	미상	원주	호좌의진 수성중군, 호좌의진 수성장

〈표1〉의 원주 지역 의병운동 참여자 중 양반유생으로 의병지 도부에 참여하던 김사정, 김사두, 원용정, 원용팔, 한동직, 이춘영, 이철화 등은 원주 지역에서 유력 가문 출신이거나 서로 연계를 맺고 있는 인물들이다.

이와 함께 의병부대가 수행한 거의 모든 전투에서 일본군과 정부군을 상대로 직접 전투를 행한 실질적인 무력 기반은 포군이었다. 그들은 19세기 후반 지방군의 주력이었으며, 조선의 전략군으로 양성되었다. 그러나 청일전쟁 이후 지방 제도 개혁으로 감영, 안무영, 유수부가 폐지되고 지방 군사 제도의 개혁이 추진되면서 포군을 중심으로 한 지방군의 지위가 크게 흔들리게 되었다. 조선 정부는 1895년 윤 5월 10일 칙령 제111호 '각도외영병정 해산에 관한 건'을 반포하여 1895년 윤 5월 20일까지 각도외영병정을 일제히 해산시키도록 하였다. 이렇게 되어 자신들의 존재 기반을 상실한 원주 지역 포군, 강원 감영 소속의 영리, 강원 감영군, 진영 소속의 지방군은 의병에 적극 가담하였다. 이 중 확인된 인물은 원주 지역 포군의 영수로 원주 안창에서 봉기한 의병부대의 도령장으로 포군을 모집하고 이후 민용호 의병부대에서 활동한 박운서, 이강년 의병부대의 유격장으로 선봉에서 활동하다 전사한 이석길, 원주 서면 등지에 흩어져 있던 포군을 모집한 유석길 등이 있다.

원주 의병은 재지사족과 포군이 중심을 이루었다. 동학농민군이 의병에 참여한 것은 발견되지 않는다. 동학농민군이 의병으로 계승되었다는 주장은 적어도 원주에서는 성립되지 않는다.

7. 맺음말

　지금까지 원주 지역의 동학농민군의 활동과 의병 활동을 살펴보았다. 우선 이러한 사실을 보는 관점을 수정해야 된다고 생각한다. 즉 원주 지역에서도 동학농민군의 활동이 활발하였다고 전제하는 것이다. 앞에서 살펴본 것처럼 1894년 원주에서 동학농민군의 활동이 미약한 것은 사실이다. 그런데 원주가 동학과 관련이 많고 동학농민군의 활동이 왕성하였다는 전제 위에서 논의를 전개함으로써 그 방향성을 상실하고 있다. 이보다는 왜 원주에서는 동학농민군의 활동이 미약하였는지에 초점을 맞추어 논의를 전개해야한다.

　원주는 강원 감영이 있던 곳이다. 그래서 이서층의 세력이 강력한 편이었다. 조세 수취 과정에서 이서층의 포흠으로 많은 불만이 있었고 이것이 원주민란으로 표출되었다. 한편 원주를 근거로 한 사족들도 다수 있었다. 서울에서 가까워 재기를 노리는 많은 사족들이 원주에서 터를 잡고 후일을 도모하였다. 이러한 조건은 원주에서 동학 포교가 활발하게 이루어지기 어려웠고 동학농민군의 활동도 제한적으로 이루어질 수밖에 없었다. 대체로 감영이 있던 곳에서 동학농민군 자체적인 활동이 이루어진 곳은 거의 없다. 전라 감영이 있던 전주성은 동학농민군이 점령한 것이고, 경상 감영이 있던 대구에는 동학농민군 활동이 없었고, 충청 감영이 있던 공주 역시 동학농민군 세력이 활발하기보다는 동학농민군이 점령하고자 했던 곳이다. 원주에서 동학농민군의 활동은 동학농민혁명 2차 봉기 시에 있었으며 그들은 원주의 반농민군에게 철저하게 공격당하였다. 동학농민군들은 대부분이 원주의 반농민군에게 체포당하였다. 원주 지역에서 동학교도의 활동과 동학농민군의 활동이 활발하지 못한 것은 원주 지역의 여러 가지 조건 때문이라 생각된다.

한편으로 눈여겨볼 것은 원주민란, 동학농민혁명, 의병운동 과정에서 대립과 갈등 양상이 일반적이지 않다는 것이다.

1885년 원주민란 : 농민, 재지사족↔이서층
1894년 동학농민혁명 : 동학농민군↔사족, 이서층(반농민군)
1896년 의병운동 : 재지사족, 이서층, 포군 ↔ 정부군, 일본군

1885년 원주민란에서는 농민과 재지사족이 같은 편으로 이서층과 대립하였고, 1894년 동학농민혁명에서는 동학농민군이 사족과 이서층 중심의 반농민군과 대립하였고, 1896년 의병운동 단계에서는 재지사족, 이서층 포군이 같은 편으로 하여 정부군과 일본군과 대립하는 양상을 보인다. 1894년을 전후한 시기에 원주라는 지역에서 이서층, 농민, 재지사족, 동학교도, 동학농민군, 포군 등 다양한 세력들은 역사적 사건에 따라 입장과 태도를 다르게 나타내는 것을 확인할 수 있다. 그것은 절대적 기준, 즉 선악이나, 시비, 정의와 부정의 등으로 설명되지 않는다. 당사자들은 자신들의 입장에서 최선을 다했을 것이다. 그러나 동학농민혁명과 의병이 충돌했고 이를 우리는 해석하고 의미를 부여해야 한다. 이재화와 이철화의 예를 통해 우리는 이 문제에 새롭게 접근할 수 있다. 1894년 동학농민혁명 당시 이철화는 반농민군 활동에 적극적으로 참여하여 동학농민군 토벌에 앞장섰다. 그리고 그는 1896년 의병운동에 적극적으로 가담하였다. 상황이 변하자 농민들의 입장을 대변한 이재화와 이철화는 다시 반농민군이 되어 동학농민군을 공격하였고, 다시 일본의 침탈이 격해지자 의병 활동에 적극 참여하였다. 한국사 전개 과정에서 동학농민혁명이 역사 발전에 공헌한 만큼 의병 활동 역

시 한국 역사 발전에 공헌하였다. 그러나 이철화의 경우에서, 그리고 원주라는 지역에서 동학농민혁명과 의병이 충돌하는 지점을 발견하게 된다. 이러한 충돌은 당시 조선 전역에서 발생하였다. 우리는 이러한 역사적 사실에 각각의 입장에서 가치와 의미를 부여해야 할 것이다.

무위당은
어떻게 해월사상을 부활시켰나

황도근
상지대학교 교수

1. 들어서며

30년 전 상지대학교 물리학과에 첫 부임하면서 원주에 갑작스럽게 내려와 무위당 장일순(无爲堂 張壹淳, 1928-1994) 선생의 앞집에 살게 되었다. 오전에 수업이 없을 때면 앞집에 계시던 무위당 선생을 자주 찾았다. 낮은 나무 대문을 지나 미닫이문을 열고 마루에 들어서면 바로 왼쪽의 작은방에서 나와 옆에 있는 사랑방으로 손님을 맞이하신다. 부엌 다락이 있는 사랑채에 앉아 차 한잔을 주시는데 앉아 계신 양옆에 특이하게 두 분의 액자가 비스듬히 세워져 있다. 한 분은 무위당 선생의 조부인 장경호 어른이시고 다른 한 분은 해월 최시형 선생이시다. 후학들에게 분명히 말씀하지는 않으셨지만 무위당 선생 말년에 가장 흠모하던 분이 해월 선생이신 것은 분명해 보인다.

훗날 제자들은 무위당 선생의 생명사상과 한살림운동이 해월 선생의 사상과 세계관에서 많은 영향을 받은 것을 알고 무위당 선생을 일명 '걷는 동학'이라고 말하기도 하였다. 언젠가 서울 인사동에서 『녹색평론』의 김종철 선생이 막걸리를 한잔 주시며 하신 말씀이 늘 기억에 남는다. 무위당 선생의 가장 큰 업적은 아무도 주목하지 않고 잊혀 가는 해월 최시형 선생을 세상 밖으로 끌어내어 그분의 사상을 조명하고 새롭게 정립하였으며, 한살림운동을 통해 생활 속에서 실천하였다는 점이라고 강조하셨다.

(장일순 선생의) 그러한 철저한 소박성, 근원적인 겸허함 탓에 오랫동안 우리 현대사에서 잊혀 왔던 해월 최시형 선생의 행적과 사상이 장일순 선생에 의해 새롭게 조명될 수 있었는지도 모른다. 사실, 우리는 이천식천(以天食天)의 사상가로서의 해월 선생을 우리에게 소개한 것만으로도 장일순 선생의 업적은 엄청난 것이라고 생각해 볼 수 있다. 세상만물이 먹고 먹히는 순환적인 상호의존관계 속에서 존재하고 있는 이치를 '하늘이 하늘을 먹고 산다.'라는 지극히 시적인 표현으로 드러낸 해월 선생의 '이천식천'이라는 개념에서 우리가 느끼는 것은 비할 수 없이 심오한 종교적 감수성이다. 그리고 그것은 아마도 경제성장과 개발의 이름으로 사회적 약자와 자연에 대한 폭력적인 지배가 극에 달한 오늘날의 세계에서 그 무엇보다도 절실한 비폭력주의의 결정(結晶)이라고 할 수 있을 것이다.(김종철, 나락 한 알 속의 우주, 1997)

김종철 선생은 무위당 선생이 단순히 동학사상을 잊혔던 지식을 복원하는 수준이 아니라 오늘날 가장 필요한 실천적 원리로서 살려 냈다는 점을 커다란 공로로 지적하면서, 어떤 사상이건 살아 있으려면 사회적으로 생태적으로 건전한 삶을 지켜 나갈 수 있는 정신적 원리로 정립되어야 한다고 말했다. 그런 점에서 동학의 한울님 사상을 사람과 사람, 사람과 자연, 더 나아가 모든 우주와 생명체를 아우르는 조화로운 관계인 생명사상으로 읽어내고, 이것을 지금의 생활 속에서 실천하는 한살림 공동체운동으로 전개한 것은 그분의 가장 큰 업적으로 보인다.

2. 동학과의 인연

무위당 장일순 선생의 인터뷰 자료에서 보면 동학을 처음 접한 동기를 묻는 질문에 가장 많이 등장하는 인물이 오창세 씨이다. 그분은 5년 연상의 이웃 형님으로 무위당 선생의 집 앞에서 천도교 포교소를 해 무위당은 동학을 자주 접할 수 있었을 것이다. 『시사저널』 여운연 기자와 무위당의 인터뷰를 보면 이미 1946년부터 수운 최제우와 해월 최시형 선생을 알고 있었다고 기록되어 있다. 장일순 선생은 1944년 배재고등학교를 졸업하고 서울대학교 공과대학의 전신인 경성공업전문대학에 입학하였다. 1945년 미군 대령의 총장 취임을 핵심으로 하는 국립서울대학교 설립안(이른바 국대안)에 반대하는 투쟁의 주요 주모자로 지목되어 제적된 후, 1946년 서울대학교 미학과 1회로 재입학한다. 그때는 사회운동의 경험이 있는 대학생으로 해방 직후 불안정한 좌우익 정치 흐름에 깊은 고민이 있었고, 오창세 선배와의 대화에서도 사회문제에 관한 주제가 많았을 것으로 짐작할 수 있다.

> 사회운동에 눈을 뜨게 된 것은 누구의 영향입니까? 조부님과 글을 가르쳐 주신 차강 박기정 선생, 해월 최시형 선생이었어요. 우리집 바로 앞에 천도교 포교소가 있었습니다. 그래서 동학을 알게 됐습니다. 46년에 수운 최제우와 해월을 알게 되었지요. 영원한 세계, 이 땅에서 행복하게 살 수 있는 말씀들을 다 가지고 있더라구요. 그렇게 되니까 이 쑥배기가 함부로 갈지(之)자를 못하겠더군요. (여운연[1], 『시사저널』, 1991)

특히 동학혁명 당시 영성과 혁명을 온전히 통합하신 분으로 해월 최시형 선생을 조명하여 일본에서 박사 학위를 받은 박맹수 교수와의 대담 기록[2]을 보면 오창세에 관한 좀 더 자세한 기록이 나온다.

> 선생님, 어떻게 동학에 관심을 가지시게 되었습니까? '한국전쟁 무렵, 여기 원주에 오창세라는 친구가 있었다. 인격적으로 훌륭했지'라고 하시면서 그 친구로부터 동학을 알게 되고, 수운과 해월 선생 이야기를 많이 들었다고 말씀해 주셨습니다. 그런데 그 무렵 동학, 천도교분들이 〈민족자주〉를 기치로 했던 혁신정당, 근로인민당에 많이 가입했는데 보도연맹사건 때 억울하게 학살당하셨다고 증언해 주셨어요. 눈시울이 뜨거워지던 순간이었지요.(박맹수, 무위당사람들, 2010)

앞의 기록에 따르면 1946년부터 동학과 혁신정당에 관한 언급이 있다. 그때 이미 장일순 선생은 서울대학교에서 제적된 경험도 있었다. 한국전쟁이 끝나고 원주에서 두 번의 국회의원 선거에 참여한다. 1958년에는 조봉암의 진보당 해체로 무소속으로 출마하여 낙선하며, 1960년에는 횡성의 윤길중 씨와 함께 사회대중당으로 참여하여 낙선한다. 근로인민당은 1947년에 좌우합작을 정치 노선으로 하여 여운형을 중심으로 발족한 정당으로 조선인민당(1945), 사회노동당(1946)에 이어 여운형이 중심이 되어 창당된 혁신계 정당이며, 그해 여운형 선생의 암살로 와해되었다. 이때 민족 자주를 기치로 하는 진보적인 천도교분들의 적극적인 참여가 있었던 것으로 추정된다. 특히 장일순 선생이 혁신계 정치에 적극적으로 참여한 사회대중당은 4.19혁명 이후에 구 진보당계, 민주혁신당계, 근로인민당계, 민주사회당계 등이 중심이 되어 4.19혁명을 계승하기 위해 1960년 5월 13일 창당대회를 열고 7월 민의원과 참의원 선거에 참여한다. 이때 장일순 선생도 원주에 출마하여 낙선한다. 결국, 장일순 선생은 중립화 평화통일을 주장하는 혁신정당에 참여로 1961년 5.16 군사재판에서 7년 선고를 받고 구속된다. 이를 통해 추정할 수 있듯이 그 당시 장일순 선생의 진보적 성향과 정치적 노선이 천도교의 민족 자주 기치의 정치적 성향과 비슷하여 깊은 공감으로 오창세 선배와 많은 교감이 있던 것으로 추정할 수 있다.

3. 민주화운동에서 생명운동으로의 전환

장일순 선생의 민주화운동과 생명·협동 운동을 이해하려면 그분의 이력을 간단히 살펴보아야 한다. 앞에서 소개했지만, 장일순 선생은 1928년 원주에서 태어나 1944년 서울공대 전신인 경성공업전문학교에 입학하였으나 해방 후 미군 대령의 총장 취임에 반대하여 제적되었다. 1946년 서울대 미학과에 다시 입학하였으나 6.25전쟁으로 학업을 중단하고 원주로 내려와 1954년 안창호 선생의 정신을 이어받고자 원주에 대성학원을 설립하고 이사장을 역임했다. 4.19혁명 직후 사회대중당으로 출마하여 낙선하였고, 5.16쿠데타로 중립화통일론을 주장하던 혁신정당 인사들과 함께 7년 언도를 받고 3년간 옥고를 치른다. 출옥 후 다시 대성학원 이사장에 취임하였으나 1963년 대성고등학교 학생들이 전국 최초로 한일굴욕외교 반대 시위를 벌이자 이사장직을 박탈당하였고, 정치정화법과 사회안전법에 묶여 집 앞에 파출소가 세워져 철저한 감시를 받게 되자 칩거 생활을 하게 된다.

파란만장한 젊은 시절을 보내며 감시를 받던 장일순 선생은 평생 잊지 못할 분을 만난다. 1965년 천주교 원주교구 설정과 함께 부임한 지학순 주교와의 만남은 한국 민주화운동의 시작이며 지역자치운동의 시발점이 된다. 인류 문명에 혁명적 영향을 미친 제2차 바티칸공의회 선언에 따라 평신도의 역할과 활동을 중요한 사목 방침으로 정한 지학순 주교와 사회개혁과 지역 자치를 꿈꾸는 장일순과의 만남은 필연적이었다. 두 분은 사목방침에 따라 교구의 재정 자립과 평신도 역할을 강화하기 위해 본당별로 자치위원회를 조직하고, 1966년 원동성당 신자들 중심으로 출자금을 받아 원주신용협동조합(신협)을 창립하게 되었다. 비록 첫 출발은 실패를 했지만 이후 두 분은 70년대 민주화운동과 자립적인 협동조합운동을 평생 함께하게 된다.

그 이후 각 본당별로 신협을 만들었으며, 강원도 전역에 사회적 경제적 약자를 위한 신협운동을 전개해 나간다. 1969년에는 진광학원을 설립하고 협동운동의 활성화를 위해 협동조합연구소를 만들어 본격적인 기틀을 갖춘다. 1971년 10월에는 5.16재단과 함께 운영하던 원주 MBC의 부정부패 문제로 지학순 주교와 함께 사회정의 구현을 촉구하는 가두 시위를 하면서 박정희 군부독재를 반대하는 민주화 투쟁에 불을 붙이는 역할을 하였다. 이런 민주화 투쟁을 하면서도 신협운동은 합법적인 승인을 받아 전국적으로 번져 갔으며, 특히 1973년 원주에서는 남한강 유역에 집중 폭우로 막대한 피해가 발생하여 지학순 주교가 서독에서 291만 마르크(당시 환율로 약 3억6천만 원)의 재원을 마련하여, 장일순 선생과 함께 재해대책사업위원회를 구성하여 마을 단위의 공동체운동과 자립협동조합운동을 전개한다. 이 사업을 위해 김영주, 김지하, 박재일, 이경국, 장상순, 김상범 등 많은 젊은 운동가들이 원주로 내려와 결합하고, 이때 만들어진 협동조합만 농촌과 광산 지역에서 46개에 이른다. 원주캠프로 불리는 이들은 또한 1974년 지학순 주교와 김지하 시인의 구속 사건으로 한국 민주화운동의 중심에 선다. 이 사건으로 원주의 민주화운동과 사회개혁운동은 전국적으로 퍼지며 세계적으로도 주목을 받는다. 그 맨 앞에 지학순 주교와 김지하 시인이 있었고, 보이지 않는 뒤에는 장일순 선생이 있었다.

이러한 한국 민주화운동의 흐름 속에서 중심적 역할을 하던 장일순 선생은 70년대 후반에 들어서며 사회운동에 새로운 방향을 모색하였다. 동국대 철학과 황필호 교수와의 대담[3]에서 장일순 선생은 다음과 같이 1977년에 사회운동의 방향을 새롭게 모색하고 있다고 이야기한다.

> 80년 말에 (김지하 시인이) 출옥 후 절 보고 '선생님 운동의 방향을 바꾸셨더군요.' 그러더군요. '그걸 자네가 어떻게 아는가? 난 사실은 77년부터 결정적으로 바꿔야 되겠다고 생각을 했네. 땅이 죽어가고 생산을 하는 농사꾼들이 농약에 쓰러지고, 이렇게 됐을 적에는 근본적인 문제서부터 다시 봐야지. 산업사회에 있어서 이윤을 공평분배하자고 하는 그런 차원만 가지고는 풀릴 문제가 아닌데. 그래서 나는 방향을 바꿔야 되겠구나, 인간만의 공생이 아니라 자연과도 공생을 하는 시대가 이제 바로 왔구나 하는 것 때문에 이제 방향을 바꿔야 하겠다고 생각을 했지.' 그랬더니 김시인이 '저도 옥중에서 반성을 많이 했습니다. 잘못됐다고 하는 것, 공평하지 않다고 하는 것만 가지고, 분배가 잘못됐다고 하는 것만 가지고는 문제를 풀 수가 없겠더군요.' 그래서 사실상은 60년대, 70년대 말에 뛰었던 그러한 운동에 대한 반성을 김시인은 옥중에서 하고 나왔던 겁니다. 그러니까 근자에 변한 것이 아니지요. 〈밥〉이라든가 〈남녘땅 뱃노래〉라든가 이런 모든 것은 벌써 민족전통에 거룩한 사상의 맥을 두고 생명의 문제를 얘기한 겁니다. 그러니까 오늘날 문제를 '환경의 문제다.' 이렇게 봤을 때는 자연을 들러리 세우는 입장밖엔 안되는 거지요.(황필호, MBC, 1992)

한국 민주화운동의 중심에 서 있던 장일순 선생과 김지하 시인을 비롯한 원주캠프[4] 사람들은 10년 가까운 박정희 정부 반독재 투쟁 속에서 내적인 어려움이 있었고, 또한 그들이 추구했던 사회운동의 한계를 느꼈던 것이 분명해 보인다. 앞서 장일순 선생의 이력에서도 볼 수 있듯이 지학순 주교와 함께한 원주캠프의 특성은 다른 민주화운동 세력과 다르게 지역 자치를 꿈꾸며 사회적 약자를 구제하기 위한 협동조합운동을 기반으로 사회운동을 전개하였기에 단순히 반독재 민주화 투쟁만으로는 한계를 보일 수밖에 없었다. 특히 김지하 시인이 수감 6년 만인 1980년 12월 석방되어 출옥한 후 원주에 머물면서 장일순 선생에게 묵란을 배울때 사회운동의 방향을 생명운동, 풀뿌리운동, 생활·문화·사상 운동에 매진하겠다고 마음먹는다.[5] 그 무렵 장일순 선생도 자호를 청강(靑江)에서 무위당(无爲堂)으로 바꿔썼는데 청강은 혼탁한 세상 속을 도도하게 흐르는 맑은 강물처럼 살겠다는 당신의 말씀처럼 사회적 적극성을 대변한다면 무위당 호는 '아무것도 하지 않음으로써 아무것도 하지 않음이 없는 무위무불위(无爲无不爲)'를 의미하면서 자연주의적 유연성으로 승화된 것으로 볼 수 있다. 이런 모습은 치열한 사회투쟁을 경험하면서 깊은 내적 수양을 닦는 사회운동가들이 시대적 사상가로 승화될 때 보여주는 것으로 추론할 수 있다.

또한 1970년대 후반 장일순 선생을 비롯한 원주그룹은 지학순 주교의 자금 지원 아래 진행되었던 재해대책사업위원회의 부락개발사업과 협동조합운동을 전개하면서 농촌의 농민들이 매년 수십 명씩 쓰러지는 현실을 목도한다. 이런 농약 중독과 환경오염의 문제점을 누구보다 심각하게 체험하던 원주그룹은 박정희 시절에 있었던 근대화와 개발주의 더 나아가 자본주의를 기반으로 한 산업 문명의 한계점을 넘어서서 새로운 생명의 지평을 열면서 지금의 근본적 문제들을 넘어서고 싶었던 것이다. 김지하 시인은 그 당시 상황을 한살림 모임의 대담에서 '한살림이 어떠한 경로로 만들어졌는지'를 묻는 이병헌 교수의 질문에 다음과 같이 말했다.[6]

1970년대 원주에서 무위당 장일순 선생님을 중심으로 김영주씨, 박재일 씨, 이경국 씨, 그리고 그 밖에 다른 분들과 제가 강원도와 충청북도 지역의 농민과 광산근로자를 중심으로 협동운동을 조직했던 일이 있습니다. 특히 협업운동과 신용협동조합운동에 힘을 많이 쏟았지요. 그러다가 저는 민청학련 사건으로 감옥에 들어가게 되었지요. 그런데 1980년 제가 출옥한 후, 그동안 추진해오던 1970년대의 협동운동을 평가한 결과 신협운동을 제외하고는 모두 실패했다는 결론에 도달했습니다. 그리고 그 원인이 이념적 토대가 취약했던 데 있었다는 것을 알게 되면서, 생명을 억압하고 소외시키며 분열시키고 죽이는 삶의 질서에 대항하여 살아 있는 생명으로서의 인간생명을 회복하는 광범위한 운동을 전개하기로 했던 것입니다. 그 일환으로 농촌과 도시, 생산과 소비를 연대시키는 광범위한 협동운동을 생각하게 되었지요. 그래서 인근 농촌의 농민운동과 연대하는 원주소비자협동조합을 설립하게 된 것입니다. (김지하, 한살림, 1990)

1980년대 들어서면서 국내 정치적 변화와 원주교구의 정책 방향 변화를 직감하던 장일순 선생을 비롯한 원주그룹은 그동안 했던 민주화운동과 제반 협동운동을 비판적으로 평가하고 향후 대책을 모색하는 내부 논의 과정을 치열하게 거쳤다. 그 결과로 1982년에 김지하의 초안과 원주그룹들의 검토를 거쳐 〈생명의 세계관 확립과 협동적 생존의 확장〉이라는 원주보고서[7]를 세상에 내놓았다. 이 보고서는 피폐해진 민중의 삶과 인간성 상실, 인간과 범생명의 물질화, 대량생산 및 대량 소비 시대의 숭배 등이 횡행하는 근대 산업 문명 때문에 죽음의 먹구름이 온 세계를 뒤덮고 있으며, 이러한 현상들의 배후에는 생명 경시와 생명 파괴, 반생명의 세계관이 터 잡고 있다고 보았다. 이를 극복하고 새로운 사회적 확장을 위하여 '생명'을 핵심적인 화두로 삼았다. 이를 뒷받침할 사상으로 동학의 해월 최시형 선생이 말씀하신 삼경(三敬)인 경천(敬天), 경인(敬人), 경물(敬物)을 기반으로 한 '생명의 세계관을 확립'하고 '협동적 생존의 확장'으로 나아가자는 생명운동으로의 전환을 세상에 제시했다. 결국 이 보고서는 이후에 김지하의 생명사상 세미나 및 동학의 발자취를 좇는 사상기행, 그리고 일본연수와 한살림 공부모임을 통하여 1989년 한살림선언으로 심화되고 체계화되었다.[8]

4. 한살림선언과 동학사상

장일순 선생을 중심으로 한 원주그룹은 생명사상을 체계화하는 공부모임과 함께 현장 속에서 협동조합운동을 사회적으로 확산시키기 위해 한 단계 승화시키는 작업을 한다. 그리고 그 당시 원주그룹은 1983년 사회개발위원회의 기구 개편으로 활동했던 인사들이 원주를 떠나는 '탈원주(脫原州)'의 시기[9]이기도 했다. 1985년 6년 원주그룹의 박재일 선생은 전국에서 처음으로 소비자협동조합인 '원주소비조합'[10]을 발족한다. 이후 가톨릭 원주교구의 지원으로 미제레오에서 지원금을 받아 1986년 12월 서울 제기동에서 '한살림농산'을 설립하면서 생명운동을 실천하는 도시 소비자와 농촌 생산자 간의 협동조합 조직체가 처음으로 만들어졌다. 이는 원주에서 태동한 생명운동이 전국적으로 퍼져 나가는 발판이 되었다. 한편 장일순 선생은 한살림운동의 성공을 위해 1988년 생명사상을 정립할 '한살림연구회'를 결성하였다. 연구회는 매달 회합을 통해 현재의 시대 상황을 철저히 진단하고 성찰하면서 그 대안과 실천 방향을 세우는 데 최선을 다하였다. 모두 11차례의 학습모임과 4차례의 토론회를 거쳐 동학사상, 두레공동체 전통, 일본의 생협운동, 스페인 몬드라곤 공동체 등 다양한 내용을 검토하고 토론하여 1989

년 10월 '한살림선언'을 발표하였다. 생명운동의 필요성과 지향성을 세상을 향해 천명한 것이다.

〈한살림선언-생명의 지평을 바라보면서〉의 주요 내용은 다음과 같다.

1장: 산업 문명의 위기: 핵 위협과 공포이다. 자연환경의 파괴이다. 자원 고갈과 인구폭발이다. 문명병의 만연과 정신분열적 사회현상이다. 경제의 구조적 모순과 악순환이다. 중앙집권화된 기술관료 체제에 의한 통제와 지배이다. 낡은 기계론적 세계관의 위기이다.

2장: 기계론적 모형의 이데올로기: 과학만이 진리에 이르는 유일한 길이라는 신념이다. 실재를 이원론적으로 분리해서 보는 존재론이다. 물질과 우주를 기계모형으로 보는 고전역학이다. 생명현상을 유기적으로 보지 않는 요소론적 생물관이다. 인간정신을 기계모형으로 보는 영혼 없는 행동과학과 육체 없는 정신분석이다. 직선적인 성장만을 추구하는 경제이론이다. 자연을 지배와 정복의 대상으로 보는 반생태적 자연관이다.

3장: 전일적(全一的) 생명의 창조적 진화: 생명은 자라는 것이고 기계는 만들어지는 것이다. 생명은 부분의 유기적 '전체'이고 기계는 부품의 획일적 '집합'이다. 생명은 유연한 질서이고 기계는 경직된 통제이다. 생명은 자율적으로 진화하고 기계는 타율적으로 운동한다. 생명은 개방된 체계이고 기계는 폐쇄된 체계이다. 생명은 순환적인 되먹임 고리에 따라 활동하고 기계는 직선적인 '인과연쇄'에 따라 작동한다. 생명은 정신이다.

4장: 인간 안에 모셔진 우주생명: 사람은 물건과 더불어 다 같이 공경해야 할 한울이다. 사람은 자기 안에 한울을 모시고 있다. 사람은 마땅히 한울을 길러야 한다. '한 그릇의 밥'은 우주의 열매요 자연의 젖이다. 사람은 한울을 체현해야 한다. 개벽(開闢)은 창조적 진화이다. 불연기연(不然其然)

은 창조적 진화의 논리이다.

5장: 한살림은 생명에 대한 우주적 각성(覺醒)이다. 한살림은 자연에 대한 생태적 각성이다. 한살림은 사회에 대한 공동체적 각성이다. 한살림은 새로운 인식, 가치, 양식을 지향하는 '생활문화활동'이다. 한살림은 생명의 질서를 실현하는 '사회실천활동'이다. 한살림은 자아실현을 위한 '생활수양활동'이다. 한살림은 새로운 세상을 창조하는 '생명의 통일활동'이다.

새로운 세계를 바라보고 이를 준비하고 있는 각성되고 해방된 인간의 정신은 '자기 안에 있는 우주 안에 자기가 있음'을 깨닫고 있다. 진화의 분기점에 방황하고 있는 이 시대는 '우주 속의 인간', '인간 안의 우주'라는 자기 이미지를 지닌 새로운 이념이 나와야 할 때이다. 그러기에 우리는 바로 지금 여기에서 새로운 생명의 이념과 활동인 〈한살림〉을 펼친다.

한살림선언의 1장과 2장은 근대 산업 문명과 이를 뒷받침하는 기계론적 과학문명의 문제점을 진단하고, 3장에서는 새로운 화두인 생명을 체계화하면서 유기적이고 개방적이고 순환적인 전일적 세계관을 제시한다. 4장에는 생명사상을 정립하면서 동학사상을 중심에 두었다. 특히 동학은 우리 민족의 전통사상인 '한'사상을 계승하고 발전시켜 한울님의 사상으로 정립하여, 하늘과 사람과 물건이 다 같이 '한생명'이라는 우주적인 자각에서 시작해서 우주의 생명을 모시고(侍天) 키워 살림으로써(養天) 모든 생명을 생명답게 하는 체천(體天)을 설파했다는 것이다. 더욱이 해월 최시형의 삼경사상으로 사람과 자연이 모두 공경의 대상이란 것과 수운 최제우의 시천(侍天)은 인간의 본성으로 한울님 모시는 이는 '안으로 신령함을 지니고(內有神靈) 밖으로 기운화함이 있으며(外有氣化) 나아가 한세상 모든 사람 각각이 옮겨살 수 없는 한울임을 알게 되는 일이다(一世之人 各知不移者也)' 등을 담았다. 또한 생명의 순환을 설명하기 위해 해월의 '한울이 한울을 먹는다(以天食天)', 밥 한 그릇에 한울과 땅과 이웃의 땀이 깃들어 있기에 만사를 아는 것은(萬事知) 즉 진리의 깨달음은 밥 한 그릇을 먹는 이치를 아는 데 있다는 것(食一碗), 자기 안에 계시는 한울님을 모시라는(向我設位), 등을 포함한다. 이외에도 생명을 살리는 싸움을 내포한 십무천(十毋天) 강령과 수운의 불연기연(不然其然) 등 동학사상을 생명사상의 근본으로 설정한다.

장일순 선생은 1989년 한살림선언이 있던 창립기념강연에서 '侍에 관하여'란 말씀에서 생명사상의 근본은 세상만물의 모심 시(侍)에 있다는 것을 다음과 같이 강조하셨다.

> 해월 선생님의 말씀에 보니까 천지만물(天地萬物) 막비시천주야(莫非侍天主也), 하늘과 땅과 세상의 돌이나 풀이나 벌레나 모두가 한울님을 모시지 않은 것이 없다. 그래서 제비 알이나 새알을 깨뜨리지 말아야 하고 풀잎이나 곡식에 이삭이 났을 때 꺾지 말아야 되거든요. '새알이나 제비알을 깨뜨리지 않으면 숲을 이룰 것이고, 그렇게 처세를 하면 그 덕이 만물에 이른다. 미물까지도 생명이 함께 하신다고 모시게 되면 그렇게 된다.'고 말씀하셨더란 말예요. … (중략)… 해월 선생은 '시(侍)는 무위이화(無爲而化)다', 이런 말씀을 하셨어요. 그러면 무위이화 속에서 사람은 어떻게 해야 하나, 그 조화속이란 것이 무위이화란 이야긴데 그 무위이화 속에서 사람은 그 이치를 알고 참여하는 것, 그러니까 일컫자면 창조적 참여라고나 할까요. 사욕을 채리기 위해서 하는 것이 아니라 온 우주가 본원적으로 가지고 있는 그 이치를 깨달아 자기도 거기에 동참한다는 것입니다. 그것이 바로 시천주조화정(侍天主造化定)의 핵심이지요. 조화정(造化定)은 시(侍)가 움직이는 것, 즉 모시는 근원에 있어서의 하나의 태도이지요. 그러니까 아까 이야기한

새알이라든가 나무의 싹을 잘라서는 안된다는 거나 하는 이치가 살아 있는 것에 대한 존경 그것을 이야기하고 있는 것이지요. 오늘날 우리가 시(侍)의 문화가 되지 못하고 있는 이유가 무엇이냐. 생산 활동도 돈만 벌기만 하면 되게 되어 있단 말이에요.(장일순, 한살림 무크지, 1990)

장일순 선생의 생명사상을 핵심어로 정리해 보면 "기어라, 모셔라, 함께 하라."로 요약해 볼 수 있다. '기어라'는 물이 개문류하(開門流下)하듯 아래로 아래로 흘러 밑으로 기어 민중과 함께하라는 것이다. 해월 선생이 37년을 보따리 하나로 전국을 돌며 민중 속으로 기어서 스며드셨듯이 늘 머리 숙여 겸손하라고 당부하셨다. 변방에 있는 민중 속에서 지역운동, 협동운동을 지속적으로 잘 유지하려면 주도하는 사람들이 무엇보다 겸손해야 한다고 제자들에게 강조하셨다. 또한 '모셔라'는 생명사상의 핵심이라 할 수 있다. 장일순 선생은 늘 말씀하시며 해월 선생의 모심의 사상을 잊지 않기를 당부하셨다. 해월의 경인, 경천, 경물(敬人, 敬天, 敬物) 사상을 통해 세상의 모든 것이 온 우주의 선물인 것을 깨달아 잘 모셔야 한다는 것이다. 아무리 작은 나락도 연약한 한 포기 잡초도 모두 우주의 조화로 만들어지기 때문에 모두 잘 모셔야 한다는 것이고, 이런 때 나와 자연이 하나이어서 우리의 환경을 살릴 수 있다는 것이다. 그래서 선생은 말년에 자호를 "一粟子(일속자, 조 한 알), 一艸(일초, 하나의 풀)"로 고쳐 쓰셨고, 이렇게 밑으로 기고, 모시는 마음으로 서로 잘 연대하여 함께 잘 살아가는 사회를 만들고자 평생 삶으로 실천하신 분이다.

5. 해월 최시형 선생 추모비를 세우며

말년에 장일순 선생은 해월 선생을 닮아 갔다. 늘 제자들에게 해월 선생의 말씀을 하셨고, 그분이 남긴 어록을 붓글씨로 써서 제자들에게 나눠 주셨다. 평소 밖에 나서는 일을 삼가셨는데 말년에는 병중에도 인터뷰나 강연 요청을 거절하지 않으셨다. 그리고 그런 자리에서 꼭 말씀하신 내용이 해월 선생과 동학 이야기였다. 그래서 제자들은 장일순 선생을 '걷는 동학'이라고 말하기도 했던 것이다. 1994년 5월 위암으로 세상을 떠나시기 전까지 장일순 선생의 말년은 해월 선생과 함께하신 것 같다.

1990년 4월 12일 원주군 호저면 고산리 송골이라는 시골 마을에 많은 사람들이 모여들었다. 해월 최시형 선생의 추모비 제막식에 참석하기 위해서 지역 사람들뿐만 아니라 그동안 민주화운동을 같이한 재야인사들이 모두 모였던 것이다. 해월 선생은 1898년 3월 17일 오랜 포교활동 끝에 송골 원진녀 씨 집에서 경병(京兵)에게 체포되고 6월 2일 72세 나이로 한성감옥에서 교수되었다. 그래서 장일순 선생은 그곳에 해월 선생의 삶과 사상을 기리고자 피체지 추모비를 세우셨던 것이다. 이 일의 준비는 원주의 제자그룹 중에 '치악고미술동우회' 회원들의 모금과 헌신으로 이루어졌다. 그 당시 참여했던 회원 중에 한 분인 치과의원을 하시는 박경종 원장의 대담 내용은 다음과 같다.

1990년 4월 12일에 제막식 행사를 가졌어요. 그날 선생님이 감격하셔서 울먹울먹하신 모습이 눈에 선연합니다. 고산리 주민들도 무척 좋아했어요. 그날 아침에 비가 많이 내려서 급하게 고산초등학교 강당으로 행사장을 옮겼어요. 제막식에는 정말 많은 분들이 오셨어요. 특히 민주화운동을 한 재야인사들이 많이 오셔서 깜짝 놀랐어요. 행사장 주변에 사복형사들이 쭉 깔려서 감시하기도 했어요. 그때만 해도 선생님의 일거수일투족을 당국에서 감시하고 있었던 시절이었으니까요. 그날 해월 선생의 증손자인 최정간 씨도 참석했어요. 이분은 경남 하동에서 도예를 하시는 분이셨는데, 선생님이 너무 고마워하셨어요. 제막식 끝나고 고산초등학교에서 선생님이 해월 선생에 대한 강연도 하셨죠. 그날 저녁에 원주 시내 식당에서 선생님 모시고 술을 먹었는데 선생님이 제일 많이 취하셨어요. 기분이 너무 좋으셨는지 노래를 두 곡이나 부르셨어요. 해월 선생이 동학농민혁명이 좌절된 후 관의 추적을 피해 3개월간 숨어 지내다가 체포될 때까지 은거했던 원진녀라는 분의 집터도 '치악 고미술동우회'에서 찾아냈어요. 해월 선생 추모비를 세우고 7개월 뒤인 1990년 11월 1일에 집터에 피체지 표지석을 세웠습니다. 이때도 선생님이 무척 감격스러워하셨어요. 선생님이 돌아가시고 나서 고미술동우회와 고산리 주민들이 역사적 현장을 기리기 위해 생가를 복원해줄 것을 원주시에 건의해서 2008년에 복원하게 되었죠.(박경종, 무위당사람들, 2017)

1990년 4월 12월 오후 2시 원주시 호저면 고산리 고산초등학교에서 열린 해월 최시형 선생 추모비 제막식과 김대호 추진위원장의 건립추진 경과보고와 장일순 선생의 말씀이 있었다.

제막식 행사를 끝내고 장일순 선생은 이날 참석하지 못한 도반(道伴)들에게 편지를 써서 해월 최시형 선생의 추모비를 세운 이유와 제막식 준비 그리고 해월 선생을 기리며 추모비에 쓰신 말씀들을 자세히 설명하여 보낸다. 그 전문을 보면 장일순 선생의 해월 선생에 대한 향심을 느낄 수 있다.

〈장일순 선생님의 편지〉

해월 최시형 선생님의 추모비를 세운 데 대하여 몇 자 적어주기를 부탁해서 몇 마디 적어 보냅니다. 원주에 계시는 치악 고미술동우회 회원님들이 모두 22명이에요. 금년 4월엔가 봅니다. 모임에서 해월 최시형 선생님의 추모비를 세우는 것을 회원들에게 제언했습니다.

원주군 호저면 고산리 송골 원진녀 씨 집에서 경병에게 체포되신지 금년이 92년 됩니다. 선생께서 동학에 입도하시고 체포되어 순도하시기까지만 37년이나 되는데, 파란만장한 일생을 끝내게 되는 원주군 호저면 고산리 송골 동구에다가 선생님의 거룩한 일생을 기리는 비를 세우고 싶었던 것이에요. 그래서 동우회 회원님들이 각자 염출해서 세우게 됐는데 바쁜 중에도 몸으로 거들어야 할 흙일과 환경작업 등 고마웠어요. 더욱 회원 각자는 천도교 신도가 아니라 천주교신자, 기독교신자, 불교신자, 유교를 받드는 사람도 있어요. 요(要)는 예수님이 기독교만의 예수님이 아니라 모든 이의 예수님이고 석가모니 부처님이 모든 중생의 부처님이지 불신도만의 부처님이 아닌 것처럼 우리 해월 최시형 선생님도 마찬가지로 모든 이의 선생님이시더란 말이에요. 그래서 이번 선생님의 추모비 건립이 지난 4월 12일에 있기까지 잘 진척이 되었어요. 더욱이나 원주군수 이돈섭 님, 원주군 번영회장 배자옥 씨, 부회장 이영철 씨, 그리고 호저면장 장학성 씨, 그리고 고산리 이장님, 동리 사시는 여러분들이 협조적이었지요. 참 고마운

일이지요. 이 겨레와 가난하고 어려웠던 농민들에게 신명을 바쳐 거룩한 일생을 보내신 선생님을 기리는 일에 누구하나 거역하는 이가 없었다는 것은 얼핀 생각하기에는 당연하다 하겠으나 거룩했던 선생님의 일생의 하신 일에 죄명을 씌워 죽였던 일을 생각하면 세월의 변화를 알게 되지요.

지난 4월 12일 추모비 제막식에 오셨던 분들은 아시는 일이지만 못 오셨던 분들을 위해서 몇 마디 적습니다. 비석의 본면(本面)이 되는 맨위의 비면(碑面)은 가로가 4척(尺)5촌(寸) 세로가 2척5촌입니다. 앞면은 경사 15도 각으로 되었고 뒷면은 수직입니다. 옆에서 보면 뾰족한 삼각형인데 오석으로 되어 있습니다. 앞면에는 "모든 이웃의 벗 최보따리 선생님을 기리며"라고 쓰여 음각되어 있습니다. 여러분이 아시다시피 해월 선생은 삼경(三敬)을 설파하셨어요. 경천(敬天), 경인(敬人), 경물(敬物)의 이치를 볼 때에 인간과 천지만물에 이르기까지 모두를 한울님으로 섬기고 공경하시고 가셨기에 모든 이웃이라는 말로 하였고, 벗이란 말은 삼경의 도리로 볼 때에 선생님께서는 도덕의 극치를 행하셨기 때문에 일체와의 관계가 동심원적 자리, 절대적 자리에 서 계셨기 때문에 벗이라는 말을 쓰게 되었습니다. 그리고 崔보따리라는 말은 방방곡곡 어디를 가시나 지극히 간단한 행장으로 보따리를 메시고 다니셨기에 일생을 지긋이 한자리에 머무실 수 없이 설법하시고 민중들과 같이 하셨으므로 崔보따리 라고 했습니다. 뒷면에는 선생님의 생년과 나신 장소, 동학에 입도하시고 도통을 수운(水雲) 선생님으로부터 이어받은 날짜, 체포되신 날짜와 장소, 그리고 순도하신 일자와 곳, 끝으로 간단한 선생님의 일생을 말하는 몇 마디가 있습니다. 옆면에는 김대호 글짓고 장일순 쓰다, 치악 고미술동우회 세움, 건립일자가 각(刻)되어 있습니다. 그리고 오석비 밑으로 중태(中台)가 5촌 두께의 화강암으로 되어 놓여 있으며 하태(下台)는 6톤 무게 나가는 크기의 화강암으로 되어 있는데 넓이

가 6尺2寸5分이고 높이가 2尺2寸입니다. 이 하태 전면에는 "天地卽父母요
父母卽天地니 天地父母는 一體也니라 海月 先生님 法設에서"라고 각 되어
있습니다. 이 한마디 법설에는 해월 삼경의 일체의 도리가 다 들어 있고 이
렇게 하태 전면에 쓰게 된 것은 산업문명에서 탈출하여 앞으로의 지구 나
아가서 우주의 일체의 존재가 공생할 수 있는 도리가 여기에 있으므로 이
렇게 써서 각했습니다.

이번 추모비 제막식에는 해월 선생님의 증손자인 최정간 씨가 하동에서
오서서 참석해 주어서 각별한 기쁨이 있어요. 많은 분들이 오서서 선생님
을 기려주서서 고마웠어요.

1990년 4월 17일 장일순

6. 무위당 서화와 말씀에 남겨진 해월사상

장일순 선생은 출옥 후 집 앞에 파출소가 세워질 정도로 정부의 감시가
심했다. 더욱이 지학순 주교님 구속 이후 원주의 민주화운동은 전국적 이슈
를 넘어 국제적인 인권의 문제로 확대되었다. 1970년대 원주는 가장 뜨거운
민주화 열기를 품고 있었다. 늘 앞에 나서지 않으면서 모든 일을 준비하는
장일순 선생은 원주를 방문하는 분들에게 말씀과 함께 서화를 한 점씩 남겨
주셨다. 권력으로부터 평생 감시를 받았고 주변 사람들이 조사와 고초를 받
았기 때문에 글을 남기지 않고 서화에 의미를 담아 제자와 도반들에게 전해
주셨다. 특히 말년에는 동학사상과 해월 선생의 말씀을 많이 남겼고, 특히
생명사상의 핵심이라 할 수 있는 모심의 철학을 승화한 한살림운동을 확산
시키기 위해 밥 한 그릇에 온 우주가 있고 모든 만사가 있음을 깨우쳐 주는
해월의 말씀을 많이 남겨 주셨다. 다음은 장일순 선생의 서화와 말씀 중에

동학사상과 해월 선생 관련 내용을 정리하였다.[11]

⟨장일순 말씀 속에 담겨진 해월 선생 이야기⟩

최시형 선생님은 우리 민족의 거룩한 스승 아닙니까? 그분이 안계셨다면 3.1 만세운동이라든가 망국의 한을 갖다가 어디에 기초하고 뭘 할 수 없지 않았겠습니까? 그분이 계셨기에 손병희 선생이 계셨고, 또 3.1 만세운동도 됐고, 또 하나는 아시아에 있어서 뭐냐하면 식민지 상황에 있던 중국이라든가 인도에도 커다란 각성운동을 준 게 아닙니까? 그래서 최시형 선생이 대단한 분이라고 저는 생각합니다.

겨레에 대한 구원을 위해 수운 선생님이 무척 진력하셨고, 그 제자인 해월 선생이 38년 동안을 동학사상, 바로 天地人의 기본사상을 풀이하고 가셨기 때문에, 또 그거에 의해서 우리나라의 주권을 찾고자 했던 노력들이 집결돼 있고, 그래서 그런 점으로 봐서 오늘날에 와서도 최시형 선생의 말씀은, 예를 들어서, 천지만물이 막비시천주야(天地萬物 莫非侍天主也)라. 한울님을, 생명의 본질을, 본체를 모시지 않은 게 하나도 없다. 그것은 불가에서 '풀 하나 돌 하나도 부처라는 이야기와 성경에서 이야기하는 일체 존재에는 하느님 아버지께서 같이 하신다는 이야기와 그 생명사상은 다 같은 거지요.

그런 점에서 우리는 최수운 선생, 최해월 선생 속에서 생활의 모범을 봅니다. 특히 37년 동안 그 뜻을 가르치며 돌아다니셨는데, 언제나 그 지역에 가서 모든 사람의 생활을 돕고, 일을 하면서 도와주고, 말씀하시고, 천세의 모범이셨죠. 그래서 선생님을 기리지 않을 수 없다, 하는 얘깁니다. 그렇기 때문에 우리의 일상생활과 선생님의 말씀과, 또 비단 동학이나 해월 선생님의 말씀뿐만 아니라 지난날 예수님이라든가 부처님이 말씀하신, 선인들이 생명에 입각해서 말씀하신 모든 것을 다시 새겨서 생활 속에서 전개해 가야 하겠지요.

해월 선생께서는 37년이란 세월을 언제나 농민이나 가난하게 사는 사람들과 같이 살아가시는 동안 남녀 공히, 아이들까지도 지극히 섬기는 모범적인 삶을 사셨지요. 해월 선생은 땅에도 침을 뱉지 말라 하셨어요. 그건 부모님 얼굴에 침을 뱉는 거나 같다고. 그래서 나막신 신고 딱딱 소리 내는 것을 보고 해월 선생이 노하시잖아요. 좀 사뿐사뿐 조용히 걷지, 딱딱 소리나게 걸으면 부모님을 상하게 한다라는 생각이셨죠. 그분은 미물에서부터 근원에 이르기까지 수미일관 속에서 사신 거죠. 그리고 영원한 생명의 자리가 자기 안에 있다고 하는 것을 매일 염송하시면서 말이지요. 이렇게 보면 오늘날 우리가 어떻게 살아야 하는가 하는 것은 이미 말씀 다 하신 거지요.

그렇게 보면, 앞으로 만년이 될지 얼마가 될지 모르지만 이 땅에서 우리 겨레가 모범적으로 어떻게 살아가야 하고, 또 온 세계 인류가 어떻게 살아가야 하는가를 정확하게 알려주신 분이 그분이지요. 우리 겨레로서는 가장 자주적으로 사는 길이 무엇이며, 또 그 자주적인 것은 일체와 평등한 관계에 있어야 한다는 것을 잘 설명해주셨지요. 눌리고 억압받던 한반도 100년의 역사 속에서 그 이상 거룩한 모범이 어디 있어요? 그래서 저는 그분에 대한 향심이 많았지요. 물론 예수님이나 석가모니나 다 거룩한 모범이지만, 해월 선생은 바로 우리 지척에서 삶의 가장 거룩한 모범을 보여주시고 가셨죠.

그래서 이 겨레가 존재한다는 결정적인 하나의 표정을 그의 일생을 통해서 우리에게 보여주셨는데, 세상의 이치는 묘해서, 그런 일생의 결과가 3.1만세나 중국의 혁명운동에 영향을 주었고, 그런 기운의 변화 속에서 인도의 간디도 역시 예외는 아니라고 나는 보지요. 간디와 해월을 바로 비교한다는 것은 이치에 안 맞지만 비폭력이나 비협력에 대해서도 아주 근원적으로 해월께서 다 말해주셨거든요. 원래 동학의 면모는 옳지 않은 것에 대해 협력하지 않고, 매사에 폭력을 사용해서는 안된다는 입장이죠. 우주가 전부 일심동체라는 것을 그분은 몸으로써 설명해주셨어요. 그래서 저는 지극히 해월 선생을 존경하게 되었죠.

사회과학의 관점으로 해월의 삶을 투사해보면 전혀 맞질 않아요. 사회과학이 갖는 한계 때문입니다. 역사학도들의 입장으로는 해월 선생의 삶에서 거부감이 왔겠죠. 그런데 종래 사회과학의 잣대로는 안된다라는 것을 파악하게 되는 시기에 있어서는 사정이 달라지겠죠. 전 우주가 하나의 생태적인 관계에 있다든가 하나의 생명관계에 있다든가 하는 이런 것이 자꾸 증명이 되고 고증이 되는 과정에서 해월의 일생을 보게 되면 이건 그대로 다 맞아떨어지는 것이거든요. 사회과학도들이나 오늘날 교육을 받은 대다수 사람들의 시각과는 달리, 새로운 현대물리학이나 우주과학이나 현대 생물학의 안목으로 들여다보면 해월의 말씀은 그냥 전부가 경탄해 마지않을 거라고 봐요. 우리 땅에 이런 선각이 계셨나 하는 생각이 들 거예요.

그리고 특히 내가 좋아하는 것은 향아설위(向我設位)라는 거 있잖소. 그것은 종래의 모든 종교에 대한 대혁명이죠. 늘 저쪽에다 목적을 설정해 놓고 대개 이렇게 이렇게 해주시오. 하고 바라면서 벽에다 신위(神位)를 모셔놓고 제사를 지내는데, 그게 아니라 일체의 근원이 내 안에 있는 영원한 한울님을 향해 올려야 한다는 말씀이죠. 그러니까 '밥이 하늘이라'는 말씀을 수운도 하셨지만 해월이 일체 생활 속에서 몸소 실천하신 점이라든지.

아(我)란 너와 내가 따로 없는 그런 나를 말하지요. 석가모니의 '천상천하 유아독존'이란 말씀 있잖아요. 현상뿐만 아니라 모든 것 속에 배태되어 있는 하나의 생명, 그것을 얘기하신 거죠. 해월 선생 말씀도 그거죠. 전 우주에 편재해 있는 생명, 한울님, 그것이 내 안에 있다는 얘기거든요. 그러니까 어디를 향해서 절하느냐 하는 말씀이란 말이죠. 해월이 말하는 향아설위에서 나(我)는 현상적인 나이면서 또 그 안에 있는 진짜 나는 한울님 아(我)란 말이야.

해월은 밥 한 그릇을 알게 되면 세상의 만 가지를 다 알게 된다고 말씀하셨지요. 저는 멍텅구리라서 뭔 얘긴가 하고 수없이 더듬어 봤어요. 그런데 그게 다른 얘기가 아니야. 풀 하나 돌 하나 예를 들어서 나락 하나도 땅과 하늘이 없으면 나락 하나가 되지 않는다 이거에요. 그 나락 하나가 우주 없이 될 수 있느냐 이 말이에요. 바로 그 나락 하나는 하늘이다 이거야. 그래서 해월은 이천식천, 하늘이 하늘을 먹는다는 말씀을 하신거예요. 이 말은 우리가 다 하늘이다. 이거야. 우리 안에 불생불멸의 영원한 아버지께서 함께 하신다 이 말이야.

해월 선생은 이렇게 말했습니다. 여자든 어린아이든 그 행동이나 말이 올바르면 나의 선생님이다 라고. 그것이 우리들의 바탕이자, 인간관계의 모든 것이라고 생각합니다. 그것이 들풀 한 포기에도 존경을 바치는 마음이라고 할 수 있겠지요.

7. 해월과 무위당을 넘어 돌봄의 공동체운동으로

지금 여기, 우리에게 가장 절실해지는 문제는 무엇일까?

그것은 바로 돌봄이 될 것이다. 내 삶의 안식처, 생활의 의지처가 되어 줄 가족공동체가 사라지고 있는 지금, 우리 모두는 내적으로 불안함에 빠져든다. 이미 우리 사회는 사회적으로 대전환기 Turning point에 깊숙이 들어섰다. 21세기 들어서며 신자유주의와 세계화로 가장 빠르게 성장했던 국가가 한국이었고, 그 덕분에 온 국토에 고속도로가 뚫리고 도시는 아파트와 유리빌딩으로 바뀌었으며 세계 최고의 IT 국가가 되었다. 그러나 이제는 성장의 꼭짓점을 통과하고 내리막의 시작점에 와 있다. 다소 예상은 했지만 처음 느껴보는 내리막길에 현기증을 느끼며 대부분의 사람들이 당황하는 기색이 역력하다. 세상에 끝없이 성장하는 만사만물(萬事萬物)은 없다. 모든 생명은 외적성장이 어느 한계에 이르면 또 다른 성장이 시작된다. 즉 우리 사회는 내적 성숙의 시간이 시작되었다. 새로운 시대에 맞는 정신과 철학이 필요한 것이다.

21세기, 해월과 무위당의 모심의 사상은 시대정신이 될 것이다.

올해 들어 우리 사회는 경제가 급속히 힘들어지고 있다. 정부에서 여러 처방을 해 보지만 해결의 실마리를 찾지 못하고 있다. 한살림 역시 한때는 25%이상 급속한 성장을 했지만 올해부터 성장을 멈췄다. 그 원인을 우리보다 먼저 생협이 성장했던 일본 지인에게 물어보니 인구구조 변화가 가장 큰 이유라고 한다. 1994년 일본의 65세 이상 고령화가 15%를 넘으면서 경제가 어려워졌듯이 한국도 2018년 올해 고령 인구 15%대의 고령사회로 들어섰다. 그에 따라 1인 가구가 28%를 넘어섰고, 1% 이하의 저출산으로 사회가 급속히 개인화하고 노화하고 있는 것이다. 더욱이 IT 혁명으로 4차 산업혁명이 세상을 관통하면서 기존의 노동시장을 모두 IT 기계로 대체하려고 하고 있다. 결국 우리 삶의 의지처 역할을 해 왔던 기업과 조직은 점차 인력을 줄여 가면서 미래 세대인 청년들의 일자리는 사라지고 있다. 더욱 심각한 것은 마지막 삶의 안식처였던 가족공동체 마저 붕괴되어 우리를 돌봐 줄 공동체가 무너지고 있다. 이 문제는 돈으로 해결할 수 없기에 우리 사회는 불안정해지고 거칠어지는 것이다.

그러나 본질적으로 '인간의 행복은 좋은 관계'에서만 가능하기 때문에 우리는 새로운 관계를 만들어야 한다. 요즘 4차 산업혁명을 주도하는 전문가 집단에서도 AI 인공지능과 로봇, 그리고 SNS를 이용한 네트워크 플랫폼이 발전할수록 새로운 사회적 화두가 나타난다고 말한다. 그것은 바로 협동, 공유, 생명, 자연, 감성, 이웃, 돌봄, 공동체라는 단어들이 새 시대의 중요한 핵심이라는 것이다. 즉, 이런 단어들은 그동안 해월과 무위당이 말씀했듯이 우리 생명을 낳게 해 준 하늘과 땅과 만물에 감사하고, 우리 서로서로가 나눔과 돌봄 속에서 자연을 모시고 한울님께 감사하며 살아가는 것이 행복한 길임을 가리키고 있다. 앞으로 산업혁명이 더욱 기승을 부리며 빈부의 격차를 늘리고 우리의 삶을 개별화시킬수록 오히려 사람과 사람, 사람과 자연 사이에 좋은 관계를 회복하려는 모심의 철학은 시대의 정신으로 부활할 것이다.

　이제 다시, 해월의 삼경(三敬)사상은 무위당의 모심의 사상으로 이어져서, 새로운 시대의 돌봄공동체로 꽃을 피우며 난의 향기처럼 조용히 퍼져 나갈 것이다.

　나도 그 길을 함께 갈 것이다.

자료: 무위당 장일순 서화로 본 해월과 동학

天地彌滿 海月心 一栗子戱 천지에 두루 가득한 해월의 마음, 일속자 희
"이 땅에서 우리 겨레 어떻게 살아갈까. 온 세계 모든 인류 어떻게 살아갈까. 정확히 일러주신
분이 해월 선생입니다. 이 겨레가 자주(自主)로써 사는 길이 무엇인가. 그 자주란 일체 평등 관계에
있어야 한다고 해월은 가르치셨지요. 자주로써 사는 길을, 눌리고 억압받던 이 한반도 백년 역사에
그 이상의 거룩한 모범이 또 어디에 있겠어요. 그래서 해월에 대한 향심이 그지없이 많지요. 예수님
석가모니 다 거룩한 모범이나 바로 우리 지척에서 모범 보인 해월 선생이 우리 삶 가장 거룩한
모범을 보여주고 가셨죠."

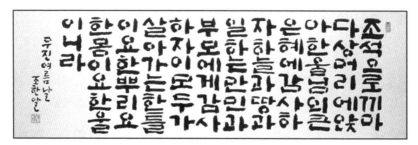

조석으로 끼마다 상머리에 앉아 한울님의 큰 은혜에 감사하자. 하늘과 땅과 일하는 만민과
부모에게 감사하자. 이 모두가 살아가는 한 틀이요. 한 뿌리요. 한울이니라.
무진 여름날 조한알

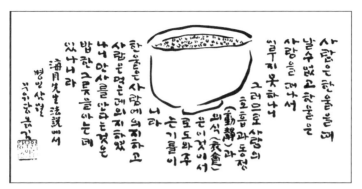

사람은 한울을 떠날 수 없고, 한울은 사람을 떠나서 이루지 못하나니 그러므로 사람의 동정(動靜)과 의식(衣食)은 이것이 서로 도와주는 기틀이니라. 한울은 사람에 의지하고 사람은 먹는데 의지하였나니 만사를 안다는 것은 밥 한 그릇을 아는데 있나니라.
海月先生 法說에서 병인 삼월 무위당 옮김

向我設位(향아설위)
"내가 특히 좋아하는 글귀가 하나 있네. 종래의 종교에겐 대혁명과 다름없지, 네 글자 '向我設位'가 바로 그 글이라네. 늘 상은 저쪽에다 목적을 설정하고 이렇게 해 주시오, 저렇게 해주시오. 벽에다 신위(神位) 모시고 제사하지 않았는가. 그런데 그게 아냐, 일체 근원은 내 안에 있네. 조상님도 내 안에 있고, 모든 시작도 내 안에 있지. 내 안에 계시는 한울님께 제사(祭祀)하란 말이네."

一碗之食含天地人 丁卯之冬 无爲堂 밥 한 그릇 속에 온 우주가 깃들어 있다.
"일찍이 해월(海月) 선생 말씀을 하셨지요. 밥 한 그릇 알게 되면 세상만사를 알게 된다. 한 그릇 만들어지려면 온 우주가 참여한다. 우주만물 가운데서 어느 하나 빠져서도 밥 한 그릇 될 수 없네. 만들 수가 없단 걸세. 그러니 밥 한 그릇이 곧 우주란 얘기네. 하늘과 땅과 사람 서로 힘을 합해야만 밥 알하나 티끌 하나가 생겨날 수 있는 거고, 거기에 대 우주의 생명(生命)이 깃들었단 것이네."

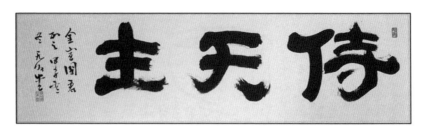

시천주(侍天主), "해월 선생님 말씀을 보니까 '天地萬物 莫非侍天主也'라. 하늘과 땅과 세상의 돌이나 풀이나 벌레나 모두가 한울님을 모시지 않은 것이 없다. '새알이나 제비알을 깨뜨리지 않으면 숲을 이룰 것이고, 그렇게 처세를 하면 그 덕이 만물에 이른다. 미물까지도 생명이 함께 하신다고 모시게 되면 그렇게 된다.'고 말씀하셨더라 말이에요. 수운 선생이나 해월 선생의 말씀을 보면 그 많은 말씀이 전부 시(侍)에 관한 말씀이라. 그래서 그거 시(侍) 하나만 보고 있으면 편안한 거라."

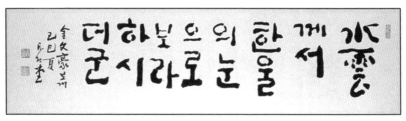

수운께서 한울의 눈으로 보라 하시더군.

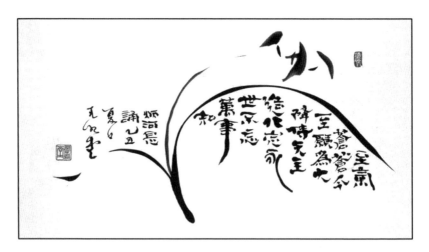

志氣蒼蒼今至 願爲大降 侍天主 造化定 永世不忘 萬事知
한울님의 끝없는 기운이 빨리 강림하소서, 한울님의 조화로운 힘을 믿고 의지하오니, 부디 이 세상이 다하도록 모든 일을 알게 하소서.

과학과 영성 그리고 진화*

지구 문명의 새로운 지평 탐색

최 민 자

성신여자대학교 교수

1. 서론

과학과 영성(spirituality) 그리고 진화(evolution)는 삶의 존재론적 반경을 설정하는 '세 중심축'이다. 인간은 육적인 동시에 영적이며, 물질적인 동시에 정신적이며, 영적 진화(spiritual evolution)의 지향성을 갖는 우주의 불가분의 한 부분이기 때문이다. 과학이 다양한 물질계를 표징하고 영성이 전일적인 의식계를 표징하는 것이라면, 진화는 양 세계의 변증법적 통합체로서의 일심(一心)의 세계를 지향한다. 천·지·인 삼신일체의 천도(天道)가 인간 존재 속에 구현되는 일심의 경계, 즉 '인중천지일(人中天地一)'의 경계에서 진화는 절정에 달한다. 여기서 과학과 영성 그리고 진화는 천·지·인의 관계로 치환해보면 쉽게 이해될 수 있다. 즉 과학은 물질세계를 표징하는 '지(地)'이고, 영성은 의식세계를 표징하는 '천(天)'이며, 진화는 양 세계―물질계와 의식계―를 변증법적으로 통합하는 일심의 세계를 지향한다. 천·지·인은 본래 삼신일체이므로 물질계[生滅, 用]와 의식계[眞如, 體]는 표리(表裏)의 조응관계로서 하나다. 그런데 지금까지 진화는 물질계와 의식계를 변증법적으로 통합하는 일심의 세계와 연결시키지 못한 채 주로 문명의 외피만 더듬는 수준에 머물렀다.

과학과 영성 그리고 진화가 삶의 존재론적 반경을 설정하는 '세 중심축'으로서 지구 문명의 새로운 지평을 탐색하는 핵심 개념임에도 불구하고 지금까지 개념적 명료화(conceptual clarification)와 더불어 총합적인 연구가 이루어지지 못한 것은 정신·물질 이원론에 입각한 기계론적 세계관의 한계 때문일 것이다. 근대에 들어 과학과 영성 그리고 진화는 주로 과학자와 신학자 그리고 생물학자들에 의해 분절적으로 다뤄졌던 까닭에 삶의 존재론적 반경을 설정하는 총합적 의미로 이해되지 못한 채 실제 삶과는 유리된 칸막이 지식 차원의 소모적인 논쟁을 불러일으켰다. 그리하여 이 세상은 물질일변도의 허위의식(false consciousness)에 빠져 온갖 대립과 갈등, 폭력과 테러를 양산해내는 유해공장이 되어버렸다. 근년에 들어 ICT(정보통신기술) 융합사회로의 이행이 초미의 관심사가 되고 있긴 하지만 아직은 무늬만 그러할 뿐이다. 진정한 융합사회로의 이행은 근본적인 패러다임 전환을 전제하며 그것은 과학과 영성 그리고 진화에 대한 통섭적인 이해와 존재론적 통찰이 필수적이다. 이는 곧 지구 문명의 새로운 지평을 탐색하는 것이기도 하다.

과학이 진정한 의미에서 '삶의 과학'이 되려면, 삶의 혁명적 전환을 추동해낼 수 있는 과학혁명이 수반되어야 한다. 지구촌은 지금 '양자혁명(quantum revolution)' 시대에 진입해 있으며 양자혁명이 가져온 사상적·사회적 및 기술적 영향으로 패러다임 전환이 진행 중에 있다. 상호배타적인 것이 상보적[1]이라는 양자역학(quantum mechanics)의 전일적 실재관은 동양의 유기론적 세계관과 유사하여 과학과 의식 또는 과학과 영성(spirituality)의 접합에 관한 논의를 촉발시키고 있다. 미국 물리학자이자 신과학 운동의 거장인 프리초프 카프라(Fritjof Capra)의 『물리학의 도(The Tao of Physics)』 (1975)[2]는 현대 물리학과 동양사상의 접합을 다룬 것으로 이 분야의 선구적인 저작으로 평가받고 있다. 미국의 양자물리학자 데이비드 봄(David Bohm)과 신경생리학자 칼 프리브램(Karl Pribram)의 홀로그램(hologram) 우주론에 따르면 우리가 인지하는 물질세계는 실재하는 것이 아니라 단지 우리 두뇌를 통하여 비쳐지는 홀로그램적 영상에 지나지 않는다. 말하자면 이 우주는 우리의 의식이 지어낸 이미지 구조물이다. 천 · 지 · 인은 본래 일체이므로 과학 또한 우주 진화의 궤도에서 벗어날 수 없다는 점에서 과학이 진보할수록 우리가 살고 있는 복잡계의 실체가 드러나게 되므로 과학과 영성의 경계에 대한 탐색은 더욱 확산될 것이다.

영성은 종교라는 외피를 필요로 하지 않는다. 신학이라는 이론을 필요로 하지도 않는다. 그러나 영성 없는 종교나 신학은 알맹이 없는 껍데기에 불과하다. 영성은 특정 종교나 신학의 전유물이 아니다. 그것은 만유의 내재적 본성인 신성, 즉 참본성을 일컫는 것이다. 동학의 내유신령(內有神靈), 즉 '안에 신성한 영(神靈)이 있다'고 한 것은 사람만이 아니라 우주만물이 다 '신성한 영' 즉 하늘(天, 神, 한울)을 모시고 있다는 뜻이다. '영(Spirit)'은 곧 '영성'이며 내재적 본성인 신성이고 하늘이며 신이다. 동학 「시(侍: 모심)」 가르침의 진수(眞髓)는 만유의 근원적 평등성을 설파함으로써 일체의 경계를 넘어서, 생물과 무생물의 경계마저도 넘어서 만유의 평등하고도 고유한 존재성을 밝혔다는 데에 있다. 무극대도(無極大道)의 이상세계를 도출해낼 수 있는 근거가 바로 여기에 있다. "물질계는 생명의 본체인 '영' 자신의 설계도가 스스로의 지성[性] · 에너지[命] · 질료[精]의 삼위일체의 작용으로 형상화되어 나타난 것이므로 만유는 '물질화된 영(materialized Spirit)'이다."[3] 생명의 전일성과 자기근원성, 만유의 근원적 평등성과 유기적 통합성이 이로부터 도출된다. 말하자면 물질계는 '영'의 자기복제(self-replication)로서의 작용 내지는 자기조직화(self-organization)[4]에 의해 나타난 것이라는 점에서 영과 육, 의식계와 물질계는 둘이 아니다.

인간 사회의 진화는 우주의 실체인 의식의 진화와 표리의 조응관계에 있다.⁵ 가시권에서 비가시권에 이르기까지 그 어떤 것도 천·지·인 삼신일체의 천도(天道)에서 벗어나 존재할 수 있는 것은 없기 때문이다. 의식의 진화는 곧 의식의 상승(ascendence)이며 이는 영적 자각과 불가분의 관계에 있다는 점에서 본질적으로 영적 진화이며 공진화(co-evolution)이다.⁶ 우주의 진행 방향은 영적 진화이며 이는 '영(靈)'의 자기조직화하는 원리인 '우주지성'⁷—헤겔이 말하는 '절대정신(absoluter Geist)' 또는 현대 과학에서 말하는 '정보-에너지장(information-energy field)'—의 작용에 기인한다. 양자 개념을 처음으로 도입해 양자역학의 효시로 알려진 독일의 물리학자 막스 플랑크(Max Planck)는 이 '우주지성'을 '의식과 지성을 가진 정신(conscious and intelligent Mind)'이라고 명명했다. 진화가 본질적으로 공진화인 것은 의식의 확장을 통하지 않고서는 진화가 일어날 수 없기 때문이다. 의식의 확장을 위해서는 생명이 무엇인지를 알아야 하며, 생명의 외연을 어디까지 확장할 수 있는지가 관건이다. 생명은 분리 자체가 근원적으로 불가능한 절대유일의 '하나', 즉 영성[靈] 그 자체다. 생명을 육체적 '나'로 국한시키면 살인도 마다하지 않게 된다. 특정 민족이나 종교로 국한시키면 전쟁을 일으켜 타민족이나 이방인을 살상하게 된다. 육체의 건강을 증진시키고 의식의 영역을 확장하여 몸과 뇌의 패턴들을 개선해야 진화가 이루어진다. 긍정적인 생각으로 부정적인 에너지를 일소해야 패턴이 바뀐다.

인간은 우주라는 생명의 피륙의 한 올이다. 일체의 생명현상은 영적 진화과정과 조응해 있으며, 영적으로 진화할수록 지성이 높아져 일체감과 통합성이 증대된다. 정제된 행위의 길을 통해 궁극적으로는 영혼의 완성에 이르게 하는 것이 행위의 목적이자 우리 삶의 목적이며 존재이유다. 상대계인 물질적 우주의 존재이유는 영적 진화를 위한 학습여건 창출과 관계된다. 권력·부·명예·인기 등 이 세상 모든 것은 에고(ego 個我)의 자기 이미지

(self-image)의 확대재생산과 자기 확장을 위한 학습기제로서 작용한다. 생명의 전일적 본질은 시공을 초월해 있으므로 개체화 의식 속에서는 생명을 파악할 길이 없으며 따라서 진화할 수도 없다. 내적 자아의 각성과 영적인 힘의 계발이 없이는 과학과 영성 그리고 진화를 아우르는 통섭의 기술이 발휘될 수 없다. 물성과 영성의 역동적 통일성을 이해하지 못하는 정신적인 소음 상태에서 통섭적인 이해와 존재론적 통찰이 일어날 수는 없기 때문이다. 인류의 진화과정에서 획기적인 전기를 마련할 것으로 예상되는 지금, 과학과 영성 그리고 진화에 대한 통섭적인 이해는 지구 문명의 새로운 지평을 탐색하는 것이기도 하다는 점에서 그 중요성이 날이 갈수록 커지고 있다. 본 연구는 이러한 문제의식을 기반으로 우선 과학과 영성의 접합에 대해 살펴보고, 다음으로 영성과 진화의 관계를 고찰하며, 끝으로 지구 문명의 새로운 지평을 특히 동학의 영성과 진화의 측면에서 탐색하고자 한다.

2. 과학과 영성의 접합

1) 과학과 종교 그리고 신학

정신 · 물질 이원론에 입각한 근대 과학의 관점에서 비이원성(non-duality)은 수용될 수 없는 개념인 까닭에 과학과 영성의 접합에 대한 논의는 비과학적인 것으로 간주되었다. 종교적 관점에서도 종교적 도그마를 신봉하는 자들에게 근대 과학의 새로운 발견은 교회가 옹호해 온 정통 이론에 위협을 가하는 것이어서 비난의 대상이 되었다. 과학과 종교의 심대한 불화를 보여주는 대표적인 사례는 천동설에서 지동설로의 전환이다. 폴란드 신부이자 르네상스 시대 천문학자 니콜라우스 코페르니쿠스(Nicolaus

Copernicus)는 지구중심설이 아닌 태양중심설을 주장하며 천동설을 지동설(地動說)로 대체했다. 그리하여 중세적 우주관에서 근대적 우주관으로의 이행을 촉발함으로써 기독교 세계가 세계의 중심이고 지구가 우주의 중심이라는 중세의 닫힌 우주관을 폐기시키는 결과를 초래했다.[8] 코페르니쿠스의 지동설에 영향을 받은 이탈리아 자연철학자 브루노(Bruno)는 교황청의 회유에도 굴복하지 않고 끝까지 지동설을 주장하다가 화형을 당하기도 했다. 이후 이탈리아 천문학자 갈릴레오 갈릴레이(Galileo Galilei)가 지동설을 과학적으로 입증하면서 천동설은 치명타를 입게 되고 결국 1616년 그는 로마 교황청의 종교재판에 회부되어 지동설의 포기를 명령받았다. 갈릴레이가 교황청에 의해 공식 복권된 것은 그의 사후 350년만인 1992년에 이르러서이다.

과학과 종교의 오랜 불화는 비이원론적인 앎(non-dual awareness)의 결여와 종교의 본질인 영성에 대한 몰이해에 기인한다. 앙리 베르그송(Henri Bergson)의 마지막 제자이자 루이 알튀세르(Louis Pierre Althusser)의 스승으로서 20세기 가장 위대한 기독교 사상가로 알려진 쟝 기뙁(Jean Guitton)은 프랑스 쌍둥이 과학자 이고르 보그다노프(Igor Bogdanov)・그리슈카 보그다노프(Grichka Bogdanov)와의 공저『신과 과학 *Dieu Et La Science*』(1991) 서문에서 "이제부터는 어떤 증거가 아니라(신은 증명의 대상이 아니다) 종교가 제시하는 관점에 과학적 뒷받침이 있을 것이다"[9]라고 하며 신과 과학 사이에 진정한 대화가 성취될 열린 세계가 도래하고 있는 것으로 보았다. "사유동물은 죽은 자를 매장하고, 죽음이라는 것에 대해 생각하며, 자신의 죽음을「생각」하는 유일한 존재이다. 생에 그토록 밀착되어 있는 이 동물은 암흑 속에서 길을 밝히고 죽음에 적응하기 위해 단지 두 개의 빛을 가지고 있을 뿐이다. 하나는 종교라는 것이고 또 다른 하나는 과학이라는 것이다"[10]라고 한 그의 말은 과학과 종교의 상보적 관계를 함축하고 있다.

과학과 종교의 상보적 관계에 대한 그의 인식은 프랑스 화학자이자 물리학자인 루이 파스퇴르(Louis Pasteur)가 '얕은 과학은 신으로부터 멀어지게 하지만, 깊은 과학은 신에게로 되돌려 보낸다'고 한 말이나, 알버트 아인슈타인(Albert Einstein)이 '과학 없는 종교는 절름발이와 같고 종교 없는 과학은 장님과 같다'고 한 말과 같은 맥락이다. 쟝 기똥은 1900년대 초 양자이론이 주장하는 사실들—'실재를 이해하기 위해서 물질에 대한 전통적 개념을 버려야 하며, 공간과 시간이란 환상이고, 하나의 입자는 동시에 두 장소에서 탐지될 수 있으며, 근본적 현실이란 미지의 것이다'—에 공감을 표하며 우리 모두는 일상적 시간과 공간의 범주를 초월한 양자적 본질로 구성된 현실과 관계를 맺고 있음을 주지시키고 있다. 그는 양자론이 초래한 개념의 중대 변화를 예견한 베르그송의 견해를 빌려 '현실이란 양자물리학에서처럼 시간성도 공간성도 갖지 않으며 시간과 공간은 추상적 개념이고 환상'이라고 말한다.[11] 형이상학적 실재론을 향한 쟝 기똥의 관점은 객관적 세계가 그 속성을 규정하는 우리의 의식을 벗어나서는 존재할 수 없다는 사실—의식 발견이야말로 현대 물리학의 가장 위대한 발견이다—과 맞닿아 있다. 말하자면 우주는 더 이상 거대한 기계가 아니라 하나의 '방대한 관념'에 비유될 수 있다는 것이다.[12]

한편 프리쵸프 카프라는 데이비드 슈타인들-라스트(David Steindl-Rast)·토마스 매터스(Thomas Matus)와의 공저『우주와의 하나됨 Belonging to the Universe: Exploration on the Frontiers of Science and Spirituality』(1991)에서 현재 진행 중인 과학과 신학의 패러다임 변동을 다섯 가지 특징으로 요약하고 있다. 이를 도표로 나타내면 다음과 같다.

<표 1> 과학과 신학의 패러다임 변동

	과학의 패러다임 변동	신학의 패러다임 변동
1	부분에서 전체로의 전환	'신은 진리의 계시자'에서 현실은 '신의 자기계시'로 전환
2	구조에서 과정으로의 전환	계시는 '시간과 무관한 진리'에서 '역사를 통한 선포'로 전환
3	객관적 학문에서 '인식론적' 학문으로의 전환	객관적 학문인 신학에서 인식의 과정인 신학으로 전환
4	건물에서 그물로 전환하는 지식의 체계	건물에서 그물로 전환하는 지식의 체계
5	절대치에서 근사치로의 전환	문제의 초점이 신학적 명제에서 거룩한 신비 쪽으로 옮겨감

우선 과학의 패러다임 변동은 다섯 가지 준거로 설명될 수 있는데, 처음 두 개는 자연에 대한 관점의 변화이고 나머지 세 개는 인식론적인 변화이다. 첫째는 부분에서 전체로의 전환이다. 구과학의 패러다임은 부분의 단순한 합으로 전체적인 역동성을 이해할 수 있다고 믿은 반면, 신과학의 패러다임은 부분이란 관계의 그물에서 드러난 특정한 무늬이며 전체의 역동성을 이해해야 부분의 특성이 밝혀진다고 본다. 둘째는 구조에서 과정으로의 전환이다. 구과학의 패러다임은 골격에 해당하는 기본구조가 있고 거기에 힘이 작용하여 이들이 상호작용하는 역학관계가 어떤 과정을 일으킨다고 생각한 반면, 신과학의 패러다임은 드러난 구조 자체가 모두 안에서 일어나는 과정의 표현이며 전체적인 관계의 그물은 본질적으로 역동적이라고 본다.[13]

셋째는 객관적 학문에서 '인식론적' 학문으로의 전환이다. 구과학의 패러다임은 관찰자나 지식을 획득하는 과정과 무관한 객관적 관찰이 가능하다고 믿은 반면, 신과학의 패러다임은 인식론도 자연현상을 기술하는 데 명시적으로 포함돼야 한다고 본다. 넷째는 건물에서 그물로 전환하는 지식의 체계이다. 구과학의 패러다임은 수천 년 동안 지식을 기초법칙, 기초원리, 기초단위 등의 건축물에 비유한 반면, 신과학의 패러다임은 건물이라는 비유를 그물—계층적인 위계질서나 특별한 기본요소가 없는 관계의 그물—이라는 비유로 바꾼다. 다섯째는 절대치에서 근사치로의 전환이다. 구과학의 패러다임은 과학을 통해 절대적인 진리를 얻을 수 있다는 믿음에 토대를 둔 반면, 신과학의 패러다임은 모든 개념 및 이론들, 발견이란 것이 제한된 범위 안에 통용되는 근사치임을 인식한다.[14]

다음으로 신학의 패러다임 변동 역시 다섯 가지 준거로 설명될 수 있는데, 처음 두 개는 거룩한 계시에 대한 관점의 변화이고 나머지 세 개는 신학적 방법론의 변화이다. 첫째는 '신은 진리의 계시자'에서 현실은 '신의 자기계시'로의 전환이다. 구신학의 패러다임은 각종 교리를 모두 합한 것이 곧 신이 계시하는 진리라고 믿은 반면, 새로운 신학의 패러다임은 개별 교리의 의미가 총체적인 진리의 역동성을 이해해야 밝혀지며 계시란 일련의 과정을 통해서 드러난다고 본다. 둘째는 계시는 '시간과 무관한 진리'에서 '역사를 통한 선포'로의 전환이다. 구신학의 패러다임은 신이 스스로를 드러내고자 마련한 초자연적 진리의 완성품이 있지만 그것을 보여주는 역사적인 과정은 우연일 뿐이므로 중요치 않다고 생각한 반면, 새로운 신학의 패러다임은 구원사의 역동적 과정 자체가 신이 스스로를 선포하는 위대한 진리라고 보기에 이러한 계시는 본질적으로 역동적일 수밖에 없다는 것이다.[15]

셋째는 객관적 학문인 신학에서 인식의 과정인 신학으로의 전환이다. 구신학의 패러다임은 신앙인이나 지식을 얻는 과정의 특성과 무관한 객관적인 신학적 진술이 가능하다고 믿은 반면, 새로운 신학의 패러다임은 직관이나 정감, 신비체험을 통한 비관념적 지식의 획득 방식도 신학적 진술의 중요한 수단에 포함되어야 한다고 본다. 넷째는 건물에서 그물로 전환하는 지식의 체계이다. 구신학의 패러다임은 수천 년 동안 신학의 지식을 기초법칙, 기초원리, 기초단위 등의 건축물에 비유한 반면, 새로운 신학의 패러다임은 건물이라는 비유를 그물―초월적 실재에 대한 신학적인 명제의 여러 상이한 관점이 얽히고설킨 관계의 그물―이라는 비유로 바꾼다. 다섯째는 문제의 초점이 신학적 명제에서 거룩한 신비 쪽으로 옮겨가는 것이다. 구신학의 패러다임은 신학적 지식이 모든 것을 담을 수 있다는 '신학대전' 혹은 요약의 성격을 갖는 반면, 새로운 신학의 패러다임은 신학적 명제를 절대적인 진리가 아니라 제한된 것이며 일종의 근사치임을 인정한다.[16]

이상에서 과학과 종교 그리고 신학의 관계적 본질은 패러다임 전환과 더불어 상보적이고 협력적인 관계로 변모하고 있음을 보여준다. 이는 곧 종교와 신학의 본질인 영성에 대한 이해가 확장되고 과학 또한 비이원론적인 앎에 대한 관심과 이해가 증폭된 데 기인한다.

2) 과학과 영성의 경계 탐색

20세기 이후 실험물리학의 발달로 원자의 존재가 실증되고 원자를 구성하는 핵과 전자가 발견된 데 이어 핵의 구성물인 양성자와 중성자 및 기타 수많은 아원자입자(亞原子粒子)가 발견되면서 물질의 근본 단위로서의 '소립자(素粒子)' 개념은 사실상 폐기되게 되었다.[17] 이제 과학은 물질에서 마음〔의식〕을 향하여 움직이고 있다. 지난 수십 년 간 과학과 영성의 접합에 대한 논의가 꾸준히 증가 추세를 보이고 있고 과학과 영성의 경계를 탐색하는 작업도 지속적으로 이어지고 있다.[18] 아원자 물리학의 '양자장(量子場 quantum field)' 개념은 물질이 개별적인 원자들로 구성되어 있는 것이 아니라 장(場)이 유일한 실재이며 물질은 장이 극도로 강하게 집중된 공간의 영역에 의해 성립되는 것이라고 본다. 이 우주가 근본적인 전일성(Oneness)의 현시이며 독립적인 최소의 단위로 분해될 수 없다고 하는 '양자장' 개념은 『반야심경(般若心經)』에서 "…색(色, 有)이 곧 공(空, 無)이요 공이 곧 색이다"[19]라고 한 구절이나, 상호 연관과 상호 의존의 세계 구조를 명징하게 보여주는 불교의 연기적(緣起的) 세계관[20]에서 잘 드러난다.

영성은 그 어떤 의미에서도 특정 종교나 신학의 전유물이 될 수 없으며 또한 그것에 부착된 개념도 아니다. 영성은 종교적 전통이나 도그마, 특정 신념체계를 넘어선 것이다. 영성은 일(一)과 다(多), 유(有)와 무(無), 현상과 본체를 모두 초월하는 동시에 포괄한다. 또한 영성은 영원과 변화의 피안(彼岸)에, 선과 악의 피안에 있다. 그런 까닭에 신학이나 종교 없는 영성은 가능하지만 영성 없는 신학이나 종교는 빈 껍데기에 불과한 것이다. 영성[靈]은 분리 자체가 근원적으로 불가능한 절대유일의 '하나', 즉 생명 그 자체로서 보편성을 띠는 까닭에 그 어떤 것에도 귀속될 수가 없다. 우리 모두가 이 우주 안에서 '하나'—즉 '하나'인 혼원일기(混元一氣)—로 연결돼 있다는 것은 이른바 '양자 얽힘(quantum entanglement)'이라고 부르는 현상과 같은 맥락에서 이해될 수 있다. 과학자들이 하나의 광양자(photon)를 동일한 특성을 지닌 두 개의 쌍둥이(twins) 입자로 나누어 이 실험을 위해 고안된 기계를 이용해 두 입자를 반대 방향으로 발사했을 때, "쌍둥이 광양자들은 지리적으로는 분리돼 있으면서도 그들 중 하나가 변화하면 다른 하나도 자동적으로 똑같이 변화한다"[21]는 실험 결과를 보였는데, 이 신비로운 연결을 물리학자들은 '양자 얽힘'이라고 이름 붙였다.

양자물리학과 의식간의 관계를 연구하고 있는 미국 양자물리학자 프레드 앨런 울프(Fred Alan Wolf)는 양자물리학이 물리적인 환경에선 인지할 수 없는 개념을 다루기에 실제로는 볼 수 없고 마음속에 그림을 그려 추측만 할 뿐이라는 점에서 육안으론 보이지 않는 비물질적인 영성과 공통점이 있다고 말한다. 아원자 차원에서 일어나는 일을 마음으로 조종할 수 있다는 양자물리학적 관점은 영성과 마음이 긴밀히 연결돼 있다는 영적인 관점과 매우 유사하다는 점에서 양자물리학과 영성의 접합[22]을 찾아볼 수 있다. 아원자 물질, 원자의 핵을 구성하는 물질, 쿼크(quarks), 보존(boson)이라고 불리는 물질, 쿼크 사이의 상호작용을 매개하는 글루온(gluon)이라고 불리는 물질 등 이런 다양한 물질들은 실제로 본 적은 없는 우리 마음속의 이론일 뿐이며 우리가 바라보는 방식에 따라 이 물질들은 변화한다는 것이다.[23] 양자물리학에서 말하는 '관찰자 효과(observer effect)'[24]라는 것이 이것이다. 전자의 운동성에 대한 '이중슬릿 실험(double slit experiment)'[25]에서 보듯이 입자라고 생각하고 관찰하면 입자의 형태가 나타나고, 관찰하지 않으면 파동의 형태로 나타나는 것이다. 말하자면 일체가 오직 마음이 지어내는 것이다.

외부세계에 대한 우리의 지각은 우리의 마음에서 생겨나는 것이므로 우리가 어떤 관점을 갖느냐에 따라 우리가 지각하는 현실도 변한다. 인식은 관점에 따라 변하며 우리의 의식과 선택이 곧 우주를 형성한다는 양자물리학적 관점은 비이원성(non-duality)에 기초한 영적인 관점과 분명 유사성이 있다. 현대 과학이 발견한 물질의 공성(空性)은 공(空) 사상의 진수(眞髓)를 함축하고 있는 『금강경(金剛經)』의 다음 구절, "생의 모든 현상은 꿈같고, 환상 같고, 물거품 같고, 그림자 같고, 이슬 같고, 번갯불 같으니, 그대는 마땅히 그와 같이 관(觀)하여야 하리라"[26]는 구절 속에 잘 나타나 있다. 양자계의 비국소성(non-locality 초공간성)은 양자역학과 마음의 접합을 통해 보다 분명히 드러난다. 진여(眞如)인 동시에 생멸(生滅)로 나타나는 마음의 구조를 이해하면, 파동인 동시에 입자로 나타나는 양자역학적 세계관을 이해할 수 있다. 양자역학을 '마음의 과학'이라고 부르는 것은 이 때문이다. 프리초프 카프라의 『물리학의 도』에 나오는 다음 구절은 과학과 영성의 접합을 명징하게 보여준다.

> 현대 물리학은 물리적 세계의 구조가 마야(maya 幻影) 또는 '유심(唯心)'이
> 라는 것에 대해 동양의 현자들과 견해를 같이하기 위하여 머나먼 길을 걸
> 어온 셈이 될 것이다.[27]

영적인 관점의 토대가 되는 비이원성이란 만물의 근원적인 전일성을 의
미하는 것으로 모든 현상이 상호 연결되어 있으며 그 어떤 경계도 분리도
존재하지 않는 것이다. 말하자면 만유가 하나의 통일장(unified field) 속에 함
께 존재하는 것이다. 미국 입자물리학자이자 초월 명상운동을 주도하고 있
는 존 하겔린(John Samuel Hagelin)은 그의 통일장이론(unified field theory)[28]의
확장버전이 마하리시 마헤쉬 요기(Maharishi Mahesh Yogi)의 '의식의 통일장
(unified field of consciousness)'과 동일한 것으로 간주한다. 통일장이론과 초
월명상(transcendental meditation, TM)[29]을 비교 분석한 그의 기본 컨셉은 과
학과 영성의 접합이다. '초끈이론에 기초한 통일장이론'을 개발한 그의 핵
심 논리는 초끈장이나 통일장의 진동상태가 역동적으로 상호작용하는 자
기를 인식하고 있는 '의식의 장'이라는 것이다. 통일장 속에 있는 순수의식,
즉 파동의 대양(大洋)인 우주의식에서 파도 같은 개인의식이 올라온다는 것
이다.[30] 우주의식[통일장]과 개인의식의 관계는 마치 바닷물과 파도의 관계
와도 같이 물은 그 스스로의 본체를 가지고 있으므로 물의 움직임은 있지만
파도는 그 스스로의 본체가 없으므로 파도의 움직임은 없는 것이어서 바닷
물의 자기현현이 파도이듯 우주의식의 자기현현이 개인의식이므로 그 어
떤 경계나 분리도 존재할 수 없는 것이다.

마치 바닷물이 움직이는 것과 같이 바닷물의 움직임을 파도라고 설명하지만, 파도는 그 스스로의 본체가 없다. 따라서 파도의 움직임은 없다고 한다. 물은 그 스스로의 본체를 가지고 있으므로 물의 움직임이 있다고 한다. 마음과 사상(四相)의 뜻도 역시 이와 같다.[31]

오늘날 과학의 진보는 과학과 영성, 물질과 비물질의 경계를 허물고 영성을 측정 가능한 방식으로 보여주는 단계에 진입해 있다. 중력이론과 양자역학의 통합을 통하여 거시적 세계와 양자역학의 세계를 결합하려면 물리적 우주를 넘어선 의식 차원과의 연결이 필수적이다. '보이는 우주'는 청사진으로 존재하는 '보이지 않는 우주'가 물질화되어 나타난 것이기 때문이다.[32] 영성과 물성, 생명의 본체와 작용을 통섭하는 의식의 확장이 없이는 거시적 세계와 양자역학의 세계를 결합하는 '만물의 이론(theory of everything, TOE)' 을 완성하기는 어려울 것이다.

3. 영성 계발과 진화

1) 진화란 무엇인가

미국 생물학자 에른스트 마이어((Ernst Mayr)는 그의 저서 『진화란 무엇인가 What Evolution Is』(2001)에서 "진화는 지난 2세기 동안 인류가 생각해낸 모든 개념 중에서 가장 심원하고 강력한 개념이다"[33]라고 말한다. 진화론의 등장은 17세기 과학혁명 이후 일련의 과학적 발견으로 성서에 대한 신뢰가 약화되면서 과학자와 철학자들 사이에서 창조론─종(種)은 변하지 않으며 저마다 창조된 것이라는─에 대한 믿음이 흔들리게 된 것과 맥을 같이 한다. 종의 변천 원인이나 방법에 대해 처음으로 과학적 이론을 제시한 사람은 프랑스의 자연학자 장 바티스트 드 라마르크(Jean-Baptiste de Lamarck)이다. 그는 『동물철학(Philosophie Zoologique)』(1809)에서 인류를 포함한 모든 종이 다른 종에서 유래했다는 설을 주장하며 모든 변화는 기적적인 어떤 개입에 의해서가 아니라 법칙에 따라 이루어진다는 사실을 환기했다. 즉 '진화는 단순한 것에서 복잡한 것으로, 하등한 것에서 고등한 것으로의 변화들로 이루어져 있으며, 계절의 변화 같은 주기적 변화나 빙하기의 도래 및 날씨의 변화 같은 불규칙적 변화가 아니라 점점 더 완벽한 상태를 향해 나아가는 방향성을 가진 변화'[34]라는 것이다.

진화적 사고방식은 18세기 후반과 19세기 전반에 걸쳐 널리 퍼져나가 생물학 분야뿐만 아니라 언어학, 철학, 사회학, 경제학 등 다양한 학문 분야에 스며들었다. 그러나 과학계에서 진화론은 오랫동안 소수의 견해로 남아있었다. 고정불변인 정적인 세계관에 대한 믿음에서 진화론 쪽으로 기울어지게 된 것은 찰스 다윈(Charles Robert Darwin)이 그의 저서 『종의 기원 On the Origin of Species』(1859)을 통해 자연선택(natural selection)에 의한 진화론을 발표한 후이다. '인류가 경험한 가장 위대한 지적 혁명'의 하나로 꼽히는 이 사건으로 인해 생명의 세계에서 차지하고 있던 인간의 독특한 위치는 도전을 받게 되었다. 다윈은 자연에서 일상적으로 관찰할 수 있는 현상과 과정을 이용해서 진화가 자연적으로 일어난다고 설명했으며 과학을 종교로부터 분리해내는 단초를 마련했다. 그는 진화에 두 가지 종류가 존재한다는 사실을 발견했다. 그 하나는 조상에서 후손으로 이어지는 과정에서 점차적으로 계통 발생 줄기의 '위쪽으로' 움직이는 진화, 즉 향상 진화(anagenesis)이고, 다른 하나는 계통 발생 나무에서 새로운 가지를 만들어내는 진화, 즉 분기 진화(cladogenesis)로서 이 두 가지 진화는 대체로 독립적인 과정이다.[35]

다윈-월리스(Wallace)[36]의 자연선택은 진화를 현대적으로 해석하는 토대가 된 혁명적인 개념이었다. 자연선택은 두 단계로 이루어진 과정이다. 유전적 변이가 생성되는 첫 번째 단계에서는 모든 것이 우연의 문제이지만, 생존과 번식이 차별적으로 이루어지는 두 번째 단계에서는 우연은 훨씬 적은 역할만 수행하며 '적자생존(the survival of the fittest)'은 대체로 유전에 기초한 형질에 의해 결정된다는 것이다. 따라서 자연선택은 전적으로 우연에 의존한 과정이 아니며 또한 선택이 장기적 목표를 가지고 있지 않다는 점에서 목적론적(teleological)이지도 않다.[37] 모든 종은 환경이 수용할 수 있는 수준보다 훨씬 많은 개체를 생산하므로 살아남기 위해 개체들 간의 생존경쟁은 필연적이며 생존에 더 유익한 변이를 갖고 있는 생물은 살아남을 기회가 더 많아지고(적자생존) '자연적으로 선택' 받게 된다. 이처럼 유전 법칙에 따라 선택된 변종은 새롭게 변화한 형태로서 번식하게 된다는 것이다.[38] 19세기 말에서 20세기 초에는 다윈의 생물진화론에 토대를 둔 사회진화론이 널리 유행하게 되는데, 영국의 철학자이자 사회학자 허버트 스펜서(Herbert Spencer)와 미국의 사회학자 윌리엄 그레이엄 섬너(William Graham Sumner) 등은 그 대표적인 인물이다. 자연선택이론은 다섯 가지 관찰 결과(사실)와 세 가지 추론에 기초하고 있다. 이를 도표로 나타내면 다음과 같다.

〈표 2〉 자연선택을 설명하는 다윈의 모델[39]

사실 1	모든 개체군은 매우 높은 번식력을 가지고 있어서 제한되지 않는다면 개체수는 지수적으로 증가할 것이다.
사실 2	개체군의 크기는 일시적, 계절적 변동을 제외하고 대개 오랜 기간 동안 일정하게 유지된다.
사실 3	모든 종의 경우 이용할 수 있는 자원이 한정되어 있다. 추론1. 한 종의 구성원 간에 치열한 경쟁(생존경쟁)이 벌어질 것이다.
사실 4	한 개체군의 구성원들은 모두 제각기 다르다. 추론2. 개체군의 개체들은 생존(즉 자연선택) 확률에서 서로 모두 다를 것이다.
사실 5	개체군 안의 개체 사이의 차이는 적어도 부분적으로는 유전될 수 있다. 추론3. 자연선택이 여러 세대에 걸쳐 일어나다 보면 진화를 일으킬 수 있다.

한편 미국의 미래학자 레이 커즈와일(Ray Kurzweil)은 '복잡성의 증가 (increasing complexity)' 자체가 진화 과정의 궁극적 목표이거나 최종 산물은 아니라고 말한다. 그는 복잡성과는 다른 '질서(order)'라는 개념을 도입하고 있다. 그에 의하면 "질서란 목적에 부합하는 정보이며 정보가 목적에 부합 하는 정도에 따라 질서의 크기가 결정된다."[40] 생물학적 진화의 목적이 살아 남는 것이라면, 기술적 진화의 목적은 성능, 효율 등의 최적화와 경제적 성 공이다. 진화 알고리즘(evolutionary algorithm)—생물학적 진화든 기술적 진 화든—의 핵심은 문제를 정의하는 것이며 문제에 대한 해결책을 향상시키 면 질서가 증가된다. 그러나 수확 가속의 법칙(law of accelerating returns)[41]— 진화 과정이 가속적이며 그 과정의 산물 또한 기하급수적으로 증가하는 것 을 나타내는 법칙—이 적용되는 진화는 닫힌 계(closed system)가 아니며 거 대한 카오스의 한가운데에서 일어나고 또한 무질서로부터 질서를 이끌어 낸다. 진화는 질서를 증가시키지만 복잡성은 반드시 증가되는 것은 아니 다.[42]

그러면 우주의 진화는 어떠한가. 우주가 '빅뱅 특이점(big bang singularity)' 에서 일어난 대폭발로 생성되었다는 빅뱅이론(big bang theory)[43]에 의하면, 우주는 모든 에너지와 물질이 엄청난 밀도로 응축된 하나의 점에서 분출되 어 나왔고, 지금도 계속해서 '가속 팽창'하고 있다. 그러나 이 이론은 '플랑 크 시기(Planck era)'로 알려진 최초의 그 시점 이전에 어떤 일이 있었으며 우 주가 어떻게 해서 존재하게 되었는지에 대한 설명 없이 우주가 존재하게 된 이후의 진화 과정을 기술한다. '어느 날' 대폭발이 일어났고, '우주 인플레이 션(cosmic inflation)'으로 알려진 과정을 통해 우주가 급팽창하여 시공간 구 조 속에 파동을 만들고 그것이 팽창하는 우주를 가로지르며 퍼져나가 지난 138억 년 동안 수천억 개의 은하들이 생겨났고, 지금도 그 숫자는 늘어나고 있다. 말하자면 시간의 흐름 속에서 우주는 복잡한 진화를 거쳤고, 다양한 입자들 또한 진화했으며, 그러한 진화가 지구와 같은 행성들과 우리와 같은 존재들이 존재할 수 있도록 만들었다는 것이다.[44]

이상에서 우리는 생물학적 진화와 기술적 진화 그리고 우주적 진화에 대해 일별하였다. 라마르크와 마이어는 진화란 '하등한 것에서 고등한 것으로 점점 더 완벽한 상태를 향해 나아가는 방향성을 가진 변화'라고 했고, 다윈은 '자연선택에 의한 진화'를 주창했으며, 커즈와일은 문제에 대한 해결책을 향상시키면 질서가 증가된다는 진화 알고리즘을 제창하며 진화는 질서를 증가시킨다고 했다. 그러나 하등한 것에서 고등한 것으로 더 완벽한 상태를 향해 나아가는 방향성이 무엇을 의미하는지에 대해 라마르크나 마이어는 구체적인 논급이 없다. 어쩌면 이는 생물학적 접근의 한계인지도 모른다. 다윈의 자연선택에 의한 진화는 주로 생물학적 형체와 현상에 대한 분석에 치중해 있는 관계로 진화의 전 과정에 함축된 심원한 의미를 들여다보지 못하고 있다. 커즈와일은 진화는 질서를 증가시킨다고 했지만 그 질서란 것이 생존이라는 진화의 목적에 정보가 부합하는 정도를 나타내는 크기라고 설명하고 있을 뿐이다. 그리고 빅뱅이론은 물질적 우주의 생성과 진화 과정을 설명하는 가장 적합한 모형인 것으로 간주되고 있지만, 여전히 남은 의문은 '애초에 무엇이 빅뱅을 일으켰는가?'라는 것이다. 진화의 전 과정을 포괄하는 거시적인 분석이 필요한 것은 이 때문이다.

위에서 살펴본 진화론은 주로 물리세계에 초점이 맞춰져 있다. 그런데 물리(物理)는 성리(性理)에 대한 인식의 바탕 없이는 명쾌하게 설명될 수 없다. 왜냐하면 사물의 이치란 곧 물성(物性)을 일컫는 것으로 사물[物]의 이치와 성품[性]의 이치는 마치 그림자와 실물의 관계와도 같이 상호 조응하는 까닭이다. 물리와 성리는 물질과 정신, 작용과 본체, 필변[生滅]과 불변[眞如]이라는 불가분의 표리관계로서 하나의 통일체를 형성하고 있다. 현대 물리학의 가장 위대한 발견이랄 수 있는 '의식' 발견 이후 100여 년이 지났지만, 우주의 실체가 의식이며 이 세상은 의식의 투사영에 불과하다는 사실을 일단의 지식인들은 여전히 포착하지 못하고 있다. 보는 것이라고는 동굴 벽에 드리운 그림자의 움직임뿐, 그것이 보이지 않는 실체의 투사영임을 알지 못하는 그들이야말로 플라톤(Plato)의 『국가론 Politeia』에 나오는 동굴에 갇힌 죄수다.

생물학적 진화든 사회학적 진화든 기술적 진화든 우주적 진화든, 이 세상에 분리된 것은 아무것도 없으며 일체가 하나로 연결되어 있는 까닭에 천·지·인 삼신일체라고 한 것이다. 그래서 "연기(緣起)를 보는 자는 진리를 보고 진리를 보는 자는 연기를 본다"[45]고 한 것이다. 이러한 상호 연관과 상호 의존의 세계 구조를 『화엄경(華嚴經)』에서는 인드라망(網)으로 비유한다. '이것'이 곧 다른 '모든 것'이라는 '인드라망'의 마법에 대한 이해 없이는 진화의 진정한 의미를 파악하기 어렵다. 『이샤 우파니샤드 Isa Upanishad』에서는 말한다. "이 세상 어디서나 하나됨을 볼 수 있다면, 어떻게 슬픔이나 미혹에 빠질 수 있겠는가?"[46] 실로 어디서나 '하나됨'을 볼 수 있다면, 모든 사람들이 추구하는 목표인 최고선─아리스토텔레스(Aristotle)가 '행복(eudaimonia)'이라고 부르는─을 성취할 수 있을 것이다. 그러나 의식이 진화되지 않고서는 영적 자각이 일어날 수 없으므로 근본지(根本智)를 응시할 수가 없다. 점점 더 완벽한 상태를 향해 나아간다는 것은, 질서가 증가된다는 것은 바로 '하나됨'으로의 길(the road to oneness)이다. 물질적 우주의 진화 역시 영적 진화와 표리의 조응관계에 있다.

2) 영성 계발과 진화

에너지 시스템인 생명계는 우주의 진행 방향인 영적 진화[의식의 진화]와 불가분의 관계에 있다. 우선 생명이란 만물이 만물일 수 있게 하는 제1원인[神, 天, 靈] 또는 제1원리이다. 그것은 우주지성[性]인 동시에 우주 생명력 에너지[命]이며 우주의 근본 질료[精]로서, 이 셋은 이른바 제1원인의 삼위일체라고 하는 것이다. 지성·에너지·질료는 성(性)·명(命)·정(精), 신(神)·기(氣)·정(精)[47]과도 같이 생명이 활동하는 세 가지 다른 모습이다. 생명은 분리 자체가 근원적으로 불가능한 절대유일의 '하나', 즉 영성[靈] 그 자체다. 생명은 본체[理]인 동시에 작용[氣]이므로 영성과 물성, 비존재와 존재를 거침없이 관통한다. 우주적 견지에서 보면 죽음은 소우주인 인간이 '하나됨'을 향해 진화하는 과정에서 단지 다른 삶으로 전이하는 것에 불과하다.[48] 마치 풀벌레가 나뭇잎 위를 기어가다가 그 끝에 이르면 다른 나뭇잎으로 옮겨가는 것처럼. 따라서 생명은 영원한 순수 현존(pure presence)이다. 이 세상의 천변만화(千變萬化)가 생명의 놀이이며, 만물만상이 생명의 모습이다. 생명은 영원히 타오르는 의식의 불꽃이다. '하나됨'을 본다는 것은 만유 속에서 그 자신을 보고 그 자신 속에서 만유를 보는 것이다.[49]

생명은 곧 도(道)이며 진리다. 이는 「요한복음」(14:6)에서 "나는 길(道)이요 진리요 생명이니…"[50]라는 구절에 나오는 '생명'과 같은 것이다. 생명은 스스로 생성되고 변화하여 돌아가는 '스스로(自) 그러한(然) 자'이니 생명은 자유다. 생명이 자유임에도 자유롭지 못한 것은 개체화된 자아 관념에 사로잡혀 있기 때문이다. 진리를 안다는 것은 곧 우주의 본질인 생명을 이해한다는 것이다. 따라서 "진리가 너희를 자유롭게 하리라"는 말은 사실과 부합된다. 흔히 육체적 자아를 생명 그 자체라고 생각하는 것은 생명을 전일적 흐름(holomovement)으로 보지 못하는 물질일변도의 닫힌 의식에서 오는 것이다. 생명의 영성에 대한 자각이 없이는 오직 이 육체만이 자기라고 생각하게 되므로 영성 계발이 일어날 수도, 의식이 확장될 수도 없다. 다시 말해 생명의 전일성과 자기근원성에 대한 자각이 없이는 이 우주가 상즉상입(相卽相入)의 구조로 상호 연기(緣起)하고 있음을 알 길이 없으므로 지성이 높아질 수도, 영적 진화가 일어날 수도 없다. 스위스 정신과 의사이자 분석심리학자인 칼 구스타프 융(Carl Gustav Jung)은 이렇게 말한다. '밖을 보는 자는 꿈꾸는 자이고, 안을 보는 자는 깬 자이다.'

사람은 각성이 될수록 두뇌에 있는 뉴런(neuron 신경세포)을 연결하는 시냅스(synapse 신경세포 連接)가 확장되고 사고력이 증폭되고 지성이 높아져 포괄적 이해능력이 향상되므로 만물의 연결성을 알아차리고 천리(天理)에 순응하는 삶을 지향하게 된다. 그리하여 삶 자체가 거칠고 방종한 자아를 길들이는 의식의 자기교육과정이며, 학습 효과를 극대화하기 위한 학습 기제로서 상대계인 물질계[권력·부·명예 등]가 존재한다는 사실을 인지하고 순천(順天)의 삶을 살게 되는 것이다. 이러한 자각이야말로 영적 진화의 단초가 된다. 우주의 본원[본체]인 동시에 현상[작용] 그 자체로서 영성과 물성을 관통하는 생명의 역동적 본질을 이해하면, 만물이 전일성의 현시(顯示)임을 자연히 알게 된다. 말하자면 강물에 비친 달그림자를 보고 달이 실재함을 알 수 있듯이, 삶의 강물에 비친 현상이라는 그림자를 보고 '우주지성'—막스 플랑크가 말하는 '의식과 지성을 가진 정신'—의 실재를 파악할 수 있게 되는 것이다. 우주의 진행 방향이 영적 진화인 것은 바로 이 전지(omniscience)·전능(omnipotence)인 '우주지성'의 작용에 기인하는 것이다.

생명[靈]의 자기조직화(self-organization) 원리인 이 '우주지성'은 상고의 현자들이 수만 년 전에 이미 파악한 것이지만,[51] 물리학은 현대에 들어 발견한 것이다. 아밋 고스와미의 저서 『자각적 우주 *The Self-Aware Universe*』는 의식이 어떻게 물질세계를 창조하는지, 다시 말해 어떻게 근원적 일자에서 우주만물이 나오는지를 양자물리학과 영성의 접합을 통해 그리고 '양자역설(quantum paradox)'에 대한 해명을 통해 보여준다.[52] "나는 선택한다. 그러므로 나는 존재한다(I choose, therefore I am)"[53]라는 그의 경구는 우리의 의식과 선택이 곧 우주를 형성한다는 사실을 명료하게 보여준다. 이러한 그의 관점은 다중우주 해석론에 등장하는 평행우주(parallel universe)[54] 개념과도 같은 맥락 속에 있다. 즉 우주의 모든 경우의 수만큼 우주가 존재하며 그 수많은 가능성 가운데 하나만이 선택되어 우리에게 존재하고 나머지 수많은 가능성은 보이지 않는 곳에서 공존하게 된다는 것이다.

독일 이상주의 철학을 종합 집대성한 게오르크 빌헬름 프리드리히 헤겔(Georg Wilhelm Friedrich Hegel)의 표현을 빌면, 진화란 '나(I)'의 형태로서가 아니라 보편적으로 상호의존적인 '우리(We)'의 형태로서의 자유로운 정신,[55] 즉 '이성적 자유(rational freedom)'의 실현을 향해 나아가는 것이다. 이를 헤겔은 그의 『정신현상학 *Phänomenologie des Geistes*』 속에서 '주인과 노예의 변증법(master-slave dialectic)'을 통해 생생하게 보여준다.[56] 헤겔에 의해 완성된 근대의 변증법은 이 세계를 끊임없는 생성과 발전, 운동과 변화의 과정으로 파악한다. 즉 진화란 잠재되어 있는 본질의 현실화 과정이요, 이념의 실재화 과정이며, 정신의 자기실현화과정이다.[57] 이러한 진화 과정을 추동하는 원리로 헤겔은 '절대정신'을 들고 있는데, 이 절대정신이 바로 '우주지성'이다. 이와 같은 자기실현을 위한 부단한 교육과정은 절대정신이 궁극적으로 인간 존재 속에 실현될 때까지, 환언하면 신적 이념이 역사 발전을 통하여 실재화된 인류가 될 때까지 계속된다.

주인과 노예의 변증법적인 관계를 통해 보여주는 '간주관성(間主觀性

intersubjectivity)'의 개념은 헤겔 변증법의 중핵을 이루는 것으로 인간이 관계적 존재임을 단적으로 말하여 준다. 진화란 관계성에 대한 인식을 통해 '참나'로 환귀해가는 끝없는 여정이다. 생물학적 진화든 기술적 진화든 물질적 우주의 진화든, 모두 영적 진화와 조응관계에 있으며 영적 진화를 위한 학습 여건 창출과 관계된다. 파편적인 칸막이 지식으로는 만물의 연결성을 알 수 없기 때문에 의식이 확장될 수도, 영성 계발이 일어날 수도 없으며 따라서 영적 진화가 이루어질 수도 없다. 그러나 생명계는 '부메랑 효과 (boomerang effect)'로 설명되는 에너지 시스템이다. '부메랑 효과'를 가져오는 작용·반작용의 법칙[karma業)의 법칙, 인과의 법칙, 輪廻의 법칙]은 진화를 추동하는 자연법으로, 죄를 지으면 반드시 괴로움이 따르기 마련이라는 죄와 괴로움의 인과관계에 대한 응시를 통해 궁극적인 영혼의 완성에 이르게 한다.

이 우주가 자연법인 카르마의 법칙의 지배하에 있다는 것은 『명심보감 (明心寶鑑)』에도 나와 있다. "오이씨를 심으면 오이를 얻고 콩을 심으면 콩을 얻는다. 하늘의 그물이 넓고 넓어서 보이지는 않으나 새지 않는다"[58]라고 한 것이 그것이다. 카르마의 작용이 불러일으키는 생명의 순환[samsara 生死 輪廻]은 생(生)·주(住)·이(異)·멸(滅) 사상(四相)의 변화가 공상(空相)임을 깨닫지 못하고 탐착과 분노의 에너지에 이끌려 집착하는 데 있다. 그리하여 영성 계발을 위해 하늘이 쳐놓은 카르마의 그물에 걸려 재수강을 하게 되는 것이다. 행위 그 자체보다는 동기와 목적이 카르마의 작용을 불러일으키는 원인이 된다. 이 법칙은 단순히 징벌을 위한 것이 아니라 내적 자아의 각성과 영성 계발 그리고 인간의 영혼이 완성에 이르기 위한 조건에 관계한다. 인내하고 용서하고 사랑하는 마음은 이러한 법칙에 대한 유일한 용제(溶劑)이다. 지혜의 길이든 행위의 길이든 헌신의 길이든, 모두 참자아로의 길이며 이는 곧 영적 진화의 길이다. 물질의 공성(空性)을 이해하면 '우리'든 '그들'이든 '이것'이든 '저것'이든, 모두 '참여하는 우주(participatory universe)'로서 우주적 진화에 동참하고 있음을 자연히 알게 된다.

따라서 생명을 개체화하고 물질화하는 시도는 우주의 진행방향에 역행하는 것이다. 생명의 전일적 본질은 시공을 초월해 있으므로 개체화 의식 속에서는 생명을 파악할 길이 없으며 또한 진화할 수도 없다. 19세기 후반 이후 파워엘리트에 의해 권력을 강화하고 특권을 정당화하는 도구로서 물질문명의 근간을 이루었던 다윈의 적자생존의 이론은 생물학적 진화 역시 우주의 진행 방향인 영적 진화와 조응관계에 있다는 사실을 간파하지 못했다.[59] 우리 몸과의 관계를 배제한 의상에 대한 논의가 의미가 없듯이, 의식의 진화와의 관계를 배제한 생물학적 진화에 대한 논의 역시 의미가 없는 것이다. 중요한 것은 형태와 모습의 변화가 아니라 영적 진화이며 생물학적 진화는 영적 진화와의 관계 속에서만 의미가 있다. 이제 '양자 변환(quantum transformation)'으로 일컬어지는 새로운 우주 주기의 도래와 더불어 새로운 우주상(像)의 정립이 요청되고 있는 현 시점에서 과학과 영성 그리고 영성과 진화에 대한 관심이 고조되고 있는 것은 지구 문명의 새로운 지평 탐색을 위한 전조 현상이다.

4. 지구 문명의 새로운 지평 탐색

1) 세계관의 전쟁: 인식과 존재의 문제

히브리대 역사학 교수 유발 하라리(Yuval Noah Harari)는 "인간은 새로운 힘을 얻는 데는 극단적으로 유능하지만 이 같은 힘을 더 큰 행복으로 전환하는 데는 매우 미숙하다. 우리가 전보다 훨씬 더 큰 힘을 지녔는데도 더 행복해지지 않은 이유가 여기에 있다"[60]라고 말한다. 더 큰 힘을 지니고도 더 행복해지지 않은 이유가 바로 그러한 힘을 행복으로 전환하는 데는 미숙하기 때문이라고 했는데, 왜 그런 것일까? 행복은 나눌수록 더 커지지만, 힘은 커질수록 절대화하는 경향이 있다. 의식은 확장될수록 걸림이 없어져 자유롭게 되지만, 물질은 확장될수록 걸림이 커져 구속되게 된다. 그러면 행복은 나눌수록 더 커지는데, 큰 힘을 지니면 왜 나누지 못하는 것일까? 그것은 권력·부·명예·인기 등 물질계의 존재이유가 영적 진화를 위한 학습여건 창출과 관계되며 에고의 자기 이미지의 확대재생산과 자기 확장을 위한 학습기제로서 작용한다는 사실을 알지 못하기 때문이다. 플라톤이 '동굴의 비유'에서 말한 동굴에 갇힌 죄수와도 같이 세상이라는 동굴 생활에 가축처럼 사육되고 길들여져 동굴 안의 억압된 현실을 직시하지도 못하고 실재세계로 나아가려는 의지도 없는 이들이야말로 동굴과 우상에 갇힌 자들로서 죄수 아닌 죄수이며 노예 아닌 노예인 것이다.

권력과 힘에 대한 강한 집착은 본질적으로는 이원성과 분리성을 내포한 개체화(particularization) 의식, 즉 기계론적 세계관에 기인하는 것이다. 세계적인 영성철학자이자 대체의학자 디팩 초프라(Deepak Chopra)는 미국 물리학자 레너드 플로디노프(Leonard Mlodinow)와의 공저『세계관의 전쟁: 과학 대 영성 War of the Worldviews: Science vs. Spirituality』(2011)에서 종교는 현재 인류가 안고 있는 고뇌를 해결하지 못하지만 영성은 해결할 수 있다고 말한다. 그러기 위해 우리는 종교의 근원으로 되돌아갈 필요가 있지만 그 근원은 신이 아니라 바로 의식이라는 것이다. 그는 수천 년 전 대스승들에 의해 제기된 영적인 가설이 세 부분으로 이루어져 있다고 보았다. 즉 1) 육안으로 보이는 모든 것의 근원이 되는, 보이지 않는 실재가 있으며, 2) 이 비

가시적인 실재는 우리 자신을 자각함으로써 알 수 있고, 3) 지능, 창조성, 조직력이 우주에 내재해 있다는 것이다.[61] 비가시적 세계[본체계, 의식계]와 가시적 세계[현상계, 물질계]는 실물과 그림자의 관계와도 같이 분리될 수 없는 하나다. 권력과 힘의 증대가 행복의 증대로 연결되지 못하는 것은 일체 현상이 영원한 유일 실재의 자기현현임을 인식하지 못함으로 해서 이원성과 분리성이 작용하기 때문이다. 그리하여 오늘날 지구촌의 모습과도 같이 개체화되고 파편화됨으로써 통합성을 발휘할 수 없게 되는 것이다.

한편 플로디노프는 "디팩이 보기에 모든 것에 이르는 열쇠는 바로 의식을 이해하는 것이다.…과학이 의식을 설명하지 못한다고 해서 의식이 과학이 닿지 못하는 곳에 있어야 한다고 믿는다면 근시안적이다. 설사 의식의 기원이 너무 복잡해서 사람의 마음으로 완전하게 파악하기 힘들다고 하더라도, 이는 의식이 초자연적인 영역에 거한다는 증거가 되지 않는다"[62]라고 말한다. 이러한 플로디노프의 말은 인간의 의식이 실험 결과에 영향을 미친다는 것을 보여준 양자물리학의 '관찰자 효과'라는 것에 대해 의미를 부여하지 않은 듯하다. 그리고 의식이 기원이 너무 복잡해서 사람의 마음으로 완전하게 파악하기 힘든 것이 아니라 완전히 파악할 정도로 영적 자각이 일어나지도, 의식이 상승되지도 못했기 때문이다. 그래서 동학에서는 '만사지(萬事知)'에 이르면 소우주와 대우주, 부분과 전체가 하나임을 자연히 알게된다고 했다. 진리는 설명의 차원이 아니라 이해의 차원이며, 영적 자각이 일어나지 않고서는 결코 닿을 수 없는 초논리의 영역이다. 초논리의 영역이란 논리의 영역을 포괄하면서 동시에 초월하는 영역인 까닭에 논리에서 벗어난 비논리와는 확연히 구별된다. 과학은 달을 가리키는 손가락과도 같이 '진리'를 가리킬 수는 있지만 진리 그 자체는 아니다. 진리는 논리의 영역이 아니라 직관의 영역이며, 과학이라는 논리의 툴(tool)에 입각해서 초논리의 세계인 직관의 영역으로 진입해야 하는 것이다.

앞서 살펴본 바와 같이 프리초프 카프라는 현대 물리학이 동양적 직관을 실험적으로 입증하는 것으로 보았다. 과학이 깊어지면 영성과 만날 수밖에 없다는 말이다. 영성은 그 어떤 부정성도 내포하고 있지 않다. 영성은 '만물의 전체적인 전일성(oneness of the totality of all things)', 즉 '일체를 포괄하는 거대한 전체(the great all-including whole)'[63]다. 초프라와 플라디노프의 세계관의 전쟁에 '과학 대 영성'이라는 부제가 붙은 것은 우리 시대가 여전히 기계론적 세계관에서 시스템적 세계관으로의 패러다임 전환기에 처해 있음을 환기시킨다. 블로디노프의 영성에 대한 비판적인 관점은 과학이 더 깊어져 직관의 영역인 영성을 이해하게 되면 자연히 종식될 것이다. 영성은 '거대한 전체'이기 때문에 그 어떤 것과도 대립적인 위치에 있지 않으며 여실(如實)한 대긍정의 경계다. 실로 인식 구조의 변환이 용이하지 않다는 것은 막스 플랑크가 그의 『과학적 자서전 Scientific Autobiography』(1949)에서 개종의 어려움을 술회하는 데서도 잘 나타나고 있다. "새로운 과학적 진리는 그 반대자들을 납득시키고 이해시킴으로써 승리한다기보다는, 오히려 그 반대자들이 결국에는 죽고 그것에 익숙한 새로운 세대가 성장하기 때문에 승리하게 되는 것이다."[64]

초프라와 블라디노프의 세계관의 전쟁은 인식 구조의 차이에서 오는 것이다. 고대로부터 현대에 이르기까지 그 치열했던 철학적 사색과 과학적 탐색은 만물의 근원을 규명하지 않고서는 모든 것의 의미를 이해할 수도, 행복할 수도 없다는 것을 알았기 때문이다. 만물의 근원으로서의 영성에 대한 인식론적 차원의 고찰 없이 '영성은 있다 또는 없다'라는 식의 존재론적 차원의 문제로 일축하는 것은 논리적 모순이며 지식의 박피를 드러낸 것이고 그 숱한 동서고금의 지성을 모독하는 것이다. 영성이 무엇인지도 모르는데,

있는지 없는지 어찌 알겠는가? 영성이라는 이름을 넘어서지 않고서는 결코 영성에 이를 수 없다는 것이 영성의 역설이다. 의식의 문이 열리지 않고서는 유일 실재인 영성을 인식할 길이 없다. 생명의 본체인 영성을 인식하지 못하면 그 작용인 우주만물의 존재성 또한 인식할 수 없다는 데에 문제의 본질이 있다.[65] 왜곡된 인식으로는 있는 그대로의 세상을 바라볼 수가 없으므로 인식과 존재의 괴리를 낳게 된다. 결국 세계관의 전쟁은 인식과 존재의 문제로 압축될 수 있다. 오늘날 인류가 처한 문제의 본질 또한 여기에 있다. 지구 문명의 새로운 지평 탐색을 위해서는 패러다임 전환을 통하여 이 문제가 명쾌하게 해결되지 않으면 안 된다.

2) 동학의 영성과 진화

만물의 근원으로서의 영성[靈]은 동학 「시(侍)」의 세 가지 뜻풀이, 즉 '내유신령(內有神靈)·외유기화(外有氣化)·각지불이(各知不移)'[66]에서 명료하게 드러난다. 우선 내유신령, 즉 '안에 신령이 있다'라고 한 것은 만물 속에 '신성한 영' 즉 하늘(天, 神)이 내재해 있다는 뜻이다. 환언하면 만물이 하늘(한울)을 모시고 있다는 뜻이다. 우주의 실체는 의식이므로 영은 곧 영성이며 내재적 본성인 신성[참본성]이고 일심(一心)이다. 「영부주문(靈符呪文)」에서는 "마음이란 것은 내게 있는 본연의 하늘이니 천지만물이 본래 한마음이라"[67]고 했고, 「삼경(三敬)」에서는 "내 마음을 공경치 않는 것이 곧 천지를 공경치 않는 것이라"[68]고 하여 천지만물이 하나인 마음의 법으로 돌아감을 보여준다. 이 일심 즉 '한마음[근원의식, 우주의식, 보편의식, 전체의식]'은 모든 것을 포괄하고 모든 존재를 이루지만, 그 자체는 아무것도 아니며[無名] 어떤 존재의 속성도 지니지 않는다고 『티벳 해탈의 서 The Tibetan Book of the

Great Liberation』해제 서문에서 칼 구스타프 융은 말한다.

> 한마음은 모든 에너지의 유일한 근원이며, 모든 잠재력들의 잠재력이
> 며, 우주적인 힘의 단 하나뿐인 발전기이며, 모든 진동의 시발자이며, 미지
> 의 원인이며, 우주선(線)과 물질이 그 모든 전자기적 성질--빛과 열, 전기와
> 자기, 방사능, 가시 · 불가시의 갖가지 외관을 한 유기물과 무기물 등의--을
> 띠고 자연계의 전역에 존재하게 만든 모체이다. 그리하여 한마음은 자연법
> 의 창시자이고 우주의 주인이자 관리자이며 원자구조와 세계 구조의 건설
> 자, 성운(星雲)을 우주 공간에 흩뿌린 자, 우주적 결실의 수확자, 존재해왔
> 고 현재 존재하며 영원히 존재할 모든 것의 변치 않는 그릇인 것이다.[69]

'한마음' 즉 영성은 시작도 끝도 없는 영원한 유일 실재이며 일체를 포괄
하는 무소부재(無所不在)의 보편자인 까닭에 근원성 · 포괄성 · 보편성의 속
성을 띤다. 일심 이외에 다른 실재가 있는 것이 아니다.[70] 이 세상 그 어떤
것도─죽음마저도─'한마음'의 바다를 벗어나지 않는 까닭에 이 '한마음'은
일체의 세간법(世間法)과 출세간법(出世間法)을 다 포괄한다.[71] 다음으로 '밖
에 기화가 있다'는 외유기화는 내유신령과 불가분의 관계다. 본래의 진여
한 마음이 내유신령이라면, 음양의 원리와 기운의 조화 작용으로 체를 이
룬 것이 외유기화다.[72] 말하자면 '영[天, 神]'의 자기복제로서의 작용으로 우
주만물이 생성되는 것을 두고 '신성한 영(神靈)'과 '기화(氣化)'의 관계로 논한
것이다. '신령'과 '기화'는 생명의 본체와 작용, 이치[理]와 기운[氣]의 관계로
서 분리 자체가 근원적으로 불가능하기 때문에 안과 밖, 내재와 초월의 관
계로 논한 것이다. 한마디로 이치가 곧 기운(理則氣)이고 기운이 곧 이치(氣
則理)이니 이치와 기운은 하나,[73] 즉 하나인 혼원일기(混元一氣, 至氣)다. 그러

나 참자아의 자각적 주체가 되지 않고서는 우주만물이 '영'의 자기현현임을, 다시 말해 '물질화된 영'임을 인식할 수가 없으므로 만유의 근원적 평등성과 유기적 통합성을 알 수 없게 된다.

그래서 내유신령과 외유기화가 일체임을 나타내기 위한 메커니즘으로 각지불이, 즉 '각기 알아서 옮기지 않는다'라는 개념을 설정하여 3화음적 구조로 논한 것이다. 그렇다면 무엇을 안다는 것이며, '옮기지 않는다'는 말의 의미는 무엇인가? 우선 안다는 것은 '신령[내재]'과 '기화[초월]'의 전일적 관계, 즉 생명의 본체와 작용이 하나임을 아는 것이다. 다시 말해 만유가 '물질화된 영'임을 아는 것이며 이는 곧 생명의 전일성과 자기근원성을 아는 것이다. 다음으로 옮기지 않는다는 것은 마음을 지키고 기운을 바르게 함으로써 천리(天理)에 순응하는 삶을 사는 것이다. 여기서 '불이(不移)'는 '불이(不二), 즉 일심의 경계를 지칭한 것이다. 한마디로 '모심(侍)'이란 참자아의 자각적 주체가 되는 것이다. '영[神靈]과 기운[氣化]이 본래 둘이 아니라 한 기운'[74]임을 알게 되면 생명의 유기성 및 상호관통을 깨달아 주관과 객관의 경계가 사라지고 만유가 하늘을 모시고 있음을 알게 되므로 순천(順天)의 실천적 삶을 지향하게 된다. 동학의 내유신령·외유기화·각지불이는 '생명의 3화음적 구조(the triad structure of life)'[75]를 나타낸 것이다. 생명의 본체와 작용이 하나임을 알지 못하고서는 생명의 전일성과 자기근원성을 알 수가 없고 따라서 순천의 삶을 살 수가 없는 까닭에 동서고금의 현자들은 본체와 작용, 즉 본체계[의식계]와 현상계[물질계]의 전일성을 그토록 강조했던 것이다.

동양의 천인합일이나, 플라톤의 이데아계와 현상계, 아리스토텔레스(Aristotle)의 형상과 질료, 스피노자(Benedictus de Spinoza)의 실체와 양태의 전일적 관계는 모두 생명의 본체와 작용의 합일을 나타낸 것이다.[76] 이러한 '생명의 3화음적 구조'를 이해하는 것은 곧 진리의 중추를 틀어쥐는 것인 까닭에 동양에서는 천·지·인, 불교에서는 법신(法身, 體)·화신(化身, 用)·보신(報身, 相), 기독교에서는 성부(聖父)·성자(聖子)·성령(聖靈)이라는 3화음적 구조를 핵심교리로 삼은 것이다.[77] 이러한 3화음적 구조는 생명의 본체와 작용이 하나임을 나타낸 것이다. 그런데 본체와 작용이 하나임을 알기 위해서는 일심의 원천으로 돌아가야 한다. 말하자면 성령이 임해야 알수 있는 것이다. 이 우주가 자연법인 카르마의 법칙의 지배하에 있다는 것은 우리 모두가 의식의 자기교육과정을 통해 언젠가는 일심의 원천으로 돌아가게 되어 있음을 보여주는 것이다. 여기서 보신은 법신과 화신, 성령은 성부와 성자가 일체임을 나타내기 위한 메커니즘으로 설정된 것이다. 그 메커니즘은 모두 진여(眞如, 본체)와 생멸(生滅, 작용)이 하나임을 나타내는 일심법(一心法)에 기초해 있다.

동학은 한마디로 '심학(心學)'[78]이다. 그 요체는 마음의 본체를 밝혀서 세상 사람들이 천심을 회복하여 동귀일체(同歸一體)하게 하려는 지행합일(知行合一)의 심법(心法)이다. 동학은 앎과 삶의 경계 등 일체의 이분법을 넘어서 있으며, '시천(侍天)'을 '양천(養天)'으로 풀이하고 있다는 점에서 지행합일의 심법이라고 적극적으로 해석할 수 있다. '영[神靈]'과 기운[氣化], 즉 생명의 본체인 하늘과 그 작용으로 생겨난 만물의 일원성[79]에 대한 인식은 의식이 확장되지 않고서는 이루어지기 어렵다. 의식의 확장은 곧 영적 자각의 나타남이며 이는 곧 영적 진화와 연결된다. 영적 진화 또는 의식의 진화는 어디까지를 '나' 자신으로 느끼는지가 관건이다. 나와 가족까지인가, 지역사회와 국가까지인가, 인류까지인가, 나아가 우주자연까지인가. 이러한 의식의 스펙트럼은 의식의 확장과 사랑의 크기에 의해 생겨난다. 인간의 의식이 확장될수록, 영적으로 진화할수록 사랑은 그만큼 전체적이 된다. 그리하여 천·지·인 삼신일체의 천도(天道)가 인간 존재 속에 구현되는 '인중천지일(人中天地一)'의 경계에 이르면 하늘과 사람과 만물을 온전히 하나로 느낄 수 있게 된다. 실로 참본성이 열리지 않고서는 사회적 공덕을 완수할 수 없는 까닭에 『삼일신고(三一神誥)』에서는 '성통공완(性通功完)'을 핵심 개념으로 삼았고, 『참전계경(三一神誥)』에서는 '혈구지도(絜矩之道)', 즉 내 마음으로 미루어 남의 마음을 헤아리는[80] 추기탁인(推己度人)의 도를 핵심 개념으로 삼았던 것이다.

이 세상은 우리의 의식을 비춰주는 거울이다. 혼란한 세상은 혼란한 의식의 투사영(投射影)이다. 세상이 혼란스러운 것은 우리들 자신이 정신적 소음 상태에 있기 때문이다. 정신적 소음 상태는 만물의 연결성을 알아차리지 못함으로 해서 에너지 시스템인 생명계를 개체화시키고 파편화시킨 데 기인한다. 「영부주문」에서는 '이천식천(以天食天)-이천화천(以天化天)', 즉 하늘로써 하늘을 먹고 하늘로써 하늘을 화(化)할 뿐이라고 한 대목에서 우주만물이 모두 한 기운 한 마음으로 꿰뚫어져 있음을 분명히 밝히고 있다.[81] 한마디로 우주만물의 생성·변화·소멸 자체가 하늘(기운)의 조화 작용인 것이다. 정신적 소음 상태에서 벗어나는 길은 수심정기(守心正氣), 즉 본래의 진여한 마음을 지키고 기운을 바르게 하는 것이다. 이것이 '옮기지 않음(不移)'의 요체이며 공심(公心)이 발현될 수 있는 바탕이 되는 것이다. 「시천주('하늘(님)'을 모심)」도덕의 요체는 바로 이 수심정기[82]에 있으며 '성경 이자(誠敬二字)'로 설명되고 있다. '순일(純一)하고 쉬지 않는 정성[83]을 다하고 하늘 대하듯 만물을 공경하면 무극대도(無極大道)에 이르고 도성입덕(道成立德)이 되는 것으로 본 것이다.[84] 성(誠)을 다하면 각(覺) 즉 깨달음을 얻으며, 경(敬)은 덕을 세우고 조화적 질서를 이루는 원천이다. 우주만물에 대한 평등무차별한 사랑과 공경의 원천은 바로 일심이다.

「삼경(三敬)」[85]에서 경천(敬天)·경인(敬人)·경물(敬物)의 삶을 강조한 것도 그러한 '삼경'의 실천적 삶이 일심[근원의식, 순수의식, 보편의식, 전체의식, 참본성, 신성]에 이르는 통로이기 때문이다. '하늘을 공경함은 허공을 향해 상제를 공경하는 것이 아니라 바로 내 마음을 공경하는 것이다'[86]라고 한 데서 하늘과 인간의 일원성은 분명히 드러난다. 의식계와 물질계는 표리의 조응 관계에 있으므로 분리될 수 없다. 공경은 하늘과 사람 그리고 사물에까지 미쳐야 비로소 완성될 수 있다. 만유에 두루 편재해 있는 영성과 혼원일기로 이루어진 생명의 유기성 및 상호관통을 깨달아 무위이화(無爲而化)의 덕과 그 기운과 하나가 되는 '조화정(造化定)'[87]의 경계에 이르면 만물의 연결성을 알아차리게 되므로 우주만물에 대한 평등무차별한 공경의 실천이 나올 수 있다. 그리하여 진정으로 다른 사람을 잘 되게 하겠다는 마음이 일어나게 되는데 그러한 마음 자체가 영적 진화의 단초다. 생명을 개체화하고 물질화하는 시도가 죄악인 것은 우주의 진행방향인 영적 진화에 역행하는 것이기 때문이다.

동학은 국가·민족·인종·성(性)·종교 등 일체의 경계를 넘어서, 생물과 무생물의 경계마저도 넘어서 우주만물의 평등무이(平等無二)한 존재성을 밝힘으로써 무극대도의 이상세계를 펼쳐 보이고 있다. 동학에서 진화는 "내가 나 되는 것"[88]을 향한 복본(復本)의 여정이다. 해월 최시형이 말하는 '양천(養天)'이며 '하나됨'으로의 길'이다. 세상에서 가장 긴 여행, '머리에서 가슴까지'의 머나먼 여정이다. 의식이 확장될수록 생명의 전일성과 자기근원성을 인식하게 되므로 '중일(中一)'[89]의 이상은 실현되게 된다. 우주만물의 네트워크적 속성을 알아차리는 만사지(萬事知)에 이르면 생명과 평화의 문명이 열리게 된다는 것이 동학에서 말하는 진화의 진수(眞髓)다. 국가의 모든 구성원이 공공선과 조화와 평화를 위해 단합하는 동귀일체(同歸一體) 공동체가 무극대도 이상세계의 궁극적 비전이다. 따라서 생물학적 진화든 기술적 진화든 물리적 우주의 진화든, 모두 의식의 진화와 표리의 관계로서 상호 조응해 있는 까닭에 미국 양자물리학자 아밋 고스와미(Amit Goswami)는 "우리가 우리 자신의 의식을 이해할 때 우주 또한 이해하게 될 것이고, 우리와 우주 사이의 분리는 사라질 것이다"[90]라고 말했다. 지구 문명의 새로운 지평을 과학과 영성 그리고 진화에 대한 개념적 명료화와 더불어 통섭적 이해라는 측면에서 탐색을 시도한 것은 이 때문이다.

세계는 지금 지구라는 행성의 경계를 초월하여 화성(火星) 등 다른 행성에서 새로운 문명을 여는 다행성종(多行星種 multiplanetary species)에 대한 관심이 증폭되면서 화성 탐사 춘추전국시대가 개막되고 있다. 뿐만 아니라 '2035년까지 사물인터넷용 기기가 1조 개 이상으로 늘어나 지구상에 제2의 캄브리아기(紀) 폭발이 일어날 것'[91]으로 전망되고 있다. 문명의 배를 타고 진화의 바다에서 의식의 항해를 계속하고 있는 인류는 이제 어디를 향해 나아갈 것인가. 진화의 바다를 건너기 위해서는 '문명의 배'가 필요하지만 피안의 언덕에 오르기 위해서는 배를 버려야 한다. 우리가 진화의 바다에서 의식의 항해를 하고 있다는 사실을 인지하지 못한 채 '문명의 배' 그 자체에 몰입한다면 생명과 평화의 문명이 개화하는 피안의 언덕에는 결코 오를 수 없다. 지구 문명의 새로운 지평을 동학의 영성과 진화라는 측면에서 탐색하는 것도 동학이 과학과 영성 그리고 진화에 대한 통섭적인 이해를 추동해낼 수 있는 사상적 토양을 갖추고 있기 때문이다.

5. 결론

이상에서 우리는 과학과 영성 그리고 진화가 삶의 존재론적 배경을 설정하는 '세 중심축'이며 이에 대한 통섭적 이해와 존재론적 통찰이 지구 문명의 새로운 지평을 탐색하는 기초적 조건이 된다는 것을 살펴보았다. 사실 지금까지 과학과 영성 그리고 진화는 주로 과학자와 신학자 그리고 생물학자들에 의해 파편적으로 다뤄졌던 까닭에 실제 삶과 연결된 총합적 의미로 이해되기보다는 주로 문명의 외피만 더듬는 수준에 머물렀으며 결과적으로 물질일변도의 사고가 지배하면서 지구촌은 온갖 대립과 갈등, 폭력과 테러가 만연하게 되었다. 그래서 본 연구에서는 다양한 물질계를 표징하는 과학과 전일적인 의식계를 표징하는 영성이 표리의 관계로서 상호 조응해 있으며, 진화는 물질계[生滅, 用]와 의식계[眞如, 體] 이 양 세계의 변증법적 통합체로서의 일심의 세계를 지향하고 있음을 총합적으로 살펴보았다. 일심 이외에 다른 실재가 있는 것이 아니라는 말이다. 인간은 영적 진화의 지향성을 갖는 우주의 불가분의 한 부분이기 때문에 그 누구든 진화의 대열에서 이탈할 수 없게 되어 있다. 그런 점에서 진화는 정확히 말하면 공진화이다.

과학과 종교의 오랜 불화는 비이원론적인 앎의 결여와 종교와 신학의 본질인 영성에 대한 몰이해에 기인한다. 그러나 현대 물리학이 주도하는 패러다임 전환과 더불어 영성에 대한 이해가 확장되고 과학 또한 비이원론적인 앎에 대한 관심과 이해가 증폭되면서 과학과 종교 그리고 신학의 관계적 본질은 상보적이고 협력적인 관계로 변모하고 있다. 영성은 종교적 전통이나 도그마, 특정 신념체계를 넘어선 것으로 그 어떤 의미에서도 특정 종교나 신학의 전유물이 될 수 없다. 현대 과학의 진보는 과학과 영성, 물질과 비물질의 경계를 허물고 영성을 측정 가능한 방식으로 보여주는 단계에 진입해 있으며, 특히 양자물리학과 영성의 접합에 대한 연구가 활발히 진행되고 있다. '보이는 우주'는 청사진으로 존재하는 '보이지 않는 우주'가 물질화되어 나타난 것이기 때문에 중력이론과 양자역학의 통합을 통하여 거시적 세계와 양자역학의 세계를 결합하려면 물리적 우주를 넘어선 의식 차원과의 연결이 필수적이다. 거시적 세계와 양자역학의 세계를 결합하는 '만물의 이론'을 완성하기 위해서는 물성과 영성을 통섭하는 의식의 확장이 선행되어야 한다.

지금까지 진화론은 주로 물리세계에 초점이 맞춰진 관계로 인간 사회의 진화가 우주의 실체인 의식의 진화와 표리의 조응관계에 있다는 사실에 착안하지 못했다. 생물학적 진화론의 경우 진화를 '하등한 것에서 고등한 것으로 점점 더 완벽한 상태를 향해 나아가는 방향성을 가진 변화'라고 했지만 그 방향성에 대한 구체적인 논급이 없으며, 자연선택에 의한 진화 역시 주로 생물학적 형체와 현상에 대한 분석에 치중하여 진화의 전 과정에 함축된 심원한 의미를 간파하지 못했다. 기술적 진화론의 경우 진화는 질서를 증가시킨다고 했지만 그 질서란 것이 생존이라는 진화의 목적에 정보가 부합하는 정도를 나타내는 크기라고 설명하고 있을 뿐이다. 그리고 빅뱅이론 역시 '애초에 무엇이 빅뱅을 일으켰는가?'라는 의문은 여전히 남아 있다. 진화의 전 과정을 포괄하는 거시적인 분석이 필요한 것은 이 때문이다. 우주의 진행 방향은 영적 진화이며 이는 '영(靈)'의 자기조직화하는 원리인 '우주지성'의 작용에 기인한다. 천·지·인 삼신일체이므로 물리세계의 진화는 영적 진화와 표리의 조응관계로서 영적 진화를 위한 학습 여건 창출과 관계된다. 영적 진화란 곧 '하나됨'으로의 길이다. 따라서 생명을 개체화하고 물질화하는 시도는 우주의 진행방향에 역행하는 것이다.

이제 새로운 우주 주기의 도래와 더불어 새로운 우주상(像)의 정립이 요청되고 있는 현 시점에서 과학과 영성 그리고 진화에 대한 관심의 증대는 지구 문명의 새로운 지평 탐색을 위한 전조 현상이다. 이러한 전조 현상은 초프라와 믈라디노프의 세계관의 전쟁에서 찾아볼 수 있다. 인식 구조의 차이에서 오는 세계관의 전쟁은 곧 인식과 존재의 문제로 압축될 수 있다. 동서고금의 치열했던 철학적 사색과 과학적 탐색은 만물의 근원에 대한 규명을 통해서만이 모든 것의 의미를 이해할 수 있고 행복해질 수도 있다는 것을 보여준다. 만물의 근원, 즉 생명의 본체인 영성을 인식하지 못하면 그 작용인 우주만물의 존재성 또한 인식할 수 없으므로 공심(公心)이 발현되기 어렵다. 지구 문명의 새로운 지평 탐색을 위해서는 정신 · 물질 이원론에 기초한 기계론적 세계관에서 전일적인 시스템적 세계관으로의 패러다임 전환을 통해 이 문제가 명쾌하게 해결되지 않으면 안 된다.

만물의 근원으로서의 영성[靈]에 대한 인식은 동학「시」의 세 가지 뜻풀이, 즉 내유신령 · 외유기화 · 각지불이에서 명료하게 드러난다. 우주만물의 생성 · 변화 · 소멸 자체가 모두 '신성한 영(神靈)', 즉 하늘(한울)의 조화 작용이므로 의식계[본체계]와 물질계[현상계], 영성과 물성은 결국 하나다. 이러한 만유의 유기성과 상호관통을 깨달아 무위이화의 덕과 그 기운과 하나가 되는 '조화정(造化定)'의 경계에 이르면 일체의 경계를 넘어 만물의 상호관통을 알게 되므로「시천주」의 자각적 주체에 의한 무극대도의 이상세계가 구현될 수 있다. '불이(不移)'의 요체는 본래의 진여한 마음을 지키고 기운을 바르게 하는 것이며 바로 이 수심정기가 공심이 발휘될 수 있는 바탕이 된다.「시천주」도덕의 요체는 '성경 이자(誠敬二字)'로 설명되는 수심정기이다. 동학은 한마디로 심학이며, 만물에 대한 평등무차별한 사랑과 공경의 원천이 되는 것은 일심이다. 진화란 "내가 나 되는 것"을 향한 복본(復本)의 여정이다. 우주만물의 네트워크적 속성을 알아차리는 만사지(萬事知)에 이르면 생명과 평화의 문명이 열리게 된다는 것이 동학에서 말하는 진화의 진수다.

지구 문명의 새로운 지평을 특히 동학의 영성과 진화라는 측면에서 탐색하는 것은 동학의 동귀일체 휴머니즘이 과학과 영성 그리고 진화에 대한 통섭적 이해와 존재론적 통찰을 추동해낼 수 있는 사상적 토양을 갖추고 있기 때문이다. 세계는 지금 후천개벽의 티핑포인트(tipping point)로 다가서고 있으며 한반도는 이원성과 분리성을 대표하는 마지막 사례가 되고 있다. 지구 문명이 대변곡점에 이르렀다는 징후는 지구의 생태학적 위기와 새로운 테크놀로지의 부상, 그리고 과학과 영성의 접합에서 확연히 드러난다. 인류의 진화과정에서 획기적인 전기를 맞고 있는 지금, 우리 모두가 이 거대한 개벽의 파도를 타고 넘으려면 삶의 존재론적 반경을 설정하는 '세 중심축'에 대한 통섭적 이해가 절실히 요구된다. 오늘날 지구 문명의 새로운 지평 탐색은 호모 레시프로쿠스(Homo Reciprocus: 상호 의존하는 인간) · 호모 심비우스(Homo Symbious: 공생하는 인간)의 새로운 문명의 모색과 연계되어 나타나고 있다.

멜라니 조이의 관점에서 바라본
식천(食天)의 신념 체계*

임 상 욱
숙명여자대학교 기초교양학부 교수

1. 들어가는 말

멜라니 조이(Melanie Joy, 1966-)는 동물의 권리 옹호를 위해 왕성하게 활동하는 이른바 '행동하는 지식인'에 속하는 인물이다. 그녀는 자신이 재직하고 있는 대학의 강단은 물론 순회강연[1]과 다양한 형태의 시민 단체 활동을 통해 동물의 권익을 위해 싸우고 있다. 사회 심리학자인 그녀가 이러한 활동을 하게 된 계기는, 다름 아닌, 동물을 바라보는 이중적 시각, 즉 동물을 바라보는 인간 시각의 심리적 비일관성에 대한 자각이었다. 예컨대 반려견을 사랑하는 자신은 왜 아무런 문제의식 없이 소나 돼지 같은 다른 동물의 살을 먹는 것을 당연시하는지 이상한 일이었다. 왜 어떤 동물은 사랑의 대상이 되고, 또 다른 어떤 동물은 식재료 이상이 되지 않을까? 왜 개나 고양이는 친구가 되고, 소나 돼지는 음식이 되는 것일까? 왜 개나 고양이를 먹는 상상에는 혐오감이 들고, 소나 돼지를 먹는 생각에는 기쁜 마음이 드는 것일까?

바로 이 지점은 조이가 다른 여타의 동물권 옹호론자들과 차이를 보이는 부분이다. 일반적으로 동물의 권익을 옹호하는 주장의 포인트는 본질적으로 동일한 존재에 대한 차별과 불평등의 부당함에 맞추어져 있다. 예컨대 100년 전까지만 해도 당연시 되던 노예제도는 오늘날 범법 행위로 간주되는 것이 상식이다. 오랜 시간 당연시 되던 여성에 대한 차별도 더 이상 용납되지 않는다. 흑인과 백인, 여성과 남성 모두 동일한 의식 작용을 하는 존재이기 때문이다. 인간은 개인 간 정도의 차이만 있을 뿐 희노애락애오욕을 표현하는 존재이다. 그렇다면 동물은? 동물권 옹호론자들은 육상이나 해상의 동물들 역시 이 같은 성정을 표현하는 존재라는 점에 주목했다. 인간과 다를 바 없이, 동물 역시 활발한 의식 작용을 통해 '울고 웃는' 존재인 것이다. 요컨대 흑인과 여성이 부당한 학대와 차별의 피해자였던 것처럼, 동물 역시 그 연장선 위에 놓인 피해자일 수 있는 셈이다.

여기에서 한 발 더 나아가, 조이는 '이' 동물은 먹어도 좋지만 '저' 동물을 먹으면 안 된다는 개인, 혹은 집단의 생각, 즉 인간의 신념 체계에 초점을 두었다. 동물권 옹호론자들이 '부당한 피해자로서의 동물'에 초점을 두었다면, 조이는 '육식을 해도 좋다.'는 인간의 신념 체계, 다시 말해, 동물들에 대해 인간들이 가진 '이러이러 해도 좋다.'는 신념 체계에 근본적인 포인트를 두었던 것이다. 'carnism(육식주의)'은 동물을 먹는 인간의 행위 기저에 이러한 신념 체계가 자리 잡고 있다는 점을 드러내기 위해 조이가 만들어낸 용어이다.[2] 육식은 개인의 선호에 따른 단순한 식습관이라기보다는 '육식을 해도 좋다.', 혹은 '저 동물은 먹어도 좋지만, 저 동물은 안 된다.' 따위의 신념 체계가 작동한 결과라는 것이다.

그렇다면 동학의 테두리 안에서 동물은 사랑의 대상일까, 음식 재료일까? 동물은 동학의 테두리 안에서 단순한 식습관의 범주에 놓인 대상일까, 아니면 엄밀한 신념 체계 안에서 논의되어야 할 시천의 존재일까? 이 물음이 유의미할 수 있는 이유는, 동학의 도(道)를 비롯하여 동양적 문화세계가 궁극적으로 지향하는 도란 결국 자신이 가고자 하는 길, 즉 신념 체계이기 때문이다.[3]

이 같은 문제는 동학공동체 안에서 아직 본격적으로 제기된 바가 없다.

요컨대 식습관을 둘러싼 동학적 신념 체계가 과연 무엇인지에 대한 논의는 아직 존재하지 않더라도, 그것이 무엇이어야 하는지에 대한 논의만큼은 하루빨리 시작되어야 할 것으로 보인다. 만약 동학 존재론의 핵심이 '모든 존재는 지기의 소산'이라는 기본 원리에 동의하는 것이라면, 이른바 '식용 동물' 역시 이 존재론의 맥락에서 수용되어야 마땅할 것이기 때문이다. 그렇지 않다면, 동물에 대해 자행되는 학살과 학대의 정당성 여부는 논의될 기회조차 가질 수 없을 것이다. 만약 이것이 실제로 부당한 것이라면, 이는 흑인이나 여성이 겪은 부당한 차별과는 그 긴급성과 심각성에서 비교가 불가능하다. 동물은 지금도 끊임없이 먹히고, 먹히기 위해 사육되고 있기 때문이다.

더불어 이 논의가 시급하고 중대한 이유는, 지기일원론이 가리키는 이론적·실천적 의미의 요체가 인간을 비롯한 세상의 모든 존재는 예외 없이 하늘을 모신 존귀한 존재라는 점에 있기 때문이다. 다시 말해, 지기일원론은 존재자들 간 가치의 경중이나 고저, 혹은 대소와 같은 위계를 허용하지 않기 때문이다. 그렇다면 동학(구성원)의 식습관에 대해서도 역시 오직 인간중심의 가치 하이라키를 전제할 때에야 비로소 가능한 '동물을 식재료로 바라보는' 관점이 아닌, 지기일원론, 즉 만물존중이라는 동학의 핵심 신념 체계 안에 귀속시켜 논의해야 마땅할 것이다.

이 같은 문제의식으로부터 이 연구는, 식습관을 둘러싼 동학의 신념 체계는 과연 어떤 것일 수 있는지, 혹은 어떤 것이어야 하는지를 멜라니 조이의 관점을 빌려 조명해보려는 목적을 갖는다. 이를 위해, 먼저, 육식주의라는 신념 체계를 바라보는 조이의 관점을 설명하고, 이것은 동학사상의 그것과 어떤 공통적 특징과 차이점을 갖는지 살피겠다. 마지막으로, 그로부터의 결과물은 오늘을 살아가는 개인의 삶과 우리 사회에 구체적으로 어떤 의미를 갖고, 또 어떤 과제를 부여하게 되는지에 대해 살펴볼 것이다.

2. 육식주의(carnism)라는 신념 체계

1) 신념으로서의 육식

2018년 평창동계올림픽 마스코트는 국제올림픽위원회(IOC)의 승인을 거쳐 호랑이와 곰 형상의 캐릭터로 결정되었다. 그런데 돌연 박근혜 씨는 청와대에서 자신이 키우던 진돗개 형상으로 마스코트를 변경하고 싶었다. 여러 경로를 통해 마스코트 변경이 추진되었지만, 그녀의 지시는 이행되지 않았다. IOC가 한국 내 개고기 문화에 대한 부정적 인식을 이유로 완고히 거부했기 때문이다. 다른 한편, 일본의 작은 바닷가 마을 타이지에선 매년 23,000마리 이상의 돌고래가 포획되고 잔인하게 도살된다. 국외로부터 쏟아지는 거센 비판에 맞서는 마을 사람들의 항변은 이렇다: '우리는 돌고래를 먹는다. 당신들은 다른 동물을 먹잖아!' [4]

중요한 것은, 이때 위의 두 사례에 놓인 주된 충돌 지점은 개나 돌고래 자체가 아닐 수 있다는 점이다. 그것은 오히려 개와 돌고래를 바라보는 사람들의 인식 차이에 기인하는 것일 수 있다. 개와 돌고래를 식용으로 인정하는 시각과 그렇지 않은 시각이 병존하기 때문이다. 그리고 이는 육식하는 행위가 왜 단순한 식습관의 범주가 아니라 신념에 따른 행위일 수 있는지를 설명해주는 단초가 된다.

조이에 따르면, 인간은 자신 앞에 놓인 동물 고기를 두고 이의 식용 여부를 실행에 옮기기까지 총 5단계의 인식 과정을 거친다. [5] 첫째, 자극 단계이다. 즉, 그릇에 놓인 동물 조각이 소인지, 개인지, 아니면 돌고래인지를 인식하는 단계이다. 둘째, 신념(혹은, 지각) 단계이다. 즉, 그릇에 놓인 동물 조각이 식용 가능한지를 확인하는 단계이다. 셋째, 생각 단계이다. 즉, 그릇에 놓인 동물 조각이 살아있던 모습을 떠올리는 단계이다. 넷째, 감정 단계이다. 즉, 그릇에 놓인 동물 조각을 호·불호로 인식하는 단계이다. 마지막으로, 다섯째, 결정 단계이다. 즉, 그릇에 놓인 동물 조각의 섭취 여부를 실행에 옮기는 단계이다.

이때 위의 5가지 인식 단계를 모두 거친 사람은 대체로 동물 조각의 섭취를 거부하는 반면, 이 중 한 가지 단계가 생략된 경우엔 대체로 앞에 놓인 동물 조각을 섭취하게 된다는 것이 조이의 관찰 결과이다.[6] 동물 조각의 섭취 여부를 결정짓는 트리거는 바로 세 번째 인식 단계인 생각에 있다. 즉, 마지막 단계에서 섭취를 거부하게 되는 이유는 이전 단계에서 기쁜 감정보다는 혐오감이 들었기 때문인데, 이는 다시 세 번째 단계에서 그 동물의 살아 있는 모습을 떠올리면서 그것이 설령 소라고 할지라도 불편한 마음이 유발되었기 때문이다. 이는 육식의 결정 요인이 해당 동물 자체보다는 인간의 인식 영역에 있다는 점을 강하게 지지해주는 증거이다. 고기를 잘 먹는 사람도 종종 동물의 실제 모습을 연상시키는 부위를 먹기 힘들어하는 이유는 바로 이 때문이다.

육식하는 사람들에 대한 태도와 달리, 채식하는 사람들을 바라보는 주변인의 시선에는 대개 특별한 무언가가 수반된 경우가 일반적이다. 이를 테면, 특정 종교의 교리 때문인지 궁금해 하거나, 육식을 멀리해야 하는 질병 때문인지 걱정해주기고 하고, 혹은 단지 별나고 이상한 사람으로 취급하기도 한다. 주변인의 이 같은 반응은 사실 이해 가능한데, 실제로 채식하는 사람들은 단지 채식이 좋아서라기보다는 '동물을 먹는 행위는 비윤리적이다.'라는 신념에 따른 행동이 대부분이기 때문이다. 요컨대 이들은 단지 채식하는 사람들이 아닌, 채식주의자들, 즉 채식을 신념으로 삼는 사람들이다.

반면, 육식하는 사람에 대해서는 특정한 종교적 교리 때문에 고기를 먹는지 궁금해 하거나, 육식이 건강을 위한 의도적 행위인지를 묻거나, 혹은 별난 사람으로 간주하여 안타까운 시선을 보내는 주변인은 없다. 요컨대 육식을 바라보는 사회적 통념은 채식과 확연히 다르다는 점이다. 즉, 육식하는 행위는 특별한 신념이 개입되지 않은 자연스런 식습관으로 용인되는 것이 일반적이다.

그런데 과연 육식은 특정한 신념과 무관하게 단지 육식하는 행위에 그치는 것일까? 예컨대 개나 돌고래를 두고 벌어지는 논쟁은 과연 식습관의 차이에 불과한 것일까? 만약 이것이 단지 문화적 식습관의 차이에 기인하는 것이라면, 서로가 서로의 식습관을 반박하는 주장은 어떻게 정당화될 수 있을까? 다른 한편, 개고기 판매점에 널려있는 개고기와 (털이 검다는 이유로 외면 받은) 유기견 토리 사이엔 어떤 차이가 있을까? 설령 개고기를 선호하는 사람이라 할지라도 토리를 여전히 식용 가능한 살아 있는 식재료로 볼 수 있을까? 마찬가지로, 고래고기 판매점에 전시된 고기와 (수족관 안의 동료가 떠나자 심각한 이상 행동 증세를 보인) 돌고래 태지 사이엔 어떤 차이가 있을까?

문제는, 설령 토리나 태지에게 연민을 느끼는 개고기·고래고기 애호가들이 존재한다 할지라도 이 연민의 감정이 그들의 일상적인, 즉 토리나 태지가 아닌 다른 동물을 먹는 육식 행위에 별다른 심리적 난점을 야기하지 않는다는 점이다. 이는 우리가 먹는 동물이 너무도 당연하게 또 다른 '토리'나 '태지', 혹은 '우돌이(소)'나 '돈돌이(돼지)' 일 수 있다는 사실을 애써 외면하는 매우 비합리적인 태도이며, 동시에 당연히 알아야 할 사실을 망각의 영역에 남겨 두는 지적 태만에 다름 아닌 것으로 보인다. 인간으로부터 부당하게 학대당하거나 고통을 받는 존재는 비단 토리나 태지에 국한되는 일이 아닐 것이기 때문이다.

놀랍게도, 이 같은 양상은 동학공동체의 경우 역시 거의 다르지 않아 보인다. 요컨대 누가 무엇을 먹을지의 문제는 개인의 선호에 따른 선택의 문제이지 동학의 가르침과는 아무런 관련이 없을 것이라는 의식이 지배적인 것으로 보인다. 여기에 동학의 핵심 주제 중 하나인 강력한 형태의 생명존중사상은 보이지 않는다. 아래에서 살피겠지만, 이천식천의 '식천'은 '하늘 아래 존재하는 모든 것을 다 먹어도 좋다'는 의미가 분명 아닐 것이다. 만약 그렇다면, 사람이 사람을 먹는 행위 역시 아무런 윤리적 논란을 야기하지 않을 것이기 때문이다. 이렇게 볼 때, 동학공동체는 적어도 식습관의 측면에서, 위에 언급한 '비합리적인 태도'와 '지적 태만'이라는 동일한 문제에 봉착해 있는 셈이다.

동학 내부에서 육식 금지가 명시된 경우는 "도인들의 집에서 먹지 말아야 할 음식의 하나는 네 발 달린 짐승의 나쁜 고기"라는 진술이 유일한 듯하다.[7] 옥계산인의 원문 주해에 따르면, 이 '네 발 달린 짐승의 나쁜 고기'는 개고기를 지칭하는 듯하다. 그는 '마을에서 개를 도살할 때의 잔인함이 그러면서까지 먹어서야 되겠느냐 정도의 의미'를 가졌다고 해석한다.[8]

그러나 이 '나쁜 고기'가 과연 정확히 개고기를 지칭하는 것인지, 혹은 오직 개고기에만 국한되는 것인지의 여부는 그리 확실해 보이지 않는다. 조선시대로부터 이미 다양한 개고기 조리법이 나와 있었고, 개고기 요리가 궁중은 물론 일반 백성의 상차림에도 즐겨 올랐다는 기록을 감안하면,[9] 단지 잔인한 도살 과정 하나만을 개고기 금지의 유일한 이유로 판단하기에는 무리가 따르기 때문이다. 따라서 '나쁜 고기'라는 진술은 개고기를 특정했다기보다는 '오염되어 상한 고기' 정도로 이해해도 좋을 듯하다. 혹은, 네 발 달린 짐승의 고기 전부를 '나쁜' 고기로 간주했을 가능성도 배제할 수 없어 보인다.

최제우의 진술보다는 덜 구체적이지만, 살생 금지에 대한 훨씬 더 원리적이고 적극적인 진술은 최시형에게서 찾아볼 수 있다: "만물이 시천주 아님이 없으니 능히 이 이치를 알면 살생은 금치 아니해도 자연히 금해지리라."[10] 최시형은 시천주의 대상을 인간에 국한하지 않고 만물 전체로 보았다. 요컨대 개와 고래, 소와 돼지를 비롯한 모든 생명은 불살생의 대상인 것이다. 이를 식습관의 관점에서 접근하면, 비 육식은 단순히 선호에 따른 식습관이 아니라 확고한 생명존중사상으로부터 도출된, 다시 말해, 결연한 신념으로부터의 선택인 것이다.

이와 마찬가지로, 위에 언급한 개와 돌고래를 둘러싼 논쟁은 단순한 문화적 식습관의 차이라기보다는 서로 간의 윤리적 신념이 부딪힌 결과이다. 비록 동물 전체를 아우르는 것은 아니더라도, '개를 먹는 것은 비윤리적인 행위이다.'라는 신념, 그리고 '소를 먹는 행위는 윤리적으로 아무런 문제가 없다.'는 식으로 진행되는 축소판 신념들 간의 충돌인 것이다. 그리고 그들은 자신의 선택이 옳다고 믿기 때문에 서로 충돌하는 것이다. 조이가 말하는 바처럼, '선택은 항상 신념에서 비롯되기' 때문이다.[11] 결국 '육식주의는 특정 동물을 먹는 행위가 윤리적이며 적절하다고 간주하는 신념 체계',[12] 곧 육식을 해도 좋다는 신념 체계인 것이다.

그럼에도 대개의 우리는 저마다의 경제적 여건이나 다양한 조건들에 따라 단지 삼겹살을 먹었거나 햄버거를 먹었다고 생각할 뿐, 자신의 식단이 실은 신념에 따른 선택이었다는 점을 자각하지 못한다. 그 이유는 육식주의 비 가시성 때문인데, 육식주의가 동물을 위해서나 우리 인간을 위해서도 그리 신뢰할만한 신념이 아니라는 점을 뚜렷이 드러내기 위해 이제 육식주의의 비 가시적 측면에 주목할 필요가 있다.

2) 육식주의의 비 가시성

육식주의가 특정한 신념 체계라는 사실이 가려진 채로 지속되는 것은 대체로 다음의 세 가지 이유 때문이다. 첫째, 편안하기 때문이다. 한편으로, 사회 시스템의 측면에서 동물을 먹는 행위가 편안한 것은 현행법상 동물의 지위가 '물건'에 해당하기 때문이다. 우리 나라 민법상의 법률 체재에 따르면, '이 세상에 존재하는 모든 대상은 오로지 인간과 물건 두 가지로만 분류'된다.[13] 이는 형법의 경우에도 마찬가지여서, 설령 생명을 구하려는 목적으로 어느 동물 소유자의 동물을 다른 곳으로 옮겼을 경우라도 절도죄가 성립된다.[14] 요컨대 동물은 '소유자 마음대로' 할 수 있는 존재인 것이다.

다른 한편으로, 일상적 삶의 측면에서 동물을 먹는 행위가 편안한 것은 누구도 이에 이의를 제기하지 않을 만큼 육식은 당연한 것이라는 인식이 만연해 있기 때문이다. 조이는 이를 '정당화의 세 가지 N'이라고 명명했다.[15] 즉, 육식은 '정상적이고, 자연스럽고, 필요하다'는 인식이다.[16] 그러나 '흑인과 여성'에 대한 '정상적이던' 시각의 오류, 매년 수십 억 마리씩 동물 기업에서 공장식으로 생산되는 부자연스러움, 그리고 고기 없이도 건강하게 살아가는 세계 10%의 채식주의자를 고려하면, 이 세 가지 N은 근거가 희박한 믿음에 불과해 보인다.

그런데 이 같은 육식의 신념 체계는 궁극적으로 이를 포괄하는 더 큰 신념 체계, 즉 인간중심주의를 전제로 할 때에야 비로소 가능한 논증이다. 다른 생명을 죽여 인간의 배를 채워도 좋다는 터무니없는 생각의 정당성은 인간이 다른 생명체보다 전적으로 우월하다는 전제가 없으면 성립하지 않을 것이기 때문이다. 앞서 동물이 물건으로 취급되는 이유 역시 그 법률의 전제로 '인격절대주의'를 채택하고 있기 때문이다.[17] 아래에서 살피겠지만, 이는 육식에 대한 동학의 신념체제와도 불가분의 관계에 놓여 있다.

둘째, 은밀하기 때문이다. 육식주의를 가능하게 하는 축산·낙농 관련 산업시스템은 매우 은밀하게 작동하며, 동시에 스스로를 적법하게 은폐할 수 있는 권리가 있다. 예컨대 만약 누군가 도축 과정을 알기 위해 공장식 축산 현장을 방문한다면, 그는 동물기업테러법(AETA)에 저촉되어 처벌된다.[18] 이 법은 동물 기업에서 동물이 사육되고, 도축되는 과정을 소비자의 눈으로부터 보호해준다. 이상한 점은, 동물 기업의 사육과 도축 과정의 공개가 기업의 이익을 침해하는 테러와 동격으로 간주된다는 점이다.

단순한 공장 견학조차 기업의 이익을 침해하는 테러와 동일시되는 이유는 무엇일까? 이에 대한 답은 간단명료하다. 잔인하기 때문이다. 동물 권익 보호 활동가들에 의해 몰래 촬영된 몇 분의 영상조차 눈 뜨고 볼 수 없을 만큼 처참하고 끔찍하기 때문이다. 요컨대 동물에 가해지는 이런 참담함을 알고도 그들의 살코기를 원하는 소비자는 극히 드물 것이기 때문이다. 가수 폴 메카트니가 말한 것처럼, '만약 도살장의 벽이 유리로 되어 있다면, 사람들은 모두 채식주의자가 되었을 것'이기 때문이다.[19] 이는 분명 동물 기업에 대한 테러다.

동물 기업에서 표준적으로 행해지는 프로세스 몇 가지를 예로 들면 다음과 같다. 우리 나라에서는 '국민 야식'으로 통하는 닭의 경우, 알에서 깨어난 병아리는 감별 후 수컷은 분쇄기로 보내져 사료로 만들어지고, 암컷은 부리를 잘린 채 평생을 A4용지 만한 넓이의 바닥에서 알을 낳다가, 알 생산량이 하락하면 고기로 출하된다. 돼지의 경우, 출생 후 며칠 만에 고환을 제거하고, 꼬리를 자르는 작업이 마취 없이 진행된다. 꼬리를 자르는 이유는 공장식 사육으로 인한 스트레스가 서로의 꼬리를 물어뜯어 상처를 내기 때문이다. 일정 중량이 되면 거꾸로 매달려 도축되는데, 이때 의식이 있는 상태로 도축되는 경우가 적지 않다. 소의 경우, 마취 없이 뿔과 고환이 제거되고, 젖소는 자연 상태의 수명인 20년을 못 채우고 평균 4년 만에 죽으면 햄버거 패티 등의 재료로 팔려나간다. 젖소나 육우 모두 도축 과정에서 의식 있는 상태로 목과 다리가 잘려나가는 경우가 적지 않다.[20]

사실 일반인들은 자신들이 먹는 동물의 도축 과정에 관심을 가져볼 생각조차 하기 힘든데, 그 이유는 동물의 고기가 소비자에게 전달되는 과정 역시 동물 기업이 법으로 보호받고 있는 비 가시적 특성의 연장선 위에 있기 때문이다. 오히려 이 과정은 사육이나 도축 과정의 은폐성을 넘어 화려하게 치장을 하는 정도의 변이를 거친다. 이를 테면, 광고에 등장하는 소, 닭, 돼지의 이미지는 항상 밝고 즐거우며, 상품 진열대에 깔끔하게 포장된 고기나 소시지를 볼 때 일말의 잔인성이라도 떠올리는 것은 불가능에 가깝기 때문이다. 요컨대 행복한 소, 닭, 돼지가 소비자마저 행복하게 해 줄 준비가 되었을 뿐이다.

이는 육식주의가 별다른 난관 없이 지속해갈 수 있는 중요한 단초를 제공한다. 위에 말한 공장 기업과 판매 환경에서 말끔하게 제거된 '육식의 진실'은 소비자로 하여금 육식을 실행에 옮기는 다섯 가지 인식 과정 중 세 번째를 생략하도록 만들기 때문이다. 즉, 우리는 동물의 살아 있는 실제 모습을 떠올리지 못하는 것이다. 동물 기업 역시 이 같은 사실을 잘 알고 있다. 그래서 그들은 소비자가 살아 있는 동물의 모습을 상상하여 육식을 불편해 하지 못하도록 판매 상품의 작명에도 많은 공을 들인다. 이를 테면, 식탁에 놓인 동물 고기의 명칭을 '닭 사체의 흉곽'이라고 부르는 것보다 '다이어트에 좋은 닭 가슴살'로 표현해야 식욕을 돋우듯 '염소고기 대신 셰브런', '조각낸

소 대신 비프', '돼지 토막 대신 포크', '양 다리 대신 머튼', '도살 대신 가공(혹은, 생산)' 등의 용어로 바꿈으로써 소비자로 하여금 앞에 놓인 육류의 이미지를 동물들의 실제 모습으로부터 격리시킨다.[22] 결국 육식은 당연히 해도 좋은 행복한 일로 소비자들의 인식에 각인되어가는 것이다. 동물은 사라지고 음식만 남기 때문이다.

마지막으로, 셋째, 건강에 도움이 된다고 믿기 때문이다. 위의 두 가지 이유와 함께, 특히 건강과 관련한 이 부분은 사람들로 하여금 '육식은 좋다'는 신념을 훨씬 공고하게 한다. 이는 앞서의 '편안함'이나 '은밀함'의 경우보다 육식하는 사람의 이익을 더욱 직접적으로 대변해주기 때문이다. 그러나 조이가 전하는 미국의 사정은 조금 다르다. 요약하면, 미국에서 유통되는 육류 대부분은 심각한 오염과 질병 위험에 노출되어 있다는 점, 그럼에도 그에 대한 관리 감독 권한이 연방정부에서 동물 기업으로 넘어갔다는 점, 감염된 육류 섭취로 인해 환자가 발생하고 여러 차례 대규모 리콜이 이루어졌음에도 상황은 수십 년째 개선되지 않고 있다는 점, 식육 생산은 세계 최대의 수질 오염원이자 지구온난화를 비롯한 심각한 환경 파괴를 가져온다는 점, 동물 기업의 권력은 이미 정부의 통제 범위를 벗어났고, 그로부터의 피해는 고스란히 소비자가 떠안는다는 점 등이다.[22]

요컨대 육식은 건강에 이로운 것이 아니다. 이는 동물은 물론 그 동물을 먹는 (3억 마리의) 다른 동물, 즉 (미국) 사람에게도 피해를 입히기 때문이다.[23] 인간이 필요로 하는 필수 영양소 3가지, 즉 탄수화물, 지방, 단백질은 비 육식을 통해서도 얼마든지 섭취 가능하다. 이와 달리, 우유, 치즈, 육상 동물, 해상 동물 등의 동물성 식품 섭취는 인간에게 과도한 지방과 단백질을 제공함으로써 여러 가지 건강상의 문제를 유발한다는 것은 주지의 사실이다. 미국의 경우만 해도, 사망률 1위는 비만이며, 이는 동물성 식품의 과도한 섭취에 그 직접적인 원인이 있다. 특히, 육식(혹은, 축산산업)은 지구온난화를 야기하는 최대 단일 요인으로서 홍수와 가뭄, 담수 부족, 삼림 파괴, 해양 동물 고갈 등 지구 생태계에 연쇄적 파괴를 가져오는 심각한 수준의 위험 요소이다.

이 같은 점을 고려하면, 동학 관련 시민단체에서 동학적 식습관에 관심을 갖는 것은 매우 고무적이다. 그것은 다름 아닌, 채식 위주의 소박한 상차림인 이른바 '한울밥'이다.[24] 비록 이 움직임이 동학의 신념 체계에서 비롯되었다는 뚜렷한 증거도 없고, 단지 가벼운 동학적 의미 안에서 건강에 대한 관심으로부터 출발했을 수 있지만, 설령 건강의 측면에만 국한했다 하더라도 이는 건강한 삶을 위해서 뿐 아니라 생태 친화적으로도 매우 적절한 방법인 것만은 틀림없어 보인다.

앞서 언급한 바처럼, 인간 자신의 건강을 위해 동물을 죽어서 먹어도 좋다는 육식주의는 인간중심주의라는 더 큰 신념 체계의 연장선 위에 있다. 그러나 역설적이게도, 인간의 이익을 최우선 순위에 두는 인간중심주의는 인간의 이익을 대변하기보다는 오히려 인간을 비롯한 생태계 전체를 위험으로 몰아가는 것으로 보인다. 요컨대 육식주의라는 신념 체계는 자기 모순적 신념일 수 있다는 점이다. 이는 식습관을 둘러싼 동학적 신념 체계의 모습이 어떠해야 하는지를 강하게 시사해준다. 동시에 이는 인간중심주의의 역설이 결코 드러나지 않는 것이어야 한다는 점 역시 분명히 해준다. 그것은 바로 '반 육식주의(Anti-Carnism)'이다. 육식을 하지 않는 행위는 시천주자(인간)로서 다른 시천주자(생명 일체. 현재의 맥락에서는 동물)를 대하는 더 큰 동학의 신념 체계 안에서 일종의 '당위적 명령'일 것이기 때문이다. 인간중심주의에서 육식주의가 파생되듯 만물존중주의라는 동학의 신념 체계로부터 반 육식주의가 도출되는 것은 필연적이다. 신분차별, 인종차별, 성차별과 마찬가지로 종차별[25] 역시 근본적으로 동일한 차별주의의 변주곡들 중 하나이 며, 이는 동학의 시천주적 존재론에 배치되는 신념 체계이기 때문이다.

3. 생명의 권리와 평등한 생명

지금까지의 논의를 통해 확인할 수 있는 바는, 조이가 경험적 관찰로부터 획득한 반 육식주의의 정당성과 동학의 존재론으로부터 당위적으로 도출 되는 반 육식주의는 공통적으로 인간중심주의의 신화를 거부하는 것에서 출발한다는 점이다. 즉, 전자는 동질의 의식 작용을 하는 존재라는 점에서 인간과 동물은 서로 다를 바 없다는 입장이고, 후자는 시천주자로서 모든 만물은 동질의 존재라는 신념 체계를 갖는다. 물론 인간중심주의가 오히려 인간에게 해를 끼친다는 역설도 빼놓을 수 없다. 실제로 지구에서 벌어지는 거의 모든 생태 문제는 인간만의 특별함을 강조하는 자기중심적 신념 체계 에 기인한다. 지구는 이권 다툼으로 인한 핵전쟁의 위협에도 노출되어 있지 만, 동시에 인간의 '작고 특별한 입' 또한 그에 버금갈만한 위협이 된다.

이제 지구에서 차지하는 인간의 과도한 지위는 사라지고, '인간 입'의 주 된 표적이었던 동물을 이전과는 다른 시각으로 바라볼 필요가 있다. 요컨 대 현행법상 물건에 불과한 동물에게 인간과 동일한 생명으로서의 권리를 부여하는 것이 과연 타당한지의 여부를 따져볼 필요가 있는 것이다. 동학의 경우, 이 문제는 비교적 쉽게 풀린다. 비록 동학공동체의 일상적 삶에 적용 시키려는 시도는 아직 없었지만, 생명의 권리는 동학의 지기일원적 존재론 으로부터 원리적으로 도출되기 때문이다. 다시 말해, 모든 존재는 시천주자 이기 때문이다. 이때 모든 존재는 필연적으로 가장 존귀한 하늘로서의 권리 를 갖는다. 여기엔 인간과 인간 아닌 것의 가치가 각각 다를 수 없다. 존재

자체가 바로 하늘이기 때문이다.

그런데 이 원리를 '입의 문제'에 연결시키면, 이를 동물에 국한한 조이의 경우보다 오히려 복잡해진다. 지기일원론이 지칭하는 시천주자는 생명체인 동물은 물론 비 생명체 모두를 포괄하는 존재 전체이기 때문이다. 따라서 식물은 의식이 없으니 괜찮다는 식의 논의는[26] 가능하지 않다. 이는 생명의 권리에 대해 조이와 최시형 간에 놓인 차이점이기도 하다. 조이의 경우, 동물은 의식을 가진 존재로서 공감의 대상이므로 인간의 식단을 육식 아닌 것으로 제한하면 된다고 믿는 반면, 최시형의 경우엔 식물이 설령 공감의 대상이 아니더라도 이 역시 생명을 해치는 행위일 수 있기 때문이다. 문제는, 그럼에도 시천주자인 인간이 스스로의 생명 유지를 위해 다른 시천주자의 생명을 필요로 하는 것은 생존에 필수적으로 보인다는 점이다.

여기엔 두 가지 선택지가 가능할 것으로 보인다. 하나는, 조이의 제안에 따라 좀 더 현실적인 반 육식주의를 채택하는 것이다. 이는 비록 엄밀한 지기일원론의 관점과는 동떨어진 것이지만, 어차피 동학공동체 내부에선 이 길조차 가본 적이 없으므로 시도 자체가 유의미할 수 있기 때문이다. 다른 하나는, 조이의 제안을 뛰어넘어 가장 동학적인 식습관, 즉 생명을 해치는 모든 경우를 제외한 식단을 채택하는 것이다. 이 경우, 식습관을 둘러싼 동학의 신념 체계는 프루테리언의 그것과 유사해진다. 즉, 동물은 물론 식물의 생명을 해치는 뿌리나 줄기도 제외하고 오직 열매 종류만을 식탁에 올리는 것이다.

물론 양자 모두 가보지 않은 길이기에 단지 상상에 그칠 수밖에 없지만, 시각에 따라 두 선택지 모두 불가능해 보이기도 하고, 다른 한편, 동시에 모두 가능해 보이기도 한다. 이때 식천(食天)의 논의를 살펴보는 것은 유용할 수 있다.[27] 앞서 언급한 '나쁜 고기'를 제외하면 이천식천은 현재 맥락의 동학적 식습관과 관련지어 생각해 볼 수 있는 유일한 대목이기 때문이다. 일단 이천식천은 인간중심주의를 벗어난 개념임이 분명하다. '하늘로써 하늘을 먹는다'는 말에는 존재자들 간에 놓인 상호 의존적 관계의 필연성과 상생의 원리가 함축되어 있기 때문이다.[28]

이천식천에 놓인 철학적 원리들을 잠시 접어두고, 이를 오직 인간의 '먹는 문제'에 국한하여 조명해보면, 얼핏 여기엔 식용 가능한 대상에 제한을 두지 않는 것처럼 보인다. 지기일원론의 관점으로 보면, 식천의 대상도 하늘이고, 동시에 식천의 주체 역시 하늘이기 때문이다. 게다가 식천의 과정을 통해 사라지는 생명은 아무 것도 없다. 단지 다른 형태로 기화해갈 뿐이기 때문이다. 이렇게 본다면, 이천식천은 동물을 포함한 모든 것을 다 먹어도 된다는 의미처럼 들리기도 한다.

그러나 최시형의 제안대로 이를 '사람의 마음에 치우쳐서 보지 않는다면'[29] 그와는 정반대의 의미가 도출될 수도 있다. 사람의 마음, 즉 인간 중심적 시각으로 볼 때 이천식천은 자가당착이다. 인간과 인간 아닌 것, 혹은 '나'와 타자의 구별이 뚜렷한 상태에서 식천의 주체와 대상이 동일한 존재일 수는 없을 것이기 때문이다. 아울러 인간 중심의 시각으로 보면, 식천의 대상이 존재 전체라는 점 역시 이해 가능하지 않다. 이런 논리라면 생존을 위해 섭취 가능한 대상에 인간 종을 제외하는 것은 설득력이 떨어지기 때문이다. 즉, 누구든 생존을 위해서라면 인간을 비롯한 다른 모든 종의 생명을 취하는 행위가 정당화 될 것이기 때문이다.

이와 달리, 인간 중심적 시각을 최대한 떠난 상태로 이천식천을 다시 보면, 이는 세상의 모든 것, 즉 그것이 생명이건 생명이 아니건 상관없이 모든 존재가 하늘이며, 이 하늘들이 서로 어우러져 살아간다는 의미가 된다. 세상의 모든 존재를 하늘로 대하는 마음이라면, 혹은 세상의 모든 존재가 하늘처럼 존귀하다는 인식에 도달할 수 있다면, 그로부터 추론 가능한 삶의 태도는 분명해지는 것으로 보인다. 이를 테면, '동물을 해치려는 마음이 저절로 사라지고', '하물며 낯선 손님이 문지방을 넘어도 하늘로 대하며', '아이를 때리는 일은 상상도 못하고', 심지어 '땅을 밟을 때에조차 조심스런 마음이' 일게 되는 것이다. 그리고 이런 삶의 태도를 가진 사람의 식단이라면, 그것이 동물이든 아니면 식물이든 적어도 생명을 해치고 차려진 식탁이 아닐 것만은 확실해 보인다.

다시 조이의 경우로 되돌아와서, 개나 소, 혹은 돌고래와 같은 일부 동물에게 인간과 동일한 의식 작용이 발견되었다는 사실만으로 동물 전체에게 인간과 동일한 생명으로서의 권리를 부여하는 것은 과연 타당할까? 이에 대한 답변은 모든 동물에게서 의식 작용의 보편성을 담보할 수 있는가의 여부에 따라 달라진다. 다행스러운 것은, 그에 대한 답변은 별도의 논의를 거치지 않더라도 즉시 주어질 수 있다는 점이다. 오늘날 일반적으로 알려진 자연과학의 결과물에 따르면, 모든 동물에게는 서로 간에 질적으로 동일한 의식 현상이 발견되기 때문이다. 요컨대 긍정적인 자극에는 기쁨과 행복으로 해석할 수 있는 반응이, 반대로 부정적인 자극에는 슬픔과 고통을 수반한 반응 양상이 관찰되는 것이다.

이로부터 조이와 동학사상 사이에 놓일 수 있는 공통의 키워드는 바로 생명의 권리라는 점이 좀 더 분명해진다. 동시에 이는 인간과 동물 간에 설정된 관계의 위계가 기존의 상하관계에서 수평관계로 이동해야 한다는 점을 요구하는 것이기도 하다. 요컨대 조이와 동학사상에 드러나는 생명권 주장의 정점은 궁극적으로 모든 생명체, 적어도 인간과 동물 간의 평등을 지시하는 것이다. 즉, 서로의 다름에 관계없이 모든 존재하는 생명체들은 스스로의 삶을 영위해갈 평등한 권리를 갖는다는 점이다. 물론 조이의 신념 체계가 인간과 동물에게 놓인 동등한 권리에 방점을 두는 것이라면, 동학의 생명관은 존재하는 모든 것에 해당하는 것으로서 그 확장성에서 차이를 보인다.

4. 반 육식주의(Anii Carnism)의 의미와 실천 과제

위의 논의를 통해 확인한 육식주의의 배경은 이보다 더 크고 근본적인 인간중심주의라는 신념 체계였다. 동물에게는 인간의 것과 다를 바 없는 생명의 권리가 있을 뿐 아니라 양자는 서로 평등하다는 인식으로의 전환은 인간중심의 신념 체계를 벗어남으로써 비로소 가능했다. 이 지점에서, 조이와 동학사상은 적어도 반 육식주의라는 교집합을 갖는다. 이로부터 이제 반 육식주의가 오늘을 살아가는 우리에게 던지는 메시지는 무엇이며, 또 그에 상응하는 실천 과제로는 어떤 것이 가능한지에 대한 더욱 확장된 논의가 필요해 보인다. 시천주자로서의 동학적 신념은 그 교집합의 범위를 훨씬 넘어설 것이기 때문이다.

우선, 반 육식주의에 놓인 핵심적인 의미는 무엇보다 인간과 동물을 바라보는 인식의 전환, 즉 인간과 동물 사이에 놓인 관계의 재설정을 요구한다는 점에 있다. 현행법에 명시된 바와는 달리, 동물은 더 이상 물건으로 취급되어서는 안 되며 오히려 지구라는 행성을 함께 나누어 쓰는 동등한 권리의 파트너이다. 이는 개나 고양이와 같은 반려동물에만 한정되어서는 안 된다. 다시 말해, 육식주의를 무력하게 만드는 동물 음식에 대한 혐오감은 비단 개나 고양이에 그쳐서는 안 되며, 동물 전체로 확장되어야 한다. 동물은 음식이 아니라는 윤리적 판단이 바로 반 육식주의의 핵심이기 때문이다.

그렇지만 인식의 전환보다 더욱 중요한 것은 바로 '나'로부터의 변화이다. 조이에 비해 월등한 수준의 사상 체계를 갖추었음에도 현재 동학적 의미의 반 육식주의는 시작조차 하지 않고 있다. 그래서 더더욱 한 사람의 변화가 중요하다. 한 사람이 달라지면, 주변이 달라지고, 나라가 달라지고, 결국 천하가 달라질 것이기 때문이다.[30] 주지하는 바처럼, 동학사상의 근본적인 문제의식은 '보국안민'으로 대변되는 사회 참여의 전통에 있다. 이 점에서, 한 사람의 실천, 즉 아는 것을 행동으로 옮기는 개개인의 실천적 행위야말로 동물 역시 인간과 동일한 시천주자임을 확인하게 해줄 것이다. 요컨대 반 육식주의는 '내가 아는' 것이 아닌 '나의 움직임'으로부터 비로소 발현되는 것이다.

물론 동학적 의미의 반 육식주의는 여기에서 한 발 더 나아가야 한다. 즉, 지기의 소산인 존재하는 모든 것들을 소중히 대하는 일상 삶의 수양적 태도를 통해 동물 뿐 아니라 살아 있는 모든 것들에까지 확장된 인식의 전환과 변화가 필요한 것이다. 다만, 이에 대한 심도 있는 논의는 적어도 동물 역시 시천주자라는 지평에까지 스스로의 인식을 이끌고, 그에 따른 실천적 변화를 선택한 다수의 '나들'이 전제된 후에야 비로소 가능할 것으로 보인다. 어떤 형태의 것이든, 변화는 그것이 이루어지기 전까지 항상 불가능한 것으로 간주되기 때문이다.

생명을 가진 존재를 시천주자로 대하는 인식과 태도의 변화가 동학적 반 육식주의에 부여된 핵심적인 의미라면, 그에 상응하는 동학적 의미의 중·장기적 실천 과제는 다음의 두 가지를 생각해볼 수 있다.

첫째, 인구 감소를 위한 노력이다. 인구 문제는 반 육식주의와 관련하여 얼핏 생소해 보일 수 있지만, 실상 현재 드러난 대부분의 문제는 바로 과도한 인구 (증가)에서 그 궁극적인 원인을 찾을 수 있다.[31] 2017년 현재 74억 명의 '사람 동물'을 지구 생태계가 지탱하기에는 역부족이기 때문이다. 인구

과잉 문제는 인간중심주의적 신념 체계가 야기한 대표적 폐해 중 하나에 속한다. 이제 우리가 인간중심주의로부터 벗어나겠다는 것은 곧 인간 중심의 이해관계에서 벗어나겠다는 것을 뜻한다. 이와 달리, 산업화시대 이후 시작된 급격한 인구증가현상은 지구 전체를 오직 인간만의 터전으로 삼고 싶은 인간 중심적 이해관계에서 벗어나지 못했다는 방증이다. 따라서 인구를 줄인다는 것은 곧 인간이 아닌 다른 파트너들과 지구를 공유하겠다는 뜻이며, 이와 동시에 지구 전체의 생태계를 산업화 이전의 지속 가능한 상태로 되돌리겠다는 것을 의미한다.

이 점에서, 단지 육식을 피하는 것만으로 윤리적 생명관을 완성해 가겠다는 기대는 실현되지 않을 가능성이 크다. 이 같은 시도는 매우 중요하지만, 과도한 인구 문제를 남겨둔 채 진행되는 문제 해결 방식은 결코 본질적인 것일 수 없기 때문이다. 요컨대 육식의 폐해가 치명적이 된 근본 원인은 다름 아닌 과도한 인구에 있고, 이로부터 반 육식주의를 실현하는 가장 효과적인 방식 역시 인구 감소에 그 초점을 두어야 할 것이다. 현재 몇몇 정부에서 인구 감소를 현대 사회가 당면한 최대 위험 요소로 간주하는 진단은 자본주의 시장의 프로파간다에 불과하다. 자본주의는 그 자신의 체재 유지를 위해 본성상 끊임없는 성장을 필요로 하기 때문이다. 그러나 명백한 사실은, 지구의 자원은 한정되어 있다는 점이다. 다만, 여기엔 인구 감소를 위한 프로세스가 우리 나라뿐 아니라 전 세계적으로 동시에 추진되어야 하는 어려움이 따른다.

둘째, 동학적 반 육식주의 촉진을 위한 캠페인이다. 마음은 있지만 실행을 주저하는 사람들에게 효과적인 방법 중 하나는 캠페인이다. 이는 다양한 프로젝트나 그룹 토의 등과 병행하여 진행할 수 있다. 공동의 목표를 정해 두고 서로 어려움을 이겨내는 노하우를 나누다보면 생각보다 훨씬 빠르게 설정해 둔 목표에 도달할 수도 있다.

캠페인의 주된 내용은, 예를 들어, 반 육식주의를 지향하는 동학적 식단일 수 있다. 이를 위해 참고할 만한 자료로는 최시형의 「내칙(內則)」이 적절해 보인다. 여기엔 임신 후 임산부가 가려야 할 음식에 대해 서술하고 있는데,[32] 이는 단순히 임산부에게만 해당되는 것이라기보다는 오히려 동학의 정신에 가장 잘 어울리는 식습관을 지칭한 것일 수 있다. 설령 일상의 삶에서 술, 담배와 같은 해로운 것을 하게 되더라도 임신을 하게 되면 이 같은 것을 멀리하게 되는 것처럼, 다시 말해, 비록 어렵더라도 평소에도 역시 해로운 것을 멀리하면 더 좋은 것처럼, 「내칙」에서 최시형이 제안한 것은 그가 판단하기에 가장 이상적인 동학의 식습관일 것으로 추측되기 때문이다.

특히, 육상 동물과 해상 동물 모두를 금하는 이 제안은, 현대적 관점에서 볼 때, 명백한 비건 식 상차림이다. 지방과 화학첨가제의 유혹에서 벗어날 필요가 점점 더 커져가는 오늘날의 식단에 비추어 볼 때, 이는 부지불식 간 우리에게 체화된 서구식 식습관은 물론 동물성 단백질 섭취가 필수적이라는 의학적 편견에서 벗어날 수 있는 좋은 기회이기도 하다.

5. 나가는 말

멜라니 조이에 따르면, 육식하는 행위는 단순한 식습관이 아니라 '육식을 해도 좋다.'는 신념 체계가 작동한 결과이다. 조이의 관점으로 동학공동체의 식습관을 관찰하면, 여기엔 육식에 관련한 아무런 신념 체계가 정립되어 있지 않다. 그럼에도 동학사상에서 육식을 바라보는 신념 체계가 적어도 어떠해야 하는지의 여부는 필수적으로 다루어져야 한다. 동학 존재론의 핵심은 '모든 존재가 지기의 소산'이라는 기본 원리에 귀속되기 때문이다. 더불어 지기일원론이 가리키는 이론적·실천적 의미의 요체는 인간을 비롯한 세상의 모든 존재를 예외 없이 하늘을 모신 존귀한 존재로 간주하는 데에 있기 때문이다.

육식주의는 인간중심주의라는 더 큰 신념 체계의 연장선 위에 있다. 그러나 인간의 이익을 최우선 순위에 두는 인간중심주의는 인간의 이익을 대변하기보다는 오히려 인간을 비롯한 생태계 전체를 위험으로 몰아간다. 즉, 육식주의는 자기 모순적인 신념 체계이다. 이는 식습관을 둘러싼 동학적 신념 체계의 모습이 어떠해야 하는지를 강하게 시사해준다. 동시에 이는 인간중심주의의 역설이 결코 드러나지 않는 것이어야 한다는 점 역시 분명히 해준다. 그것은 바로 '반 육식주의(Anti-Carnism)'이다. 육식을 하지 않는 행위는 시천주자(인간)로서 다른 시천주자(생명 일체)를 대하는 더 큰 동학의 신념 체계 안에서 일종의 '당위적 명령'이기 때문이다. 인간중심주의에서 육식주의가 파생되듯 만물존중주의라는 동학의 신념 체계로부터 반 육식주의가 도출되는 것은 필연적이다.

조이와 동학사상의 반 육식주의는 공통적으로 인간중심주의의 신화를 거부하는 것에서 출발한다. 전자는 동질의 의식 작용을 하는 존재라는 점에서 인간과 동물은 서로 다를 바 없다는 입장이고, 후자는 시천주자로서 모든 만물은 동질의 존재라는 신념 체계를 갖는다. 이천식천의 진의에 부합하는 삶의 태도를 가진 사람의 식단이라면, 적어도 생명을 해치고 차려진 식탁이 아닐 것만은 분명하다. 이로부터 조이와 동학사상 사이에 놓일 수 있는 공통의 키워드는 바로 생명의 권리라는 점이 분명해진다. 조이와 동학사상에 드러나는 생명권 주장의 정점은 궁극적으로 모든 생명체, 적어도 인간과 동물 간의 평등을 지시한다. 즉, 서로의 다름에 관계없이 모든 존재하는 생명체들은 스스로의 삶을 영위해갈 평등한 권리를 갖는다. 다만, 조이의 신념 체계가 인간과 동물에게 놓인 동등한 권리에 방점을 두는 것이라면, 동학의 생명관은 존재하는 모든 것에 해당하는 것으로서 그 확장성에서 차이를 보인다.

생명을 가진 존재를 시천주자로 대하는 인식과 태도의 변화가 동학적 반 육식주의에 부여된 핵심적인 의미라면, 그에 상응하는 동학적 의미의 실천 과제는, 첫째, 인구 감소를 위한 노력이다. 우리가 인간중심주의로부터 벗어나겠다는 것은 곧 인간 중심의 이해관계에서 벗어나겠다는 것을 뜻한다. 따라서 인구를 줄인다는 것은 인간이 아닌 다른 파트너들과 지구를 공유하겠다는 뜻이며, 이와 동시에 지구 전체의 생태계를 산업화 이전의 지속 가능한 상태로 되돌리겠다는 것을 의미한다. 둘째, 동학적 반 육식주의 촉진을 위한 캠페인이다. 이의 주된 내용은, 예를 들어 반 육식주의를 지향하는 동학적 식단일 수 있다. 육상 동물과 해상 동물 모두를 금하는 이 제안은, 현대적 관점에서 볼 때, 명백한 비건 식 상차림이다.

생명의 권리를 촉진하기 위한 일련의 동학적 윤리 기준들이 마련될 수 있다면, 이의 큰 방향은 무엇보다 협소한 인간중심주의를 벗어난 만물 간 평등을 지향하는 것이어야 할 것이다. 이는 동학사상에 동의하는 모든 이에게 해당되는 윤리적 의무이자 책임이다. 그리고 이를 위한 실천은 우리 식탁에서 '동물의 사체들'을 걷어내는 것으로부터 시작한다.

동학으로 인해
근대적 인간의 가능성이 열리다*

김 영 철
동국대학교 파라미타칼리지 교수

1. 들어가는 글

우리 사회 전반에 대하여 반성하고 의식하는 삶에 대하여 고민토록 하고, 기존의 낡고 구태한 사회를 부정하는 삶을 가능케 한 사상이 바로 수운 최제우에 의해 창도된 동학이다. 동학은 기존의 사회를 단순히 부정하는 사상이 아니다. 그 보다는 자신의 삶을 의식하고 자각하는 것으로부터 사회의 질서나 이데올로기를 성찰하고 반성할 것을 요구한다. 그리고 더 나아가서 각 개인이 개혁의 주체로서 능동적이며 자유롭게 행동하고 실천할 것을 강조한다. 이러한 행동하고 실천하는 삶은 곧 보편적 인간이 자기 자신의 삶을 스스로 이끌고 나아가는 주체적인 새로운 존재로서의 인간이 될 것을 요구하는 것이다.

주체적이며 능동적인 새로운 존재로서의 인간이 되기 위해서는 하나의 절대적인 전제가 주어져 있다. 모든 인간은 스스로 자신의 존재를 깨달아야 한다는 사실이다. 이를 위해서는 먼저 인간 스스로가 자신의 존재를 대상으로 놓고 정립할 수 있어야 한다. 이는 곧 반성과 성찰을 통한 자기 존재에 대한 의식행위이자 자각행위를 뜻한다. 그리고 이러한 행위에 의해 인간은 자신의 근원과 내면에 숨겨진 참된 모습으로서의 자아 혹은 의식 자아를 보게 된다. 물론 이러한 자각은 그저 되는 것이 아니다. 일종의 거리두기란 작업이 필요할 수도 있다. 즉 나를 올바로 인식 혹은 의식하기 위해서는 나의 내면을 대상화하는 작업이 필요할 것이다. 의식하는 나와 의식되는 나 자신이 서로 분리되기 위해서는 서로 간의 일정 정도의 거리가 필요하다는 뜻이다. '나'라는 존재를 의식 주체와 의식 대상으로 분리하는 작업을 거리두기라는 표현으로 대체할 수 있다는 것이며, 그것은 또한 나를 객관화하여 나의 존재를 의식하고 파악하는 것을 의미한다는 것이다. 그리고 이러한 작업을 통해 인간 존재는 의식 혹은 의식 존재가 되며, 더불어 올바른 인간 존재성이 자기 스스로에 의해, 즉 자각된다.

올바른 인간 존재성의 자각이 곧 동학의 근본 테제는 아니다. 수운이 창도한 동학의 근본 테제는 인간 존재성의 자각이라고 표현하기 보다는 내 안에 모시고 있는 천주 한울님을 깨닫는 것이 선행되어야 한다. 천주 한울님을 내 안에 모시고 있다는 가르침을 주체적으로 이해하여 자각하며, 자각한 시천주의 깨달음을 능동적으로 행동하고 실천하는 것이 바로 수운에 의해 창도되고 해월과 의암에 의해 계승된 동학의 근본정신인 것이다. 이러한 근본정신을 자각하는 것으로부터 올바른 인간 존재성에 대한 자각이 가능하다고 볼 수 있다.

수운 최제우의 시천주의 정신은 '사람을 하늘같이 섬기라'는 해월 최시형의 사인여천(事人如天)의 사상으로 발전했다. 그리고 의암 손병희가 천도교로 재편하면서 종지(宗旨)로 내세운 '사람이 곧 하늘이라'는 인내천(人乃天) 사상으로 완성되었다. 이러한 사상적 발전 과정, 즉 먼저 내 안에 모셔져 있는 천주 한울님을 자각하고, 다음으로 그것이 단지 나에게만 모셔져 있는 것이 아니라 모든 보편적 인류도 똑같이 한울님을 모시고 있는 존재임을 인식하여 다른 모든 사람들을 한울님처럼 대할 것, 즉 실천적으로 행위하며, 그러한 주체적이며 능동적인 실천적 행위로부터 모든 사람, 즉 보편적 인류, 모든 인간이 곧 하늘이라는 것을 깨닫게 된다.

어느 특정 신분 계층이나 특정 민족만을 하늘과 같은 존엄한 존재로 보지 않고 모든 인간, 즉 보편적 인류를 다 같이 자유롭고 평등하며 또한 존엄한 존재로 보는 것은 인간을 새로운 시각에서 보는 것이기도 하지만 인간 스스로의 삶을 정체된 것으로 보지 않고 역동적으로 발전해 가는 것으로 만드는 계기를 제공하였다. 이는 인간이 더 이상 누군가 혹은 어떤 시스템에 종속되어 기계적으로 삶을 영위하는 노예와 같은 존재로 두지 않고 자유롭고 능동적으로 자신의 삶을 이끌고 나아가는 주인으로서의 삶을 가능하게끔 하였다. 이는 스스로에 무지하여 자신을 자각하지 못하고 있었던 인간 존재를 일깨우고 자기 삶의 주인이 되도록 하는 결정적인 계기 혹은 가능성을 제공한 것으로 볼 수 있다. 이러한 계기 혹은 가능성을 제공한 사상이 곧 수운 최제우의 동학 창도 정신인 시천주(侍天主)의 사상이며, 그것을 실천하고자 노력하는 것이 바로 해월 최시형의 양천주(養天主) 사상이었으며, 그러한 사상이 동학의 이념으로 상징화 되어 표현된 것이 바로 '사람이 곧 하늘'이라는 의암 손병희의 인내천(人乃天) 사상이었던 것이다. 이 논고의 목적은 근대적 인간이란 무엇인가라는 논의에 천착하면서 동학사상에 나타난 인간의 모습이 자신을 의식하고 부정할 수 있으며, 그것으로부터 더 이상 수동적인 존재가 아니라 자신의 삶을 능동적으로 이끌어가는 새로운 인간 존재로 탄생하는 문제를 탐색한다.

2. 근대적 인간의 계기

새로운 세상 혹은 새로운 삶에 대한 기대는 평범한 사람들의 삶을 역동적으로 만든다. 그렇다면 '새로움'이란 단어에 숨겨져 있는 의미는 무엇일까? 아니 적어도 평범한 우리들, 즉 사람들이 생각 혹은 추구하는 뜻으로서 '새로움'이란 무엇일까? 도대체 무엇이기에 사람들을 역동적으로 만들고 또한 살아가게 하는 것일까? '새로움'의 반대어로는 낡음 혹은 익숙함 아니면 오래됨, 뒤떨어짐 등등을 생각해 볼 수 있을 것이다. 하지만 우리가 새로움 혹은 새로운 것을 추구하고 그것을 위해 역동적인 삶을 영위해 나가는 것은 기존의 것에 대한 벗어남 혹은 변화를 추구하는 열망과 관련이 있지 않을까? 이는 어쩌면 기존의 삶을 부정하고 미래의 새로운 삶에 대한 기대를 드러내는 것과 연관이 있지 않을까? 기존의 삶에 대한 부정이 새로운 삶에 대한 희망으로 표출된 것으로 볼 수 있다는 것이다.

기존의 삶에 대한 부정은 어쩌면 유명 철학자들의 트레이드마크일지도 모른다. 소크라테스는 자신의 삶을 부정하는 것으로부터 시작하는 유명한 언명인 "너 자신을 알라"고 말했다. 서양 중세기의 대다수 철학자나 그리스도교 신학자들도 자신의 무지함을 인정하면서 동시에 인간 삶이나 지식에 대한 갈망을 드러내고 있다. 말하자면 자신이나 인간 존재의 무지함에서 벗어날 수 있는 것을 갈망했다. 그러한 것들이 때로는 신의 은총, 즉 신의 선물(gratia data) 등으로 표현되기도 했지만, 분명한 것은 자신을 부정하는 것으로부터 시작하여 새로운 삶에 대한 열망의 표출 방식이었다는 점이다. 물론 일군의 서양 고대와 중세 사상가들은 부정신학이라는 방법을 통해 인간의 궁극적인 목적[1]에 도달코자 하기도 했다. 근대나 현대의 철학자들 또한 크게 다르지 않았다. 그 가운데서도 주로 실존주의 철학 경향에서 삶에 대한 강한 부정이 강조되었고, 포스트모더니즘에서도 기존 삶이나 질서 그리고 기존의 이데올로기 등을 부정하고 또한 벗어나고자 하는 경향이 강하게 나타났다. 예컨대 니체는 『우상의 황혼』에서 기존 삶이나 우상에 대한 부정으로부터 새로운 시대가 열릴 것임을 강조했다. 이는 곧 사르트르의 부정과도 그 의미를 같이 한다. 예컨대 사르트르의 즉자존재(être-en-soi)는 무의미로서의 결핍을 뜻한다. 이는 단순히 없음을 의미하는 것이 아니다. 존재, 즉 있지만 아무런 의미 없이 그저 존재하고 있을 뿐이다. 그저 누구도 보지 않는 하나의 꽃으로만 존재할 뿐이다. 여기서는 있음과 없음조차도 말해지지 않는다. 왜냐하면 무(無)조차도 누군가 혹은 어떤 것에 의해 의미, 즉 필요한 계기가 주어질 때 가능한 것이기 때문이다. 말하자면 부정의 계기 혹은 부정할 때에 가능한 것이다. 하지만 이러한 즉자존재도 무(néant) 혹은 부정하는 것에 의해 의식존재 혹은 의미존재인 대자존재(être-pour-soi)가 될 수 있다. 말하자면 어떤 것에 의해 부정될 때 그 존재는 무 혹은 대자존재로서의 의미를 갖는다는 것이다. 부정에 의해 자기 삶에 대한 희망이나 의미를 갖게 되는 것이다. 이처럼 부정하는 것은 삶이나 다른 어떤 것에 새로움을 가져다준다고 할 수 있겠다. 어쩌면 부정이라 함은 철학적 사유의 일환으로 생각해도 되겠다.[2]

부정하는 것이 인간 자기 삶에 대한 사유이자 그러한 사유에 의해 자기 자신, 즉 자기 존재에 대한 깨달음 혹은 깨달음의 계기라고 본다면, 부정하는 것으로부터 인간은 진정한 자아, 즉 자기의 삶을 영위하고 이끌어 나가게 된다. 인간은 이 시점에서부터 자기 삶의 주인이 된다. 이는 곧 나를 나의 의식 속에 정립하는 것을 뜻하기도 한다. 내가 나를 대상으로서 의식할 때에 비로소 나는 자아를 깨닫게 된다는 것이다. 그래서 사르트르는 "코기토는 의식을 향하고 있는 의식을 통해 생겨난다."[3]고 말했다. 내가 나의 의식을 대상으로 정립하는 행위를 뜻한다. 우리는 사르트르의 이러한 말을 성찰 혹은 반성이라고도 표현한다. 이처럼 성찰하고 반성하는 존재로서의 인간은 자기 삶의 주인으로서의 역할을 수행하게 된다. 이러한 인간, 즉 자기 삶의 주인임을 깨닫게 되는 인간은 새로운 존재로서의 인간을 뜻한다.

그렇다면 우리 사회에서는 언제 이러한 새로운 존재로서의 인간이 탄생했을까? 분명 이러한 새로운 존재, 즉 부정할 수 있는 인간, 자신을 의식하는 존재로서의 인간을 깨닫기까지는 오랜 기간이 소요되었다. 이는 오랫동안 신분질서와 남녀의 차별이라는 봉건 사회적 이념에 지배되어온 우리 사회, 봉건적 사회에서의 인간이라면 더욱 그러했을 것이다. 하지만 이러한 전근대적이고 봉건적인 세상에 사는 우리 인간들에게 자신을 자기 삶의 주인으로 만들어준 사상이 등장했다. 말하자면 기존의 질서를 부정하고 자신의 존재를 의식하고자 하는 생각이 등장한 것이다. 이러한 사상은 기존의 사회를 단순히 개혁하고자 하거나 혁파하고자 하는 것이 아니었다. 기존의 사회나 질서에 대한 질문이었다. 말하자면 이 사회는 올바른 사회인가? 이 사회에서 우리는 행복한가? 행복하지 않다면 그 원인은 무엇인가? 등에 대한 인간 삶에 대한 궁극적인 질문이었다. 새로운 존재로서의 인간이라면 이 사회에서 자신이 주인이고자 하는 생각이 필요하다. 이 사회에서의 자기 존재에 대한 의식 혹은 자각이 필요한 것이다. 이는 곧 이 사회 자체에 대한 질문이기도 하지만 이 사회에서 살아가는 자기 자신에 대한 성찰이자 반성이기도 하다. 이러한 반성은 자신을 이 사회의 중심에 두고 자신을 바라보게끔 하는 계기가 된다. 이는 곧 사르트르가 말하는 즉자존재가 아니라 자신을 의식하는 의식 존재로서의 대자존재로서의 위상을 갖는 것을 의미한다. 스스로가 반성하거나 성찰하지 않으면 자신에 대한 변화가 없다. 이는 곧 기존의 삶을 그저 수동적으로 받아들이거나 자신의 삶을 포기하고 타자의 삶만을 영위할 뿐이다. 이러한 삶을 서양의 실존주의 사상, 예컨대 사르트르는 "반성되지 않는 사유는 반성되면서 근본적인 변화를 겪는다. (...) 이 변화의 본질은 나의 등장이 아닐 것인가? (...) 반성되지 않은 영역에는 '나'가 없다."[4]라고 표현했다. 이렇듯 새로운 존재로서의 인간은 자기 스스로를 반성하고, 반성하는 자신마저도 주체적이고 능동적으로 성찰하여 반성하는 존재인 것이다.

3. 동학사상 속에 나타난 근대적 인간의 계기

동학은 조선 후기의 우리 사회를 비판적인 시각에서 바라보면서 올바른 인간의 삶에 대하여 우리 사상에서 최초로 고민하고 성찰한 결과 생성된 사상이다. 수운 최제우는 기존의 사회가 지니고 있던 불합리한 부분의 결정적이 요인으로 인간의 비근대성을 찾았다. 이는 인간의 자신의 존재에 대한 반성 혹은 성찰의 결핍으로 인해 발생된 것으로 생각했다. 자기 존재에 대한 무지는 곧 자신을 하찮은 존재로 정립하는 결과를 초래했다. 그리고 그러한 결과로 인해 실제로 존엄하고 고귀한 존재로 대우 받거나 평가 받아야 하는 대다수의 인간들이 소수의 기득권층과 불합리한 사회질서, 즉 당시의 봉건적 제도에 의해 수탈당하고 고통에 시달리는 상황에 처하게 되었다. 하지만 수운은 이러한 불합리하고 불평등한 상황에 처해있는 사람들에게 자신의 존재를 스스로 깨우칠 것을 가르치면서, 그 방법을 제시했다. 자신의 존재를 깨우치라는 것은 기존의 인간 존재 전반에 대한 반성과 성찰을 요구하는 것이었다. 더 이상 주어진 상황에 수동적으로 대처하거나 받아들이지 말 것을 당부하면서, 모든 인간이 존엄한 존재로서 자유롭게 평등하게 살 권리가 있음을 피력했다. 그리고 그러한 것을 자기 스스로 의식하고 깨우쳐야 함을 강조했다.

자신의 존재를 깨우치면서 그에 합당한 삶을 영위하는 것은 단지 한 개인의 문제만이 아니다. 올바른 삶은 기존 사회의 불합리한 질서와 잘못된 이데올로기를 수정하고 바로 고치는 일련의 작업과도 연계되어 있다. 인간 존재에 대한 올바른 인식은 곧 그 사회 전반에 영향을 끼치게 되고, 그것으로 인해 사회는 모순과 부조리에서 벗어나는 계기를 얻게 된다는 것이다. 근대적 인간이란 바로 이 지점에서부터 출발한다. 먼저 자기를 올바로 의식하여 인식하고, 그것이 단지 자기 개인의 인식이나 문제에 그치지 않고, 보편적 인류에 다 적용되는 문제임을 깨닫게 될 때 비로소 가능한 것이다. 그리고 그것을 주체적이며 능동적인 행위나 행동으로 실천하는 것에서 출발하는 것이다. 이는 곧 더 이상 수동적인 존재가 아니라 자기 자신의 삶을 스스로 이끌고 나아가는 주체적인 존재로서의 인간, 즉 새로운 존재로서의 인간을 요구하는 것이다. 그리고 이러한 인간, 즉 근대적 인간이 될 것을 수운이 창도한 동학에서는 요구하고 또한 강조하는 것이다.[5]

사실 '근대적 인간이란 무엇인가'에 대한 논의는 근대성이란 개념과 더불어 다양한 관점에서 가능하다. 우선 사전적 정의에 따르면 근대성이란 근대의 특질을 표현하는 용어로서 봉건적이거나 전제적인 면을 벗어난 성질이나 특징을 뜻한다.[6] 그렇다면 반봉건적이며 반전제적인 것이 곧 근대적인 것이며, 그러한 모습이나 행위를 하는 사람이 바로 근대적 인간에 부합할 것이다. 말하자면 동학에서의 근대성이란 조선 후기 당시 평민이나 노비 계층인 민중에게 급속하게 확산되던 저항정신을 생각할 수 있다. 이는 조선 후기의 부패한 양반지배계층과 외세의 침략에 대한 피지배계층과 민족의 반외세적 저항정신으로 나타났다. 이러한 피지배계층이나 민족의 반외세적 저항정신은 당시 사회의 근본적인 문제와 그로 인한 민중의 고통을 해소하는 근대적 의식으로 발전되었다. 이는 주어진 현실을 정확하게 직시하고 그에 따른 제반 문제의 원인을 정확하게 깨닫고 해결하고자 하는 의지의 표출로 나타났다. 이러한 근대적 저항정신의 발로는 동학의 민족의식 고취사상과 인간평등사상에 근간을 두고 있었다.

정치사회학적인 측면에서 뿐만 아니라 동학을 철학적인 관점에서 볼 때에도 가장 주요한 개념은 인간평등사상의 근간이 되는 인간존중사상이다. 말하자면 인간, 즉 보편적 인간에 대한 존중의식에서 바로 인간, 즉 모든 인간에 대한 평등사상이 가능한 것이다. 그렇다면 인간존중사상의 핵심은 무엇인가? 모든 인간은 존엄한 존재로서 그 어떤 것의 수단이 될 수 없다. 말하자면 어떠한 경우에도 수단이나 도구로 이용되어서는 안 되는 존재, 자체로서 본질적인 존재임을 뜻한다. 이는 서양 근대철학의 거장인 칸트의 인간에 대한 정의에서도 잘 드러난다. 예컨대 칸트는 『실천이성비판』에서 "인간을 항상 목적으로 대우하고 수단으로 대우하지 말라"고 주장한다. 또한 『실용적 관점에서의 인간학』에서도 다음과 같이 인간 존재의 존엄성에 대하여 말한다.

인간의 교육을 나타내는 모든 문화적 진보는 획득된 지식과 기술을 세상에서 사용하려는 것을 목적으로 한다. 그러한 지식과 기술이 적용될 수 있는 문화의 가장 중요한 대상은 바로 인간이다. 왜냐하면 인간은 자기 자신의 궁극적 목적이기 때문이다. 자신의 종에 따라 이성을 부여 받은 이 지상의 피조물로서 자신을 알아차리는 것은, 비록 그가 이 지상의 피조물들 중에 단지 하나의 피조물이라 하더라도, 세계에 대한 지식이라고 불려질 만한 값어치가 있다. 인간에 대한 지식을 담고 있는 체계적인 학설(인간학)은 생리학적 관점이나 아니면 실용적 관점에서 주어질 수 있다. 인간에 대한 생리학적 지식은 자연이 인간을 무엇이 되게 하려는가의 탐구를 목적으로 하는 반면에 인간에 대한 실용적 지식은 자유롭게 행동하는 존재로서의 인간이 자신에 대해서 이루고, 이룰 수 있고, 이루어야 하는 것에 대해서 조사하는 것을 목적으로 하고 있다.[7]

이는 인간 삶의 궁극적인 목적은 자신의 의지에 따른 삶을 영위하는 것을 의미한다. 그리고 이러한 삶을 통해 인간이 행복해지기 위해서 인간 스스로는 항상 자신을 귀하고 존엄한 존재로 여기면서 살아야 함을 강조한다. 이는 곧 능동적이며 주체적인 삶을 스스로 이끌어가는 것이 중요하지, 절대로 수동적이고 도구적인 삶을 살아서는 안 됨을 뜻하는 것이다.

이러한 인간 존재의 존엄성을 극단적으로 강조한 것이 바로 동학사상의 근간인 수운의 시천주(侍天主) 개념이다. 시천주의 의미는 사람 안에 모셔져 있는 한울님을 스스로 깨닫는 것이다. 이러한 깨달음을 위해서는 자신을 성찰하고 반성하는 행위로서의 수련이 반드시 필요하다. 그리고 그에 대한 결과로서 내 마음이 곧 천주인 한울님의 마음과 다르지 않다는 것, 즉 오심즉여심(吾心卽汝心)을 깨닫게 되는 경지에 오른다. 하지만 수운의 시천주 개념을 깨닫기 위해서는 자신의 존재를 의식하는 작업이 반드시 필요하다. 이는 앞서 언급했듯이 내가 나를 대상으로 나의 의식 속에 정립하고, 그 정립된 나를 내가 의식하는 것에 의해 비로소 나 자신에 모셔져 있는 천주인 한울님을 깨닫게 된다는 의미이다.

수운은 도(道)를 깨달은 경신(庚申)년 사월부터 다음해인 신유(辛酉)년 유월까지 1년이 넘게 자신이 체험한 도를 성찰하는 과정을 거쳤다.[8] 이는 자신의 깨달음을 대상으로 놓고 다시금 스스로 의식하는 작업을 수행한 것이다. 이러한 성찰과 반성하는 과정을 거쳐 시천주라는 인간존중의 핵심 개념을 정립하고, 이를 통해 사람들의 무지함을 깨우치고 근대적인 인간, 즉 스스로의 삶을 이끌고 나아갈 수 있는 인간, 자기를 의식함에 의해 부정할 수 있고, 더불어 사회를 주체적으로 생각하고 부정할 수 있는 인간이 될 수 있는 가능성을 제공하였다. 이러한 가능성은 인간을 새로운 존재로 격상시키는 역할을 했다. 달리 말하면 인간과 한울님과의 관계를 새롭게 설정하고 정립하여 더 이상 인간이 어떤 것의 수단이나 도구화되는 존재로 평가되지 않고 자기 스스로를 주체적이고 본질적인 존재로 의식하는 단계로 올라가게끔 했다는 것이다. 이것은 수운의 시천주 가운데 시(侍), 즉 모심이 지닌 세 가지의 의미에서도 알 수 있다. 모심은 내유신령(內有神靈)과 외유기화(外有氣化) 그리고 각지불이(各知不移)의 의미를 갖는다. 내유신령은 모든 인간이 자기 안에 신령한 영(靈)을 모시고 있다는 의미이다. 이는 나의 마음속에 정립되어 있는 나의 존재를 의식하고 자각하는 것을 뜻한다. 그리고 외유기화란 인간이 밖으로 우주적(宇宙的) 기화(氣化) 작용을 통해 살아가고 있는 존재임을 의미하는데, 이는 '나'라는 존재가 그저 수동적으로 외부의 세계와 관계하면서 사는 존재가 아니라 능동적이며 주체적으로 우주의 모든 존재와 소통하며 살아가는 것을 말한다. 각지불이는 내가 주체적이고 능동적인 삶을 영위해야 하는 존재임을 깨달았다면 그것을 실천해야 함을 강조하는 것이다. 내가 나를 대상으로서 의식하고 깨닫게 될 때 비로소 나는 더 이상 수동적이고 어떤 존재의 대상이 되지 않고 주체적으로 자신이나 자신의 삶을 이끌고 나아가는 삶을 실천하게 됨을 뜻하는 것이다. 이렇듯 수운의 시천주 사상에는 세상에 놓여 있는 인간 존재, 즉 나를 단순히 수동적으로 받아들이고 비주체적인 삶을 영위하는 것이 아니라 언제나 자신을 스스로의 의식으로 대상화하여, 즉 부정하는 삶을 통하여 새로운 인간 존재로 격상하는 삶, 즉 주체적이고 능동적으로 자신을 항상 새롭게 의식하고 행동하는 삶을 영위토록 하는 계기가 주어져 있다.

서양의 인간론과 달리 동학에서의 근대적 인간은 조화정(造化定)의 개념으로 설명할 수 있다. 말하자면 인간은 스스로 깨달음 얻게 되면, 즉 시천주를 자각하면, 그로부터는 저절로 한울님과 같은 조화로운 삶을 영위하게 된다는 것이다. 달리 말하면 인위적으로 하지 않아도 저절로 된다는 의미이다. 이는 본질적으로 인간 존재와 천주인 한울님이 둘이 아니라 하나라는 것을 뜻한다. 하지만 서양의 인간론은 인간과 절대자를 하나의 존재로 보지 않는다. 인간 존재는 끊임없이 자신의 근원인 절대자를 찾고자 노력하는 존재이며, 그것으로부터 자신의 진정하고도 자유로운 삶을 영위한다. 끊임없는 구도의 길에서 스스로의 삶을 이끌고 가는 존재의 모습이다. 절대자와의 일치 혹은 합일이 중요한 것이 아니라 절대자로부터 자신이 나왔고, 절대자와 동일한 삶을 영위하는 것이 중요하다고 생각한다. 그러기 위해 인간은 항상 스스로 자신의 삶을 인식하고 올바르게 영위하고자 노력해야 한다. 그리고 그러한 인간 존재의 모습은 어떤 것에 구속받거나 수단이나 도구로 전락하여 수동적인 삶을 영위하지 않고 항상 자기 삶의 주인으로서 자신의 현상황을 의식하고 또한 행위로서 실천하는 삶을 이끌고 나아간다. 이러한 논의가 바로 동학의 본주문인 '시천주조화정(侍天主造化定) 영세불망만사지(永世不忘萬事知), 즉 한울님을 내 안에 모시고 있다는 것을 깨달아 그 한울님의 조화의 덕에 내 마음을 합하고 정해서 영원토록 잊지 않겠사오니 만사를 다 깨닫게 하옵소서'라는 의미에 들어 있다. 특히 '영세불망만사지'는 한울님에 대한 깨달음, 즉 내가 한울님을 모시고 있는 신령한 존재임을 한순간도 잊지 않을 때 만사(萬事)를 알게 되고 올바른 행위를 하게 된다는 것을 뜻한다.[9]

동학은 본주문인 '시천주조화정영세불망만사지'를 통해서 근대적 인간으로서의 삶을 영위할 가능성 혹은 계기를 갖게 됨을 가르치고 있다. 시천주(侍天主), 조화정(造化定), 만사지(萬事知)의 시(侍)·정(定)·지(知)의 개념에서도 잘 드러난다. 시(侍)는 실제로 경험함에 의해 참된 시천주의 의미를 알게끔 하는 모심의 길을 보여주는 것으로서, 일종의 주체 자각, 즉 적극적 자기 주체를 발견하는 과정 혹은 길을 뜻한다. 하여 시천주의 시는 자신에 내재하는 참된 주체로서의 자기를 발견해 나가는 것이다. 정(定)이란 시천주의 깨달음을 확고하게 정립하는 것을 뜻하며, 이때에 비로소 내가 내 안에 있는 한울님을 온전하게 깨달아 받아들이게 되며, 이로 인해 나는 이전의 나보다 더 큰 존재성을 지니게 되며, 한울님과 같은 존재로서의 삶을 살게 된다. 이러한 의미에서 수운은 "정(定)이란 것은 한울님의 덕에 합하고 그 마음에 내 마음을 합치시키는 것이다"[10]라고 하였다.[11] 지(知)는 천지만물을 깨닫게 되는 것의 단계를 말한다. 다. 즉 대도견성(大道見性), 또는 견성각심(見性覺心)의 단계를 의미한다. 이러한 단계에 들어서면 인간이 진정한 자유와 자신의 삶을 주체적으로 이끌고 가는 존재로 새롭게 정립된다. 이때부터 인간은 누군가에 종속되지도 않고 도구적인 존재에서도 벗어나 존엄하고도 고귀한 한울님과 같은 존재성을 지닌 존재로 새롭게 탄생하게 된다.

동학의 인간존중사상은 단지 인간을 천주인 한울님과 같이 고귀하고 신령한 존재로 자각케만 한 것이 아니다. 자각과 더불어서 실천을 동반토록 한 지행합일의 사상이다. 말하자면 인간 자신이 존엄하고 주체적인 존재임을 깨닫는 것에 그치는 것이 아니라 그에 준하는 실천적 행위가 또한 중요함을 강조하는 것이다. 실천적 행위는 단지 내가 주체적인 삶을 영위하는 것을 뜻하지는 않는다. 다른 인간, 즉 남녀노소를 포함한 모든 인간이 자유롭고 존엄한 존재임을 알고, 더불어 그러한 존재로서 대우할 것을 말한다. 그래서 수운이나 해월 등은 실제로 모든 인간을 평등하고 고귀한 존재로 대우하며 실천하였다. 예컨대 해월은 가부장 중심의 유교사회에서 소외된 여성이나 어린이도 존엄하고 평등한 존재임을 말하고 몸소 실천하였다. 그는 "부인이 한 집안의 주인"[12]이며, "어린아이도 한울님을 모셨으니 아이를 때리는 것은 바로 한울님을 때리는 것이다"[13]라고 하여 그들도 존엄한 존재임을 강조하였다. 또한 해월은 남편과 부인은 복종의 관계가 아니라 서로 화

순하기를 힘써야 하는 평등하면서도 상보 관계임을 '부화부순(夫和婦順)'의 설법을 통하여 강조하기도 하였다.

4. 나가는 글

근대적 인간이란 스스로가 존엄하면서도 자유로운 삶을 주체적이고 능동적으로 이끌고 나가는 존재로 보았다. 이는 자기를 부정하는 삶의 태도를 가질 때 가능한 것이었다. 여기서 부정하는 것이란 자신을 대상으로 놓고 성찰하고 반성하는 일련의 의식 과정을 뜻했다. 스스로를 반성적으로 의식하여 기존의 수동적이고 부차적인 존재로서의 삶에서 벗어날 것을 말하는 것이다. 이러한 주체적이고 능동적인 존재로서의 삶은 완전히 새로운 인간의 탄생을 뜻한다. 동시에 사회 전반을 새롭게 개혁하는 계기를 만드는 것이기도 하였다. 말하자면 진정한 의미의 근대를 탄생토록 하는 역동적인 인간의 탄생인 것이다.

주체적이며 자유로운 존재에 대한 논의는 서양 근대 사상을 거쳐 특히 현대의 실존주의 경향에서 잘 나타났다. 실존주의 경향의 사상가들이 갖는 공통점은 현실 세계에 대한 깊은 고민이었다. 그리고 이러한 고민은 세상의 부조리에 대한 고발이었고, 부조리한 세상에서 고통 받는 보편적 인류의 고뇌를 대변하는 것이기도 하였다. 세상에서 버림받은 존재로서의 고통인 소외감, 기계적인 시스템에 의해 조종되고 수동적으로 무의미한 삶을 지탱하고 있는 존재로서의 상실감 그리고 이러한 것들에 점차적으로 익숙해지고 있는 존재로서의 무력감 등에 대한 비판적 정신의 발로였다. 아마도 이러한 고민이나 고뇌가 바로 근대적 인간을 탄생케 했을 것이다. 자신을 부정하는 삶의 태도가 새로운 미래, 더 이상 인간 존재가 수동적이지 않고 자신의 삶을 긍정하면서 미래를 향해 자신을 던지는 새로운 존재이자 근대적 인간으로서의 삶을 가능하게 하였을 것이다.

동학의 사상에서도 이러한 새로운 존재이자 근대적 인간으로서의 삶을 가능케 하는 계기들을 발견할 수 있었다. 이는 곧 수운의 시천주로부터 출발한 인간 존재에 대한 새로운 위상 정립과 실천적으로 행위를 하는 것이었다. 동학에서는 인간 스스로의 자각에 의한 자신의 위상을 새롭게 정립하는 데에서 그쳐서는 안 됨을 보여준다. 내가 새로운 존재 위상을 갖는다면, 다른 인간, 즉 보편적 인간 모두 새로운 위상으로서의 존엄하고 자유롭고 주체적인 존재임을 알고 그렇게 대하고 대우할 것을 요청한다. 자각에 실천적 행위가 수반되지 않는다면 참된 의미의 시천주에 대한 자각, 즉 천주인 한울님과 같은 존재임을 깨닫지 못한 것으로 보는 것이다. 진정한 의미의 근대적 인간은 사인여천의 정신을 담지하고 실천하는 것이다.

강원도 원주
동학농민혁명유적지

출처: 동학농민혁명기념재단의 협조로 〈동학농민혁명 유적지 및 기념시설 현황조사-원주〉
의 일부를 발췌함.

원주 송골 최시형 피체지

강원도 원주시 호저면 고산리 342-8

　천도교 제2대 교주인 해월(海月) 최시형(崔時亨)은 1827년 3월 21일(양 4월 16일)에 외가인 경주 동촌 황오리(현재 황오동 229번지)에서 태어났다. 아버지는 최종수(崔宗秀), 어머니는 월성(月城) 배씨(裵氏)였다. 6세 때 모친상을 당한 후 계모를 맞았다. 19세에 손씨 부인과 결혼하기 전까지 영일군 신광면(神光面) 기일(基日, 터일)에서 살았으며, 12세에 그의 부친이 돌아가시기 전까지는 서당에 다니며 초급 한문을 수학하였다.

　부친 사후 계모 정씨는 어디로 떠나버렸고 누이동생은 먼 일가로 가서 의탁하였고, 최시형도 곧 먼 친척집으로 가서 머슴살이 일을 하다가 17세부터는 제지소(製紙所)에서 일하였다. 기술을 익히며 생계가 안정되자 19세 때 흥해 매곡에 살던 밀양(密陽) 손씨(孫氏)와 부부의 의를 맺었다. 이후 처가에서 농사를 지으며 살림을 차린 것 같으며, 28세(1854)에 이르러 신광면 마북동(馬北洞)으로 이사하였다. 33세 때는 마북동 골짜기 안쪽 검곡(劒谷)으로 이사하여 화전민 생활을 하였다. 그가 동학에 입문한 것은 35세 되던 1862년 6월이었다. 친구로부터 경주 용담에 신인이 나타났다는 소문을 듣고 용담정의 최제우를 찾아간 것이다.

　1864년 3월 교조 최제우가 좌도난정(左道亂正)·혹세무민(惑世誣民)한 죄로 교수형에 처해진 뒤 도통을 이어받아 동학을 포교하였으며, 1894년 동학농민혁명이 끝난 후 관의 추적을 피해 강원도 인제, 경기도 여주, 강원도 홍천 등을 거쳐 원주시 호저면 고산리 송골마을로 피신한 것은 1898년 2월 말경이었다. 이 무렵 손병희와 김연국도 이웃한 둔둔리 문막 옥계리로 옮겨왔다.

　최시형이 체포된 것은 1898년 4월 6일 새벽이었다. 4월 5일은 교조 최제우가 동학을 득도한 날이라서 손병희와 김연국 등 제자들이 많이 모여들었다. 이때 관군의 추적이 임박했음을 알게 된 최시형은 제자들을 모두 돌려보낸 후 송경인(宋景仁)이 거느리고 온 관병에게 체포되어 같은 해 6월 2일 좌도난정율(左道亂正律)로 처형당했다. 이때 최시형이 피체된 곳이 원진녀의 집이며, 2008년에는 그

동안 빈 터만 남아 있던 곳에 생가를 복원하여 두었다.

　마을 입구의 기념비(1990년 4월 건립)에는 "모든 이웃의 벗 崔보따리선생님을 기리며"라는 글귀가 새겨져 있으며, 기단부에는 "천지가 곧 부모요, 부모가 곧 천지이니 친지와 부모는 한 몸이다(天地卽父母요 父母卽天地니 天地父母는 一體也)"라는 해월 최시형의 법설(法說) 일부가 새겨져 있다. '崔 보따리'라는 별호는 최시형이 항상 작은 보따리를 가진 행장으로 방방곡곡을 다니며 민중에게 동학의 가르침을 전하고 그들과 동고동락하였기에 민중들이 그를 부르던 애칭이었다.

마을 입구의 최시형 피체지 기념비(1990)

최시형 피체지

주석

원주 지역의 동학 포교와 원주 출신 동학인의 동학농민운동 / 조규태

1) 한우근,「동학농민군의 봉기와 전투-강원·황해도의 경우-」,『한국사론』4, 서울대학교 국사학과. 1973. 배항섭,「강원도에 서린 동학농민군의 발자취」,『역사비평』11, 1990. 박준성,「강원도 농민전쟁의 흐름」,『동학농민전쟁 역사기행』(여강출판사, 1993). 박준성,「1894년 강원도 농민군의 활동과 반농민군의 대응」,『동학농민혁명의 지역적 전개와 사회변동』(새길, 1995). 박맹수,「강원도지방의 동학비밀포교지에 관한 연구」,『춘주문화』10, 춘천문화원, 1995. 정은경,「1894년 황해도·강원도 지역의 농민전쟁」,『1894년 농민전쟁 연구4』(역사비평사, 1995). 이기원,「강원지역 동학농민전쟁 연구」,『강원사학』15·16, 강원대학교 사학회, 2000. 원영환,「강원도 지방의 동학과 동학혁명」,『강원문화사연구』5, 2000. 이병규,「강원도의 동학농민유적지와 동학농민군」,『동학학보』37, 2015.
2) 임형진,「강원도 일대의 동학 전파와 홍천의 포조직 분석」,『동학학보』37, 2015. 신영우,「강원도 홍천의 동학농민군과 풍암리전투」,『동학학보』37, 2015. 채길순,「구비전승담으로 본 홍천 동학농민혁명 전개 양상」,『동학학보』37, 2015.
3) 강대덕,「원주 지역 동학농민운동의 조직과 활동」,『강원문화사연구』14, 2009. 성주현,「원주 지역 동학농민혁명의 배경」,『역사와 교육』10. 2010. 이병규,「강원도의 동학농민유적지와 동학농민군」,『동학학보』37, 2015.
4) 『大先生事蹟』,〈해월선생문집〉, 경오10월조,『동학농민전쟁사료총서』27권(사운연구소, 1996).
5) 『승정원일기』고종 1년 3월 2일, 국사편찬위원회,『사료 고종시대사』1, 고종 1년 3월 2일.
6) 오상준,『本教歷史』, 포덕 6년,『동학농민전쟁사료총서』27권, 287쪽.
7) 오상준,『本教歷史』, 포덕 10년,『동학농민전쟁사료총서』27권, 288-289쪽.
8) 천도교사편찬위원회,『천도교백년략사(상권)』(미래문화사, 1981), 123쪽.
9) 『大先生事蹟』,〈해월선생문집〉, 경오10월조,『동학농민전쟁사료총서』27권(사운연구소, 1996), 51-52쪽.
10) 오상준,『本教歷史』, 포덕 12년,『동학농민전쟁사료총서』27권, 293쪽.
11) 『崔先生文集道源記書』, 경오10월조,『동학농민전쟁사료총서』27권, 51-52쪽.
12) 『崔先生文集道源記書』, 신미조, 임진조, 을해 정월조,『동학농민전쟁사료총서』27권, 62, 69, 93쪽. 오상준,『本教歷史』, 포덕 12년, 13년, 16년,『동학농민전쟁사료총서』27권, 293, 297, 300쪽.

13) 오지영, 『東學史』(초고본), 『동학농민전쟁사료총서』 1권, 〈보은회집과 경성집회〉. 이 자료에는 임순화로 나오나 권병덕의 『갑오동학란』 등의 자료에는 林淳灝로 나온다.

14) 임학선은 여주군은 黃萬己에게 포교하였고(「수록」, 『동학농민전쟁사료총서』 5, 건양 원년, 고등재판소 판결선고서등본)), 1898년 2월 최시형이 원주 송동 元鎭汝의 집에 거주하는 것을 도왔다.(「본교력사」, 『동학농민전쟁사료총서』 27).

15) 「갑오동학란」, 『동학농민전쟁사료총서』 27.

16) 「취어」, 『동학농민전쟁사료총서』 2, 사운연구소, 1996, 71쪽.

17) 『천도교서』, 『동학농민전쟁사료총서』 28, 제2편 해월신사.

18) 『천도교서』, 『동학농민전쟁사료총서』 28, 제2편 해월신사, 포덕 7년. 오상준, 『本教歷史』, 포덕 7년, 『동학농민전쟁사료총서』 27권, 288쪽.

19) 천도교사편찬위원회 편, 『천도교백년략사』 상, 미래문화사, 1981, 252쪽.

20) 『東學道宗繹史』, 『동학농민전쟁사료총서』 29, 제2편 제13장 松菴傳授, 戊戌遭難. 신택우는 원주접주, 이원팔은 관동대접주로 1894년 9월 기포하였다.

21) 『사법품보』 1(아세아문화사, 1988), 447-448쪽. 이병규, 「강원도의 동학농민유적지와 동학농민군」, 『동학학보』 37, 2015. 225쪽.

22) 『나암수록』 1894년 10월. 『갑오실기』, 『동학농민전쟁사료총서』 6, 321쪽.

23) 『동학농민혁명 증언록』, 강원도 원주 농민군 이종태, 종손 정희·완형.

24) 오상준, 『本教歷史』, 포덕 39년, 『동학농민전쟁사료총서』 27권, 335쪽. 昌山后人 曺錫憲歷史(동학농민전쟁사료총서 10권), 戊戌一月二日조에는 陳眞汝로 나온다. "1898년 2월 家에 來도ᄒ니라. 自今以后로 상암도반이 할차로 가 되을광탐ᄒ니라. 先生主宅을 原州郡 高山 廣格面 松谷里로 定ᄒ시움은 방아지里에서 行次ᄒ셧ᄂᆞᆫ딕 즉속키 家垈을 新定ᄒ시고 其곳 主人은 陳眞汝氏가 되고 盤이안접ᄒ셧더라."

25) 「昌山后人 曺錫憲歷史」, 『동학농민전쟁사료총서』 10권, 戊戌一月二日.

26) 「동비토론」, 동학농민혁명참여자명예회복심의위원회, 『동학농민혁명 국역총서』 4권, 2008, 1894년 9월 초 8일 감영의 지시.

27) 「임영토비소록」, 동학농민혁명참여자명예회복심의위원회, 『동학농민혁명 국역총서』 4권, 2008.

28) 「임영토비소록」, 『동학농민혁명 국역총서』 4권.

29) 『금번집략』, 『동학농민혁명 국역총서』 4, 〈별계〉, 1894년 7월 초7일. 조규태, 「김천지역 동학농민군의 활동-김산·개령·지례를 중심으로」, 『동학학보』 41, 2016, 19쪽.

30) 김양식 등, 『충청북도 동학농민혁명사 연구』, 충북연구원, 2006, 147쪽.

31) 일기자, 「전사상으로 본 충청남도」, 『개벽』 46, 1924.4, 123쪽.

32) 신영우, 「강원도 홍천의 동학농민군과 풍암리 전투」, 『동학학보』 37, 81쪽.

33) 한우근, 「동학농민군의 봉기와 전투-강원·황해도의 경우-」, 『한국사론』 4, 1978, 369쪽. 한우근은 강원도의 강릉부를 공격한 동학농민군이 전답문서를 탈취하는 등 내정

의 개혁을 표방하며, 읍의 동문에는 삼정의 폐단을 개혁하여 보국안민한다는 방문을 게시하였다는 점에서 동학농민군의 제1차 봉기와 그 성격을 같이한다고 보았다. 강대덕도 강원도 동학농민항쟁의 직접적인 이유를 중앙의 관리, 지방의 수령과 아전 등 관리의 탐학과 삼정을 통한 부세수탈이라고 보았다(강대덕,「원주 지역 동학농민운동의 조직과 활동」,『강원문화사연구』14, 2009, 132쪽).

34) 「임영토비소록」,『동학농민혁명 국역총서』4권.

35) 「동비토론」,『동학농민혁명 국역총서』4권, 1894년 9월 초 8일 순영 및 겸관에게 보고.

36) 「關東倡義錄」, 국사편찬위원회,『한국사료총서』30, 1984, 6권 198.

37) 「동비토론」,『동학농민혁명 국역총서』4권, 1894년 9월 초 8일 순영 및 겸관에게 보고.

38) 「임영토비소록」,『동학농민혁명 국역총서』4권.

39) 「계초존안」, 1894년 9월 26일.『나암수록』,『동학농민혁명 국역총서』6, 동학농민혁명참여자명예회복심의위원회, 2009, 신식절목(9월). 「오하기문」,『동학농민전쟁사료총서』1권, 사운연구소, 2016, 갑오 9월.

40) 『甲午東學亂』,『동학농민전쟁사료총서』27권. 이 책은 권병덕의 저술로 1935년 대동사문회에서 발간되었다.

41) 『甲午東學亂』,『동학농민전쟁사료총서』27권.

42) 서영희,「1894년 농민전쟁의 2차봉기」,『1894년 농민전쟁연구 4』, 역사비평사, 1995, 160-164쪽.

43) 『천도교서』,『동학농민전쟁사료총서』28.

44) 「토비대략」, 1894년 12월.

45) 「동비토론」,『동학농민혁명 국역총서』4권, 1894년 11월 1일 순영에 첩보.

46) 박준성,「1894년 강원도 농민군의 활동과 반농민군의 대응」,『동학농민혁명의 지역적 전개와 사회변동』(새길, 1995), 207쪽.

47) 「동비토론」,『동학농민혁명 국역총서』4권, 1894년 11월 1일 순영에 첩보.

48) 「동비토론」,『동학농민혁명 국역총서』4권, 1894년 11월 1일 순영에 첩보.

49) 「임영토비소록」,『동학농민혁명 국역총서』4권.

50) 국사편찬위원회,『주한일본공사관기록』1, 1986, 153-156쪽. 강효숙,「일본군 제19대대 동로군, 제18대대, 원산수비대 강원도 농민군 탄압」,『동학학보』37, 2015, 52-53쪽.

51) 박준성, 앞의 글, 208쪽.

52) 신영우, 앞의 글, 36쪽.

53) 「임영토비소록」,『동학농민혁명 국역총서』4권.

54) 「동비토론」,『동학농민혁명 국역총서』4권, 1894년 11월일 순사에게 첩보하는 글.

55) 신영우, 앞의 글, 37-38쪽.

56) 『나암수록』 1894년 10월. 『갑오실기』, 1894년 10월 28일, 『동학농민전쟁사료총서』 6, 321쪽.

57) 『동학농민혁명 증언록』, 강원도 원주 농민군 이종태, 종손 정희 · 완형.

58) 오상준, 『本敎歷史』, 포덕 39년, 『동학농민전쟁사료총서』 27권, 334쪽.

59) 오상준, 『本敎歷史』, 포덕 39년, 『동학농민전쟁사료총서』 27권, 335쪽.

60) 「昌山后人 曺錫憲歷史」, 『동학농민전쟁사료총서』 10권, 사운연구소, 1996, 戊戌一月 二日.

61) 『동학도종역사』, 『동학농민전쟁사료총서』 29권, 제2편 제13장, 무술조난. 『시천교종 역사』, 『동학농민전쟁사료총서』 29권, 제3편 제3장, 잠행포교. 『천도교백년략사(상 권)』, 307쪽. 『김낙봉이력』, 무술 1월 2일.

62) 『김낙철역사』, 무술(1898) 5월.

63) 『동학도종역사』, 『동학농민전쟁사료총서』 29권, 제2편 제13장, 무술조난. 『천도교백 년략사(상권)』

64) 『동학도종역사』, 『동학농민전쟁사료총서』 29권, 제2편 제18장, 대두령물질지휘일본 유학생택출.

65) 『김낙철역사』, 경자(1900).

66) 「昌山后人 曺錫憲歷史」, 『동학농민전쟁사료총서』 10권, 을미 2월 13일, 을미 8월 2일, 병신 정월.

67) 『동학도종역사』, 『동학농민전쟁사료총서』 29권, 제2편 제16장, 의암설법 대도주 급 대두령 차정.

68) 「일진회 현황에 관한 조사보고」, 1904.11.22, 국사편찬위원회, 『주한일본공사관기 록』 21.

69) 황현, 『매천야록』, 광무8년 갑진, 〈일진회의 친일〉.

70) 『시천교종역사』, 『동학농민혁명사료총서』 29권, 제3편 제7장 北隊轉輪. 乙巳 原州郡 元容八之作擾 砥平支會李康壽 閔周赫等被害者八人 李朝 隆熙元年 三水 甲山 北青山 砲之作擾 敎徒男女老幼之同時被禍者 七百餘人 且各地方支會敎徒之遇害者 不下數千 人也.

71) 「합방 문제에 관한 일반의 상태」, 1909.12.16, 국사편찬위원회, 『통감부문서』 8.

72) 『시천교월보』 1호, 1911. 2, 29쪽.

73) 『시천교월보』 4호, 1911.5, 37쪽.

74) 『시천교월보』 5호, 1911.6, 40쪽.

75) 이동초 편, 『천도교회종령존안』, 모시는사람들, 2005, 210쪽.

* 이 글은 2018년 11월 2일에 강원도 원주에서 있었던 동학학회 〈동학의 글로컬리제이션(glocalization) : 1894년 동학농민혁명과 강원도 원주〉에서 발표한 「무위당의 생명사상으로 이어진 원주 동학」을 수정한 것이다.

1) 임형진, 「강원도 일대의 동학 전파와 홍천의 포조직 분석」, 『동학학보』 37, 2015.

2) 강원도 동학에 관한 대표적인 선행연구로는 박맹수, 「강원도지방의 동학비밀포교지 연구」; 『개벽의 꿈, 동아시아를 깨우다』, 모시는사람들, 2011; 엄찬호, 「강원도 동학의 전래와 농민항쟁」, 『강원문화사연구』 2, 1997; 원영환, 「강원도 지방의 동학과 동학혁명」, 『강원문화사연구』 5, 2000; 이기원, 「강원지역 동학농민운동의 연구」, 『강원사학』 15 · 16, 2000; 성주현, 「강원도의 동학조직과 동경대전」, 『역사와 교육』 20, 2015; 이병규, 「강원도 동학농민혁명 유적지와 동학농민군」, 동학학보 37, 2015 등이 있다.

3) 원주민란에 대해서는 성주현, 「원주 지역 동학농민혁명의 배경」, 『역사와 교육』 10, 2010을 참조.

4) 원주 지역의 동학에 대해서는 박맹수, 「동학과 원주지방의 관계」, 『원주얼』 2, 1990; 성주현, 「원주 지역 동학농민혁명의 배경」, 『역사와 교육』 10, 2010; 강대덕, 「원주 지역 동학농민운동의 조직과 활동」, 『강원문화사연구』 14, 2009 등을 참조.

5) 조성환, 〈개벽과 개화〉, 《월간 개벽신문》 57호, 2016년 8월.

6) 이병한, 〈동학은 '농민전쟁'이 아닌 '유학혁명'이다!〉, 인터넷판 《프레시안》, 2014.01.20.; 이병한, 〈'脫중국 쇄국정책'? 망국의 첩경이다〉, 인터넷판 『프레시안』 2017.03.24.

7) 동학의 '하늘' 관념과 한국사상의 관계에 대해서는 조성환, 「천도의 탄생-동학의 사상사적 위치를 중심으로」, 『한국사상사학』 44, 2013 참조.

8) '토착적 근대'(indigenous modernity) 개념에 대해서는 기타지마 기신, 〈토착적 근대란 무엇인가〉, 《개벽신문》 58호(2016년 9월)를 참조.

9) 원주에서의 해월의 활동에 대해서는 박맹수, 「동학과 원주지방의 관계」, 『원주얼』 제2호, 1990에 상세히 소개되어 있다.

10) '원주캠프'는 1970년대에 원주 지역에서 장일순과 함께 재해대책운동, 사회개발운동, 협동운동을 전개한 사람들의 모임을 말한다(김익록 엮음, 『나는 미처 몰랐네 그대가 나였다는 것을』, 시골생활, 2012, 147쪽). 원주캠프는 '원주그룹'이라고도 하는데, 이 그룹의 협동조합운동과 생명운동에 관해서는 김소남, 「1960~80년대 원주 지역의 민간 주도 협동조합운동 : 부락개발, 신협, 생명운동」, 연세대학교 박사학위논문, 2014에 상세하게 소개되어 있다.

11) 곽병찬, 〈해월의 추모비와 무위당의 통곡〉, 《한겨레신문》, 2015.10.06.

12) 「한살림선언」은 한살림운동의 이념과 실천방향을 확립하기 위해 가진 공부모임과 토론회에서 합의된 내용을 장일순, 박재일, 최혜성, 김지하가 정리하고 최혜성이 대표로

집필한 것이다. 「한살림선언」, 모심과살림연구소, 『죽임의 문명에서 살림의 문명으로 : 한살림선언, 한살림선언 다시 읽기』, 2010, 14쪽.

13) 이규성, 『최시형의 철학』, 이화여자대학교출판부, 2011, 131쪽. 이하에서 인용하는 『해월신사법설』의 원문과 번역은 이 텍스트에 의한다.

14) 조성환, 「개벽과 근대-동학의 살림사상을 중심으로」, 『リーラー(遊)』제9호, 京都; 文理閣, 2018.

15) 조성환, 「바깥에서 보는 퇴계의 하늘섬김사상」, 『퇴계학논집』 10집, 2012.

16) 『해월신사법설』 「천지부모」, 131쪽.

17) 조성환, 「천도의 탄생-동학의 사상사적 위치를 중심으로」, 370쪽.

18) '우주적 생명력'이라는 표현은 김태창, 〈지금은 생명개벽이 필요한 시대(1)〉, 《개벽신문》 56, 2016.07. 참조.

19) 天地萬物皆莫非侍天主. 『해월신사법설』 「대인접물」, 154쪽.

20) "박재일 선생하고 김지하 씨하고, 우리 운동을 한살림이라고 이름을 짓는 게 좋지 않겠느냐고, 그렇게 결정을 했대요. 나보고 한살림이라고 하는 게 어떠냐고 그러데요. 그래서 야, 그거 기찬 말씀이다, 그랬어요." 장일순, 『(무위당 장일순의 이야기 모음) 나락 한 알 속의 우주』, 녹색평론사, 2017, 개정증보판, 64쪽.

21) 장일순, 『나락 한 알 속의 우주』, 192쪽.

22) 주요섭, 「무위당과 전환의 사회운동」, 『무위당 20주기 기념 생명운동 대화마당』, 모심과살림연구소, 2014. 5, 71쪽. 김재익, 〈공공하는 장일순의 생명살림〉, 《월간 공공정책》, 2018년 8월호에서 재인용.

23) 장일순, 『나락 한 알 속의 우주』, 155-156쪽.

24) 위의 책, 194쪽.

25) 김소남, 「1970~80년대 원주그룹의 생명운동 연구」, 『동방학지』 178, 2017, 187쪽.

26) 박재일이 김지하의 소개로 장일순을 만나면서 원주캠프에 참여하고 한살림운동을 시작하게 된 계기에 대해서는 신동호, 〈[秘錄 환경운동 25년] 원주에서 온 이상한 쌀가게 주인〉, 《주간경향》, 2016.12.26에 상세하게 소개되어 있다.

27) 김지하, 『남녘땅 뱃노래』, 두레, 1985; 김지하, 『남조선 뱃노래』, 자음과모음, 2012에 수록.

28) '인간의 사회적 성화'라는 표현은 윤노빈, 『신생철학』(초판 1974)에 이미 보이고 있다. 이 책의 해제에서 김지하가 밝히고 있듯이, 김지하의 동학 이해는 윤노빈에게 많은 빚을 지고 있다.

29) 기타지마 기신, 〈토착적 근대란 무엇인가〉, 《월간 개벽신문》 58호, 2016년 9월호.

30) 조성환, 〈한국은 어떤 '근대'를 추구하였나〉, 《월간 개벽신문》 77호, 2018년 8월호.

31) 최시형은 서양의 무기가 사람을 죽이는 살인도구인 반면에, 동학의 도덕은 사람을 살리는 활인기들이라고 하였다. "西洋之武器世人無比對敵者. 武器謂之殺人器, 道德謂

之活人機."『해월신사법설』,「五道之運」211쪽.

32) 장일순,「내가 밥이다」, 김익록 엮음,『나는 미처 몰랐네 그대가 나였다는 것을』, 97쪽.

33) 장일순,「작은 먼지 하나에 우주가 있다」, 김익록 엮음,『나는 미처 몰랐네 그대가 나였다는 것을』, 121쪽.

34) 장일순,「하나」, 김익록 엮음,『나는 미처 몰랐네 그대가 나였다는 것을』, 125쪽.

35) 이것은 일종의 '자타불이'(自他不二) 사상이라고 할 수 있는데, 이러한 사상은 장일순의 글을 모은『나는 미처 몰랐네 그대가 나였다는 것을』이라는 책의 제목에 잘 나타나 있다.

36) 장일순,「혁명」, 김익록 엮음,『나는 미처 몰랐네 그대가 나였다는 것을』, 70쪽.

37) 장일순,「화합의 논리 협동하는 삶」, 김익록 엮음,『나는 미처 몰랐네 그대가 나였다는 것을』, 29쪽.

38) 위의 책, 32쪽.

39) 장일순,「화합의 논리 협동하는 삶」,『나락 한 알 속의 우주』, 41쪽.

40)「한살림선언」, 모심과살림연구소,『죽임의 문명에서 살림의 문명으로 : 한살림선언, 한살림선언 다시 읽기』, 2010, 51쪽, 이 글에서 인용하는「한살림선언」의 쪽수는 이 책에 의한다.

41)「선언이 담아낸 사상」,『죽임의 문명에서 살림의 문명으로 : 한살림선언, 한살림선언 다시 읽기』102쪽,

42) 조성환,『한국 근대의 탄생』, 모시는사람들, 2018, 제3장「시민사회의 동학」, 2.「장일순사상의 구조」참조.

원주 동학농민혁명사 전개 과정과 문화 콘텐츠 활용 방안 연구 / 채길순

* 이 글은 동학농민혁명 제124주년 기념 학술대회 "동학의 글로컬리제이션 1894년 동학농민혁명과 강원도 원주(2018.10.29, 동학학회·원주군 공동주최)"에 발표된 논문「강원도 및 원주 동학농민혁명사 전개 과정과 문화 콘텐츠 활용 방안 연구」를 수정하였다.

1) 오상준,『本教歷史』, 포덕 12년,『동학농민전쟁사료총서』, 27권, 293쪽, 조규태, 〈강원도 원주 동학농민혁명의 황전개과정과 동학포덕〉 (동학농민혁명 제124주년 기념 학술대회 "동학의 글로컬리제이션 1894년 동학농민혁명과 강원도 원주(2018년 10월 29일, 동학학회 원주군 공동 주최)" 논문에서 재인용.

2)『大先生事蹟』, 〈해월선생문집〉, 경오 10월조. 이에 따르면 1864년 3월 초에 "옥중으로부터 멀리 달아나라."는 명에 따라 강원도 태백산중에 이르렀다고 했다.

3) 조규태, 〈강원도 원주 동학농민혁명의 전개과정과 동학포덕〉, 동학농민혁명 제124주 년 기념 학술대회 '동학의 글로컬리제이션 1894년 동학농민혁명과 강원도 원주(2018 년 10월 29일, 동학학회 원주군 공동 주최)', 39쪽.

4) 위의 논문, 41쪽.

5) 위의 논문, 39쪽.

6) 『동학도종역사』, 『동학농민전쟁사료총서』, 29, 조규태, 〈강원도 원주 동학농민혁명 의 전개과정과 동학포덕〉, 동학농민혁명 제124주년 기념 학술대회 "동학의 글로컬리 제이션 1894년 동학농민혁명과 강원도 원주(2018년 10월 29일, 동학학회 원주군 공동 주최)" 40쪽. (재인용)

7) 『大先生事蹟』, 〈해월선생문집〉, 경오 10월조. 이에 따르면 1864년 3월 초에 "옥중으로 부터 멀리 달아나라."는 명에 따라 강원도 태백산중에 이르렀다고 했다.

8) 〈갑오군정실기〉 동학농민혁명 신국역총서 3, 239쪽.

9) 〈갑오군정실기〉 동학농민혁명 신국역총서 6, 240쪽.

10) 〈갑오군정실기〉 동학농민혁명 신국역총서 4, 59쪽.

11) 콘텐츠란 문화, 영상, 소리 등의 정보를 제작하고 가공해서 소비자에게 전달하는 정보 상품으로 정의할 수 있다. 구체적으로는 극장에서 보는 영화나 비디오, 텔레비전 프 로그램, 책, 신문, CD와 라디오로 듣는 음악, 컴퓨터 게임, 우리가 매일 이용하는 인터 넷으로 보는 모든 정보가 콘텐츠인 것이다. 문화관광부 편, 「문화 콘텐츠산업 진흥 방 안」, 문화관광부, 2000. 3쪽.

동학농민혁명 이후 해월 최시형의 피신과 교단 정비 / 성강현

1) 장영민, 「최시형과 서장옥-남북접 문제와 관련하여-」, 『동학농민혁명과 농민군 지도자 성격』, 동학농민혁명기념사업회, 1997.

2) 박맹수, 「동학과 동학농민혁명 연구에 대한 재검토 : 동학의 남북접 문제를 중심으로」, 『동학연구』제9・10호, 한국동학회, 2001.

3) 임형진, 「동학에서 천도교로의 개편과 3・1독립혁명 - 수원지역을 중심으로」, 『동학학 보』제45호, 2017.

4) 성주현, 「동학혁명 참여자의 혁명 이후 활동(1900-1919)」, 『문명연지』제6권제1호, 한 국문명학회, 2005.

5) 「札移電存案」, 『各司謄錄』 63, 288쪽.

6) 『駐韓日本公使館記錄』 6, 45쪽.

7) 「巡撫先鋒陣謄錄」, 『叢書』 14, 44-45쪽; 「先鋒陣呈報牒」, 『叢書』 16, 209-210쪽.

8) 「巡撫先鋒陣謄錄」, 『叢書』 14, 45-46쪽; 「巡撫使呈報牒」, 『叢書』 16, 344-345쪽.

9)「巡撫先鋒陣騰錄」,『叢書』14, 87-90쪽;「兩湖右先鋒日記」,『叢書』15, 159-162쪽.

10)「全琫準供草」,『叢書』18, 21쪽. "故敗走至金溝, 更爲招募, 數爻稍增, 無紀律, 更開戰極難矣, 然日兵隨後, 故二次接戰矣, 敗走其各解散"

11) 오지영,『동학사』, 영창서관, 1939, 147쪽.

12) 현재 전남 장성군 북이면 원덕리로 정읍에서 장성으로 넘어오는 입암산 자락의 고개.

13) 현재 전남 장성군 북이면 원덕리로 노령을 지나 장성 방향에 있는 고개.

14) 표영삼,「남원지역 동학농민혁명운동」,『동학연구』5, 1999, 71쪽.

15) 이돈화의『천도교창건사』, 천도교중앙종리원, 1933, 제2편 67쪽에는 해월이 조항리 조석걸의 집에 있었다고 기록하고 있다.

16)「討匪大略」,『叢書』11, 473쪽.

17) 1894년 12월 1일(양 1894년 12월 27일) 임실에 도착한 후비보병 제19연대 중로군은 임실에서 동학농민군 13명을 포획하여 그 중 6명을 본보기로 살해하였다.

18)「巡撫先鋒陣騰錄」,『叢書』14, 255쪽.

19)「討匪大略」,『叢書』11, 473-475쪽.

20)『주한일본공사관기록』6(한글판), 국사편찬위원회, 1991, 68쪽.

21)「討匪大略」,『叢書』11, 478쪽;『駐韓日本公使館記錄』6, 68쪽.

22) 성주현,『동학과 동학혁명의 재인식』, 국학자료원, 2010, 116쪽.

23) 양력 1895년 1월 5일.

24)「召募日記」,『叢書』11, 185-186쪽.

25) 양력 1895년 1월 11일.

26)「討匪大略」,『叢書』11, 490-500쪽.

27) 양력 1895년 1월 3일.

28)「巡撫使呈報牒」,『叢書』16, 362쪽.

29)『均菴丈 林東豪氏 略歷』;「討匪大略」『叢書』11, 500-508쪽;『駐韓日本公使館記錄』6, 68쪽.

30)「討匪大略」『叢書』11, 505쪽.

31) 이동초편,『동학천도교인명사전』, 도서출판 모시는사람들, 2015, 1180쪽.

32) 양력 1895년 1월 17일.

33) 충청북도 음성군 금왕읍 도청리.

34) 필자는 도청리에서 마을 주민 한성교옹(89세)으로부터 당시 작은되자니 마을의 청년 2명이 되자니전투에서 부상당한 일본군을 되자니에서 약 10km 거리의 광혜원에 있는 일본군 막사에 데려다주었다는 증언을 들었다.

35) 의암손병희선생기념사업회,『의암손병희선생전기』, 1967, 127쪽.

36) 현재 경기 안성시 일죽면 송천리의 38번국도 월정교차로 부근.

37) 의암손병희선생기념사업회, 앞의 책, 128쪽.

38) 양력 1895년 1월 29일.

39) 『均菴丈 林東豪氏 略歷』;『駐韓日本公使館記錄』6, 16-17쪽.

40) 청주 상당구 낭성면으로 추정된다.

41) 의암손병희선생기념사업회, 앞의 책, 128쪽.

42) 의암손병희선생기념사업회, 앞의 책, 128-129쪽.

43) 윤석산, 『해월 최시형의 삶과 사상 일하는 한울님』, 모시는사람들, 2014, 272쪽.

44) 천도교사편찬위원회, 『천도교백년약사』(상), 1981, 290쪽.

45) 이돈화, 『천도교창건사』, 천도교중앙종리원, 1933, 제2편 71-72쪽.

46) 위의 책, 제2편 72쪽.

47) 치악산의 동쪽면인 강원 횡성군 강림면 강림리에 위치하고 있다. 위치는 치악산의 줄 기인 천지산과 매화산 사이의 골짜기이다. 조선 태종이 원천석을 모시려고 수레를 타 고 이곳을 넘었다고 해서 수레너미라는 이름이 생겼다.

48) 가르치고 도통을 전해준 은혜를 입었으니, 가르치고 도통을 전해준 은덕을 마음으로 지키리.

49) 충북 음성군 금왕읍 구계리.

50) 충북 음성군 생극면 방축리.

51) 천도교사편찬위원회, 앞의 책, 281쪽.

52) 홍기조, 「사문에 길을 열든 때」, 『신인간』 통권 제29호, 1928년 11월호, 38쪽.

53) 현재 지명은 경기 이천시 설성면 수산리이다. 앵산동으로의 이주 시기는 기록마다 차 이가 있다. 권병덕은 2월, 조석헌은 1월 6일이라고 하였다.

54) 표영삼, 『해월신사의 생애』, 천도교중앙총부, 57쪽.

55) 위의 책, 57쪽.

56) 경기도 여주군 강천면 도전리.

57) 임순호, 「해월신사의 은도시대」, 『천도교회월보』 통권 제248호, 1931년 8월, 14쪽.

58) 손병희, 김연국, 손병흠, 김낙철, 김낙봉, 신현경, 염창순, 이용한, 이춘경, 임도여, 김 용근 등이 해월의 주변에 있었다.

59) 임순호, 「해월신사의 은도시대」, 『천도교회월보』 통권 제249호, 1931년 9월, 5쪽.

60) 김낙철, 『용암 김낙철 역사』, 무술년조.

61) 용암선도사역사약초, 『학산정갑수선생전기』, 23쪽.

62) 조기주, 『동학의 원류』, 보성사, 1979, 181쪽.

63) 표영삼, 『동학(2)』, 통나무, 2005, 327쪽.

원주 지역 동학농민군과 의병 / 이병규

1) 강원도와 원주 지역의 동학농민혁명 관련 연구를 정리하면 다음과 같다.

한우근,「동학농민군의 봉기와 전투-강원·황해도의 경우-」,『한국사론』4, 서울대학교 국사학과, 1978.

배항섭,「강원도에 서린 동학농민군의 발자취」,『역사비평』계간 11(1990년 겨울), 역사문제연구소, 1990.

박준성,「강원도 농민전쟁의 흐름」,『동학농민혁명 역사기행』, 여강출판사, 1993.

박준성,「1894년 강원도 농민군의 활동과 반농민군의 대응」,『동학농민혁명의 지역적 전개와 사회변동』, 새길, 1995.

정은경,「1894년 황해도·강원도 지역의 농민전쟁」,『1894년 농민전쟁 연구』, 역사비평사, 1995.

이기원,「강원지역 동학농민군의 연구」,『강원사학』15·16, 강원대학교 사학회, 2000.

원영환,「강원도 지방의 동학과 혁명운동」,『강원문화사연구』5, 강원향토문화연구회, 2000.

임형진,「강원도 일대의 동학전파와 홍천의 포조직 분석」,『동학학보』37, 동학학회, 2015.

신영우,「강원도 홍천의 동학농민군과 풍암리 전투」,『동학학보』37, 동학학회, 2015

이병규,「강원도 동학농민혁명 유적지와 동학농민군」,『동학학보』37, 동학학회, 2015.

채길순,「구비 전승담으로 본 홍천 동학농민혁명 전개 양상」,『동학학보』37, 동학학회, 2015.

2) 강대덕,「원주 지역 동학농민운동의 조직과 활동」,『강원문화사연구』14, 강원향토문화연구회, 2009

성주현,「원주 지역 동학농민혁명의 배경」,『역사와 교육』37, 역사교육학회, 2010.

3) 이중환,『擇里志』, 팔도총론, 강원도.

4) 심철기,『한말 원주 의병의 발전과정과 운동방략』, 연세대 대학원, 2014, 11-22쪽.

5) 李陽元(1533~1592)은 이재화의 조상으로 선조 때의 문신이다. 선조 24년에 우의정에 승차하고, 임진왜란 때에는 유도대장(留都大將)으로 한강을 사수하다가 양주 싸움에 승리하여 그 공으로 영의정까지 올랐다. 시호는 문헌(文憲)이다. 심철기,『한말 원주 의병의 발전과정과 운동방략』, 연세대 대학원, 2014, 28쪽 각주 72 재인용.

6) 심철기,『한말 원주 의병의 발전과정과 운동방략』, 연세대 대학원, 2014, 23-29쪽.

7)「崔先生文集道源記書」,『동학농민전쟁사료총서』27권, 서울, 사운연구소, 1997.

8)「聚語」,『동학농민전쟁사료총서』, 서울, 사운연구소, 1997.

9) 『동학농민혁명참여자명예회복심의위원회 백서』, 동학농민혁명참여자명예회복심의위원회, 2009.

10) 「天道敎會史草稿」, 天道敎中央總部, 1920, 『東學思想資料集』1, 亞細亞文化社, 1979, 462-463쪽.

11) 「天道敎會史草稿」, 天道敎中央總部, 1920, 『東學思想資料集』1, 亞細亞文化社, 1979, 462-463쪽.

12) 「사법품보-강원 감영에서 온 보고」, 동학농민혁명신국역총서』 10, 동학농민혁명기념재단, 2018, 189-190쪽.

13) 「東匪討論」, 1895, 『동학농민혁명 국역총서』4 , 동학농민혁명참여자명예회복심의위원회, 2008, 398-400쪽.

14) 위의 책, 402-404, 441-443쪽.

15) 위의 책, 482쪽, 487쪽.

16) 위의 책, 430쪽.

17) 위의 책, 438-439쪽, 439-440쪽, 448-449쪽, 450쪽.

18) 위의 책, 441-446쪽.

19) 「臨瀛討匪小錄」, 1895, 『동학농민혁명 국역총서』4, 동학농민혁명참여자명예회복심의위원회, 2008) 475쪽.

20) 『司法稟報』5(1899~1900)(亞細亞文化社, 1988) 447-448쪽.

21) 「東匪討論」, 1895(『동학농민혁명 국역총서』 4, 동학농민혁명참여자명예회복심의위원회, 2008, 415, 433, 440쪽.

22) 「臨瀛討匪小錄」, 1895(『동학농민혁명 국역총서』 4, 동학농민혁명참여자명예회복심의위원회, 2008, 485쪽.

23) 「東匪討論」, 1895(『동학농민혁명 국역총서』 4, 동학농민혁명참여자명예회복심의위원회, 2008, 443쪽.

24) 위의 책, 400, 415, 421, 432, 435, 441-443쪽.

25) 심철기, 「원주 지역 전기의병의 학문적 배경과 참여세력」, 『한국사상사학』 38, 184-185쪽.

26) 심철기, 「원주 지역 전기의병의 학문적 배경과 참여세력」, 『한국사상사학』 38, 185-186쪽, 〈표1〉 재인용.

무위당은 어떻게 해월사상을 부활시켰나 / 황도근

1) 1991년 3월 4일 서울 프레스센터에서 열린 '시민연대회의'의 발기인 모임에 고문 자격으로 장일순 선생이 참여하여 '오늘의 정치 사회현실과 시민운동'을 주제로 강연하였

다. 좀처럼 나서지 않는 장일순 선생을 찾아 여운연 기자는 인터뷰를 하여 3월 21일자 〈시사저널〉에 실렸다.

2) 2010년 4월 16일 사단법인 '무위당사람들' 현판식 기념강연 내용 중에서 박맹수 교수가 다시 정리한 글이다. 2001년 4월 박맹수 교수는 〈해월 최시형 연구-주요 활동과 사상을 중심으로〉 박사논문을 들고 장일순 선생 묘소에서 술한잔을 올리고 회한과 감사의 눈물을 흘렸다고 기록하고 있다.

3) 1992년 6월 11일 MBC 〈현장인터뷰, 이사람〉에서 장일순 선생이 인터뷰한 방송대담 내용.

4) 원주캠프 또는 원주그룹은 70년대 지학순 주교와 장일순을 중심으로 김지하 김영주 이경국 박재일 장상순 김상범 등 민주화운동과 신협운동을 함께한 사회운동그룹을 외부인들이 지칭하던 용어이다.

5) 김지하 회고록 〈흰 그늘의 길 1,2,3〉 연보 중에서.

6) 1990년 1월 4일 한살림모임 사무실에서 이명현, 김지하, 최혜성, 김상종 등과 함께한 좌담회 내용인 〈문명의 위기에서 생명의 질서로 - 한살림선언의 이념적 배경을 중심으로〉 중에서.

7) 김소남, 〈협동조합과 생명운동의 역사 - 원주 지역의 부락마을, 신협, 생명운동〉, 537쪽.

8) 김지하 회고록 〈흰 그늘의 길 1,2,3〉 연보에서 본 동학의 기록들을 정리하면, 1979년 박정희 10.26 사건 발생, 수감 5년째에 접어들며 불교와 동학공부, 생명사상을 깊이 고민하고 투쟁방식의 전환을 모색, 1980년 12월 석방, 장일순 선생에게 묵란을 배움, 많은 대화를 통해 생명운동, 풀뿌리운동, 생활문화 사상운동에 매진을 결심, 1983년 천주교 원주교구 사회개발위원회 사직, 1984년 밥이 곧 하늘이다 주제의 〈밥〉, 대설 〈남〉출간, 12월 사상기행, 1985년 〈남녘땅 뱃노래〉 해남으로 동학과 생명사상 심화, 1988년 수운 최제우의 삶과 죽음을 다룬 장시 〈이 가문 날에 비구름〉 출간, 1992년 생명사상에 관한 글을 묶은 〈생명〉 출간, 1994년 동학혁명 100주년 기념 〈동학이야기〉 출간, 생명 가치를 위한 민초들의 모임 〈생명민회〉 결성.

9) 김지하 회고록 〈흰 그늘의 길 3〉, 131 "(중략) 그 무렵에 탈원주라는 말이 나와 박재일 형 사이에서 나오기 시작했다. 한편 장선생님은 최해월 사상에 더욱 심취하시고 생명사상에 깊이 몰두하고 계셨다. 장선생님이 '최보따리'의 마지막 은신처였던 호저면에 비석을 세우고 박재일 형 중심의 생명운동 그룹 '한살림' 앞에서 '나락 한알 속에 우주' 등의 주제로 강연한 것이 그 무렵이다."

10) 김소남, 〈협동조합과 생명운동의 역사-원주 지역의 부락마을, 신협, 생명운동〉, 677쪽, 원주소비자조합의 창립과 운영.

11) 김찬수, 〈해월과 무위당 관련자료〉 미발표 중에서.

과학과 영성 그리고 진화 / 최민자

* 이 논문은 拙稿,「과학과 영성 그리고 진화」,『동학학보』제41호, 동학학회, 2016, 125-173쪽에 게재된 것임.

1) "상호배타적인 것은 상보적이다"라는 명제로 일반화된 닐스 보어(Niels Bohr)의 상보성원리(complementarity principle)를 말한다.

2) Fritjof Capra, *The Tao of Physics*(Boston : Shambhala Publications, Inc., 1975).

3) 최민자,『동서양의 사상에 나타난 인식과 존재의 변증법』(서울: 모시는사람들, 2011, 153쪽.

4) Ilya Prigogine and Isabelle Stengers, *Order out of Chaos: Man's New Dialogue with Nature*, foreword by Alvin Toffler(Toronto, New York: Bantam Books, 1984), p.292; Fritjof Capra, *The Web of Life*(New York: Anchor Books, 1996), p.85.

5) 원효 대사의 '一切唯心造' 사상은 우주의 실체가 '意識(consciousness)'임을 이렇게 나타내고 있다. 즉 "마음이 일어나면 갖가지 법이 일어나고 마음이 사라지면 갖가지 법이 사라지니, 삼계는 오직 마음뿐이요 만법은 오직 識뿐이다(元曉,「大乘起信論疏」, 조명기 편,『元曉大師全集』, 서울: 보련각, 1978, 427쪽(이하『大乘起信論疏』로 약칭): "心生則種種法生 心滅則種種法滅 三界唯心 萬法唯識")." 여기서 '萬法唯識', 즉 일체 현상이 오직 의식의 작용일 뿐이라고 한 것은 우주의 실체가 의식임을 말하여 준다. 물질계와 의식계는 表裏의 조응관계에 있으므로 분리될 수 없다.

6) 오스트리아의 물리학자 에리히 얀츠(Erich Jantsch)의 저서 *The Self-Organizing Universe*(New York: Pergamon, 1980)에서는 일리야 프리고진(Ilya Prigogine)의 산일구조 이론을 기초로 공진화 개념을 도입하여 자기조직화에 의한 거시세계의 진화를 설명한다.

7) 전지(omniscience)·전능(omnipotence)인 '우주지성'은 '靈'의 자기조직화하는 원리로서 우주의 진행 방향인 영적 진화를 추동한다.

8) 1616년 코페르니쿠스의 저서는 로마 가톨릭교회에 의해 금서목록에 추가되기도 했지만 천문학과 물리학의 발전적 토대를 마련함으로써 근대 과학혁명으로의 길을 열었다.

9) 쟝 기똥 지음, 김영일·김현주 옮김,『신과 과학』(서울: 고려원, 1993), 33쪽.

10) 위의 책, 28쪽.

11) 위의 책, 31-32쪽.

12) 위의 책, 13쪽.

13) 프리초프 카프라·슈타인들-라스트·토마스 매터스 지음, 김재희 옮김,『신과학과 영성의 시대』(서울: 범양사 출판부, 1997), 11-12쪽, 147-208쪽.

14) 위의 책, 12-15, 209-273쪽.

15) 위의 책, 11-12, 147-208쪽.

16) 위의 책, 12-15, 209-273쪽.

17) 물질은 원자로 구성되고, 원자는 원자핵과 전자로 구성되며, 원자핵은 양성자와 중성자로 구성된다. 다시 말해 원자는 입자(양성자·중성자·전자)로 이루어져 있고 입자는 다시 소립자로 이루어져 있다. 소립자는 쿼크와 렙톤의 두 가지 형태로 존재하며, 이들을 한데 묶어 페르미온(fermion)이라고 부른다. 모든 물질은 업쿼크와 다운쿼크 그리고 전자라는 렙톤의 조합으로 이루어진다.

18) 과학과 영성의 경계를 탐색한 대표적인 연구로는 Fred Alan Wolf, *Dr. Quantum's Little Book of Big Ideas: Where Science Meets Spirit*(Needham, Massachusetts: Moment Point Press, 2005); Fred Alan Wolf, *Mind Into Matter: A New Alchemy of Science and Spirit*(Needham, Massachusetts: Moment Point Press, 2000); Fred Alan Wolf, *The Spiritual Universe: One Physicist's Vision of Spirit, Soul, Matter and Self*(Portsmouth, NH: Moment Point Press, 1999); Norman Friedman, *Bridging Science and Spirit: Common Elements in David Bohm's Physics, the Perennial Philosophy and Seth*(New Jersey: The Woodbridge Group, 1993); Amit Goswami, *The Self-Aware Universe: How Consciousness Creates the Material World*(New York: Tarcher/Putnam, 1995); Fritjof Capra, *Belonging to the Universe: Exploration on the frontiers of Science and Spirituality*(New York: Harper & Row Publishers, Inc., 1991) 등이 있다.

19) 『般若心經』: "色不異空 空不異色 色卽是空 空卽是色."

20) 『中阿含經』: "此有故彼有 此生故彼生 此無故彼無 此滅故彼滅(이것이 있으므로 저것이 있고, 이것이 생하므로 저것이 생한다. 이것이 없으므로 저것이 없고, 이것이 멸하므로 저것이 멸한다)."

21) Requoted from Gregg Braden, *The Divine Matrix*(New York: Hay House, Inc., 2007), p.30.

22) 양자물리학과 영성의 접합에 대해서는 Amit Goswami, *op.cit.*, pp.24-47, 161-175.

23) http://www.suprememastertv.com/kr/ss/?wr_id=110&page=2#v (2016. 9. 24)

24) cf. Fred Alan Wolf, *Dr. Quantum's Little Book of Big Ideas: Where Science Meets Spirit,* p.126: "Quantum physics enables us to realize that the world is filled with constant change. It shows us that our observations bring the world into existence and as such provide us opportunity to change both it and ourselves."

25) 1998년 양자물리학 분야에서 최고 권위를 자랑하는 이스라엘의 와이즈만 과학연구소(Weizmann Institute of Science)에서 실시한 전자의 운동성에 대한 '이중슬릿 실험'은 전자의 운동성이 관찰자의 생각에 따라 달라짐을 보여준다. 즉 관찰자가 바라본 전자의 움직임은 직선으로 슬릿을 통과해 벽면에 입자의 형태를 남긴 반면, 관찰자가 바라보지 않은 전자의 움직임은 물결처럼 슬릿을 통과해 벽면에 파동의 형태를 남긴 것이다.

26) 『金剛經』: "一切有爲法 如夢幻泡影 如露亦如電 應作如是觀."

27) Fritjof Capra, *The Tao of Physics*, p.278: "…modern physics will have come a long way towards agreeing with the Eastern sages that the structures of the physical world are maya, or 'mind only'."

28) 이론물리학의 핵심 화두가 되어온 통일장이론은 자연계에 존재하는 네 가지 기본 힘, 즉 질량을 가진 두 물체 사이에 작용하는 힘인 중력(gravity), 전하를 가진 물체 사이에 작용하는 힘인 전자기력(electromagnetic force), 방사선 원소에서 방사능 붕괴를 일으키는 힘인 약력(weak force), 양성자와 중성자를 결속시키는 힘인 강력(strong force) 등을 통합하여 하나의 원리로 설명하고자 하는 이론이다. 아인슈타인은 일반상대성이론을 통해 중력을 리만 기하학(Riemannian geometry)을 이용하여 휘어진 공간의 곡률로 설명하였으며, 아인슈타인을 포함한 과학자들은 거시적 우주 현상인 중력과 미시적 물리 현상인 전자기력을 포괄하는 통일장이론을 추구했지만 완성하지 못했다. 이를 해결하기 위해 도입한 것이 끈이론(초끈이론) 또는 '막(membrane, M)'이론이다. '만물의 이론(theory of everything, TOE)'이라고도 불리는 이 이론은 기본입자들을 끈의 진동이나 막으로 보고 중력이론과 양자역학의 통합을 통하여 거시적 세계와 양자역학의 세계를 결합하고자 했다. 1995년 에드워드 위튼(Edward Witten)이 기존의 다섯 개 초끈이론을 통합시킬 수 있는 단일한 이론체계인 M이론을 제시하면서 통일장이론은 새로운 전기를 맞게 되었다. 하겔린은 아인슈타인의 비전을 충족시키고 이 세상에 평화를 가져올 수 있다고 여겨지는 '초끈이론에 기초한 통일장이론'을 개발했다.

29) https://unshelli.blogspot.kr/2015_04_01_archive.html (2016. 10. 1)

30) http://www.suprememastertv.com/kr/vod/?wr_id=56&page=1&sca=ss#v(2016. 10. 1) 통일장과 의식에 대해서는 http://egloos.zum.com/sockin/v/785263(2016. 10. 1) 참조.

31) 元曉, 「大乘起信論別記」, 조명기 편, 『元曉大師全集』, 483쪽(이하 『大乘起信論別記』로 약칭): "猶如海水之動 說明爲波 波無自體故 無波之動 水有體故 有水之動 心與四相義亦如是."

32) cf. Norman Friedman, *op. cit.*, pp.275-280.

33) 에른스트 마이어 지음, 임지원 옮김, 『진화란 무엇인가』(서울: 사이언스북스, 2013), 5쪽.

34) 위의 책, 36쪽.

35) 위의 책, 37-38, 42쪽.

36) 앨프레드 러셀 월리스(Alfred Russel Wallace)는 다윈에 앞서 자연선택에 의한 진화와 관련된 논문―본래의 種이 어떤 과정을 거쳐 새로운 종으로 바뀌어 가는지를 고찰한 논문―을 발표했다. 하여 진화론을 다윈 월리스이즘이라고도 한다.

37) 위의 책, 239-243쪽.

38) 찰스 다윈 지음, 송철용 옮김, 『종의 기원』(서울: 동서문화사, 2013), 138-206쪽.

39) 에른스트 마이어 지음, 임지원 옮김, 앞의 책, 233쪽.

40) Ray Kurzweil, *The Singularity is Near: When Humans Transcend Biology*(London: Penguin Books, 2005), p.38: "Order is information that fits a purpose. The measure of order is the measure of how well the information fits the purpose."

41) 진화는 陽의 되먹임(positive feedback) 방법을 쓰기 때문에, 다시 말해 진화적 발전의 한 단계에서 생겨난 보다 유용한 기법이 다음 단계를 만드는 데 사용되어 점증하는 질 서 위에서 진화가 일어나기 때문에 생명체든 기술이든 진화의 속도가 빨라진다. 정보 를 기록하고 조작하는 기법도 점점 더 세련되고 진화가 만들어낸 혁신이 더 빠른 진화 를 촉발하는 것이다(*Ibid.*, p.40).

42) *Ibid.*, pp.38-40. 복잡성은 증가되기도 하고 증가되지 않기도 한다(보통은 증가됨).

43) 가장 최근에 우주배경복사를 탐색한 유럽우주기구(ESA)의 플랑크 우주선 망원경은 우주배경복사를 세부영역까지 매우 정밀하게 관측하였으며 빅뱅이론이 우주의 생 성을 설명하는 가장 적합한 모형임을 재확인해 주었다. 이 관측을 통해 우주의 나이 는 137억 3000만 년에서 138억 2000만 년으로 늘어났고, 우주를 구성하는 정상물질, 암흑물질(dark matter), 암흑에너지(dark energy)의 양도 더욱 정밀하게 측정됐다(벤 길리랜드 지음, 김성훈 옮김, 『인포그래픽으로 보는 우주 탄생의 비밀』(서울: RHK, 2015), 57-58쪽).

44) 빅뱅과 우주의 진화에 대해서는 Stephen Hawking and Leonard Mlodinow, *A Briefer History of Time*(New York: Bantam Dell, 2005), pp.68-85; Stephen Hawking, *The Universe in a Nutshell*(New York: Bantam Books, 2001), pp.69-99. '빅뱅'이란 용어는 대폭발론에 회의적이었던 영국 천체물리학자 프레드 호일(Fred Hoyle)이 조롱하는 의미로 처음 사용했으며, 이후 대폭발론은 '빅뱅이론'으로 명명되었다.

45) 『中阿含經』: "若見緣起便見法 若見法便見緣起."

46) *Isa Upanishad in The Upanishads*, translated from the Sanskrit with an introduction by Juan Mascaro(London: Penguin Books Ltd., 1962), p.49: "When a sage sees this great Unity and his Self has become all beings, what delusion and what sorrow can ever be near him?"

47) 神·氣·精은 性·命·精과 조응하는 개념이다. 『中庸』에서도 '天命之謂性'이라고 하여 하늘(天, 神)이 명한 것을 性[참본성, 神性]이라고 하고 있으니, 天과 神과 性은 하 나다. 氣는 목숨 명(命)과 조응한다. 따라서 神·氣·精은 性·命·精과 조응하는 개 념이다. 神·氣·精은 神[天]이 氣로, 다시 精으로 에너지가 體化하여 우주만물이 생 겨나는 것인 동시에, 精은 氣로, 다시 神으로 화하여 본래의 근본자리로 되돌아가는 一卽三·三卽一의 이치를 나타낸 것이다.

48) cf. 제이콥 브로노우스키 지음, 임경순 옮김, 『과학과 인간의 미래』(파주: 김영사, 2011), 305쪽: "죽음은 세포나 개체의 생명 주기를 지속시키는 물질대사의 정지이며, 그 생명은 정지 속에서 정확하게 생명 주기를 반복하기 시작한다.…진화의 연속 과정으로서의 생명은 폐쇄 곡선이 아니다. 그와는 반대로 진화로서의 생명은 위상적으로 열려 있다. 그것에는 시간에 따르는 주기가 존재하지 않기 때문이다."

49) 생명에 관한 자세한 내용은 최민자, 『생명에 관한 81개조 테제: 생명정치의 구현을 위한 眞知로의 접근』(서울: 모시는사람들, 2008), 27-76쪽 참조.

50) "John" in Bible, 14:6 : "I am the way and the truth and the life…." 여기서 생명은 동학에서 말하는 '한울(天)'과도 같은 것으로 만유의 근원 또는 만유의 제1원인으로서의 생명의 본체를 일컫는 것이다.

51) 서기 1세기경 인도의 대논사 아슈바고샤(馬鳴)는 영성과 물성을 관통하는 이 '우주지성'을 이렇게 표현하고 있다. "존재하는 것도 아니며 존재하지 않는 것도 아니요, 존재와 비존재가 동시에 존재하는 것도 아니며 존재와 비존재가 동시에 존재하지 않는 것도 아니다(Ashvaghosha, *The Awakening of Faith*, trans. Teitaro Suzuki(Mineola, New York: Dover Publications, INC., 2003), p.59: "Suchness is neither that which is existence, nor that which is non-existence, nor that which is at once existence and non-existence, nor that which is not at once existence and non-existence."

52) Amit Goswami, *op.cit.*, pp.63-211.

53) *Ibid.*, pp.105-112.

54) 양자물리학과 평행우주에 대해서는 Fred Alan Wolf, *Parallel Universes*(New York: Simon & Schuster Paperbacks, 1988), pp.25-61.

55) G. W. F. Hegel, *The Phenomenology of Mind, trans. by J. B. Baillie*(London: George Allen & Nuwin, 1931), p.227.

56) *Ibid.*, pp.228-240, 462-506. See also G. W. F. Hegel, *Philosophy of Right*, ed. and trans. by T. M. Knox(Oxford: Oxford University Press, 1980), p.239; G. W. F. Hegel, *Philosophy of Mind, translated from the Encyclopedia of the Philosophical Sciences by William Wallace*(Oxford: The Clarendon Press, 1894), p.175.

57) 이에 대한 좋은 해설서로서 Walter Kaufmann, *Hegel: Texts and Commentary*(New York: Anchor Books, Doubleday, 1965)가 있다.

58) 『明心寶鑑』, 「天命篇」: "種瓜得瓜 種豆得豆 天網 恢恢 疎而不漏."

59) 미국의 사회사상가이자 미래학자인 제러미 리프킨(Jeremy Rifkin)은 그의 저서 『공감의 문명 The Empathic Civilization: The Race to Global Consciousness in a World in Crisis』(2009)에서 다윈식 적자생존은 21세기에는 부적합하므로 폐기되어야 하며 그 대신에 공감(empathy)이 인간을 이해하는 새로운 패러다임으로 떠오르고 있다고 본다.

60) 유발 하라리 지음, 조현욱 옮김, 『사피엔스』(파주: 김영사, 2015), 592-593쪽에서 재인

용.

61) 디팩 초프라·레너드 믈로디노프 지음, 류운 옮김, 『세계관의 전쟁』(파주: (주)문학동네, 2013), 21-22쪽.

62) 위의 책, 35-36쪽.

63) Ashvaghosha, *op. cit.*, p.55.

64) Requoted from Thomas S. Kuhn, *The Structure of Scientific Revolutions*, 3rd edition(Chicago and London: The University of Chicago Press, 1996), p.151.

65) 최민자, 『동서양의 사상에 나타난 인식과 존재의 변증법』, 14-15쪽.

66) 『東經大全』, 「論學文」: "侍者 內有神靈 外有氣化 一世之人 各知不移者也."

67) 『海月神師法說』, 「靈符呪文」: "心者 在我之本然天也 天地萬物 本來一心."

68) 『海月神師法說』, 「三敬」: "吾心不敬 卽天地不敬."

69) 파드마삼바바 지음, 유기천 옮김, 『티벳 해탈의 서』, 서울: 정신세계사, 2000, 84쪽.

70) 『大乘起信論疏』, 397쪽: "一心之外更無別法."

71) 『大乘起信論疏』, 397쪽; 『大乘起信論別記』, 467쪽.

72) 『海月神師法說』, 「靈符呪文」: "內有神靈者 落地初赤子之心也 外有氣化者 胞胎時 理氣應質而成體也."

73) 『海月神師法說』, 「天地理氣」: "初宣氣 理也 成形後運動 氣也 氣則理也 何必分而二之."

74) 『義菴聖師法說』, 「講論經義」: "…靈與氣 本非兩端 都是一氣也."

75) '생명의 3화음적 구조'란 용어는 필자의 저서 『천부경·삼일신고·참전계경』, 서울: 모시는사람들, 2006에서 천·지·인, 법신·화신·보신, 성부·성자·성령, 내유신령·외유기화·각지불이를 생명의 본체-작용-본체와 작용의 합일이라는 3화음적 구조로 설명하면서 처음 사용한 필자의 新造語다.

76) 이에 관한 자세한 내용은 최민자, 『동서양의 사상에 나타난 인식과 존재의 변증법』, 423-432쪽, 438-440쪽, 560-565쪽 참조.

77) 천지인의 구조를 보면, '天'은 불교의 法身, 기독교의 聖父, 동학의 內有神靈과 조응하는 개념으로 생명의 본체를 지칭하며, '地'(물질세계)는 불교의 化身, 기독교의 聖子, 동학의 外有氣化와 조응하는 개념으로 생명의 작용(물질계, 현상계)을 지칭하고, '人'은 불교의 報身, 기독교의 聖靈, 동학의 各知不移와 조응하는 개념으로 본체와 작용의 합일을 추동하는 메커니즘으로 설정된 것이다. 여기서 '人'은 단순한 물질적 형상이 아닌 心相, 즉 天과 地, 생명의 본체와 작용이 하나임을 아는 일심(참본성, 神性)의 경계, 말하자면 천부경에 나오는 '人中天地一(천지인 삼신일체의 천도가 인간 존재 속에 구현됨)'의 경계를 함축한 것이다. 왜냐하면 물질적 육체가 '人'의 실체일 수는 없기 때문이다. 참사람의 실체는 참본성, 즉 一心이다. 그래서 기독교에서도 성령이 임해야, 다시 말해 일심의 경계에 이르러야 성부와 성자가 한 분 '하나'님이라는 것을 알 수 있

다고 한 것이다. 생명의 본체와 작용이 하나임을 알기 위해서는 '歸一心源', 즉 일심의 원천으로 돌아가라고 한 것도 같은 의미이다. 일심의 경계(報身, 相)에 이르지 않고서는 생명의 본체(法身, 體)와 작용(化身, 用)이 하나임을 결코 알 수 없다.

78)『龍潭遺詞』,「敎訓歌」.

79)『龍潭遺詞』,「敎訓歌」;『海月神師法說』,「靈符呪文」: "心者 在我之本然天也 天地萬物 本來一心";『海月神師法說』,「靈符呪文」: "彼鳥聲 亦是 侍天主之聲也."

80) 이는 檀君八條敎 제2조의 가르침과도 일치한다. 즉 "하늘의 홍범은 언제나 하나이고 사람의 마음 또한 다 같게 마련이니 내 마음으로 미루어 남의 마음을 헤아리도록 하라…"(『桓檀古記』,「檀君世紀」).

81)『海月神師法說』,「靈符呪文」: "宇宙萬物 總貫一氣一心也."

82)『東經大全』,「修德文」: "仁義禮智 先聖之所敎 修心正氣 惟我之更定";『海月神師法說』,「守心正氣」: "若非守心正氣則 仁義禮智之道 難以實踐也";『海月神師法說』,「守心正氣」: "守心正氣之法 孝悌溫恭 保護此心 如保赤子 寂寂無忿起之心 惺惺無昏昧之心 加也."

83)『海月神師法說』,「誠・敬・信」: "純一之謂誠 無息之謂誠…."

84)『龍潭遺詞』,「道修詞」: "誠敬二字 지켜내어 차차차차 닦아내면 무극대도 아닐런가 시호시호 그때 오면 道成立德 아닐런가."

85) 海月 崔時亨의 '삼경'사상에 대해서는 최민자,「우주진화적 측면에서 본 해월의 '삼경' 사상」,『동학학보』제3호, 동학학회, 2002, 279-327쪽 참조.

86)『海月神師法說』,「三敬」.

87)『東經大全』,「論學文」에서는 '造化'를 '無爲而化'라고 하고, '定'을 '合其德定其心'이라고 하고 있다.

88)『東經大全』,「後八節」: "我爲我而非他."

89) '中一'은 '人中天地一'의 약어로 天・地・人 삼신일체의 天道가 인간 존재 속에 구현되는 것을 말한다.

90) Requoted from Gregg Braden, op. cit., p.3: "When we understand us, our consciousness, we also understand the universe and the separation disappears."

91) http://biz.chosun.com/site/data/html_dir/2016/10/27/2016102700313.html (2016. 11. 5) 5억4000만 년 전 캄브리아기에 지구 생물의 종류가 폭발적으로 늘어났듯이 앞으로는 모든 기기가 인터넷에 연결되면서 데이터를 폭발적으로 생산할 것이라는 뜻이다.

멜라니 조이의 관점에서 바라본 식천(食天)의 신념 체계 / 임상욱

* 이 글은 「멜라니 조이의 관점에서 바라본 식천(食天)의 신념 체계」,『동학학보』제44

호, 동학학회, 2017, 205-234쪽에 게재된 것임.

1) 멜라니 조이 초청 강연은 2015년 5월 20일 대전환경운동연합, 동물보호시민단체 카라, 통계교육원, 한밭생협의 주관으로 우리 나라에서도 개최되었다. 2015년 5월 21일 자 〈오마이뉴스〉 기사 참조. http://www.ohmynews.com/NWS_Web/View/ss_pg.aspx?CNTN_CD=A0002110485&PAGE_CD=&CMPT_CD=

2) Melanie Joy, Why We Love Dogs, Eat Pigs, and Wear Cows, (San Francisco: Conari Press, 2010).

3) 표영삼, 『수운의 삶과 생각. 동학 1』, 서울: 통나무, 2004, 105쪽. 동양적 도관에 대한 표영삼의 보고에 따르면, "사람을 교화하여 변화시킬 수 있는 신념 체계와 의례를 가진 집단이면 모두 도"로 이해할 수 있다.

4) https://www.youtube.com/watch?v=aESBZIBdJI0

5) Melanie Joy, op. cit, pp. 15-16.

6) ibid.

7) 『東經大全』, 「修德文」: "道家不食 一四足之惡肉" 가독성을 고려하여 원전의 번역은 가능한 한 옥계산인의 것을 따르도록 한다. 옥계산인 번역·주해, 『현대인의 동학경전』, 서울: 책과나무, 2013, 37-38쪽.

8) 옥계산인 번역·주해, 위의 책, 239쪽.

9) 『한국민족문화대백과사전』, 「개장국」 편. http://encykorea.aks.ac.kr/Contents/Index?contents_id=E0001709

10) 『神師法說』, 「待人接物」: "萬物莫非侍天主 能知此理則 殺生不禁而自禁矣"

11) Melanie Joy, op. cit, p. 30.

12) ibid.

13) 김동훈, 『동물법 이야기』, 서울: PetLove, 2013, 33쪽.

14) 위의 책, 34쪽. 동물 권익 보호를 위한 활동가 개리 유로프스키(Gary Yourofsky)는 캐나다의 한 모피 농장에 침입하여 그곳에 포획되어 있던 밍크 2,000마리를 풀어준 사건으로 '범법자'가 되었다. 이후 그는 유사한 사건으로 인해 10차례 이상 체포되었고 100일 가까이 구치소에 수감되었다. https://www.youtube.com/watch?v=71C8DtgtdSY

15) Melanie Joy, op. cit, p. 96.

16) ibid. "Three Ns of Justification: eating meat is normal, natural, and necessanry.

17) 김동훈, 앞의 책, 34쪽.

18) Melanie Joy, op. cit, p. 41. 거센 논란을 일으켰던 이 법(Animal Enterprise Terrorism Act)은 2006년 미국에서 제정되었다.

19) https://www.youtube.com/watch?v=6kYeci5HihM

20) cf. Melanie Joy, op. cit, pp. 42-72.

21) Melanie Joy, op. cit, pp. 47-48.

22) *op. cit*, pp. 73-93.

23) *op. cit*, p. 74.

24) 〈한울연대〉는 생명평화운동을 지향하는 동학 관련 시민단체이다. http://cafe472. daum.net/_c21_/bbs_read?grpid=1LLCz&mgrpid=&fldid=JJos&page=1&prev_page=0 &firstbbsdepth=&lastbbsdepth=zzzzzzzzzzzzzzzzzzzzzzzzzzzzzz&contentval=0001ezzz zzzzzzzzzzzzzzzzzzzzzzzz&datanum=102&listnum=20

25) 종차별주의의 비합리성에 대한 사회과학적 근거에 대해서는, 피터 싱어 지음, 김성한 옮김,『동물해방』, 고양: 연암서가, 2012 참조.

26) 최훈,『동물을 위한 윤리학』, 고양: 사월의책, 2015, 168쪽.

27)『神師法說』,「以天食天」.

28) 비록 최시형의 활동 시기엔 지구온난화와 같은 개별 문제가 대두되지는 않았지만, 적 어도 그에게는 생명에 대한 존중이 인간을 비롯한 온 우주의 상호 상생에 유리할 것이 라는 확고한 신념이 있었다.

29)『神師法說』,「以天食天」

30)『神師法說』,「待人接物」: "一人善之天下善之 一人和之一家和之 一家和之一國和之 一國和之天下同和矣 沛然孰能御之"

31) 현재 우리가 겪고 있는 심각한 수준의 지구온난화 문제 역시 실은 이 같은 본질적 문 제가 야기한 여러 지류들 중 한 가지에 불과하다. 그리고 지구온난화를 야기하는 최대 단일 요소인 육식은 우리 행성의 종 다양성을 기형적 형태로 변이시킨다. 산림이 있던 아마존의 70%가 사라진 대신 여기에 사료 재배지가 들어서고, 초식동물인 소는 이제 풀 대신 대량 생산된 GMO 옥수수 사료나 해양부산물을 먹는 비 초식동물로 변해가고 있다. 물론 이로부터 파생되는 여러 형태의 문제들을 제어하기 위해 각종 호르몬제나 항생제가 투여되는 것은 주지의 사실이다. 다시 강조하건대, 이 같은 문제들의 거의 대부분은 인구 과잉이라는 단 하나의 본질적인 문제로 귀속된다.

32)『神師法說』,「內則」: "포태하거든 육종(肉種)을 먹지 말며, 해어(海魚)도 먹지 말며, 논의 우렁도 먹지 말며, 거렁의 가재도 먹지 말며, 고기 냄새도 맡지 말며, 무론 아무 고기라도 먹으면 그 고기 기운을 따라 사람이 나면 모질고 탁하니 [후략]"

동학으로 인해 근대적 인간의 가능성이 열리다 / 김영철

* 이 글은「동학, 근대적 인간의 가능성을 열다」,『동학학보』48호(2018)에 게재한 내용 을 일부 수정한 것이다.

1) 이들 사상가들은 주로 신플라톤주의라는 타이틀로 대변할 수 있다. 신플라톤주의적 사 상 경향은 서양 고대를 거쳐 중세기에도 주요한 사상 가운데 하나였다. 특히 부정신학

은 위 디오니시우스를 비롯하여 마이스트 에크하르트 등으로 대표된다. 그리고 인간의 궁극적 목적이란 자신의 근원을 찾아 보다 자신에게 맞는 삶을 사는 것으로 볼 수 있다. 자신에게 맞는 삶이 무엇인가에 대한 고민은 또 다른 열린 문제일 것이다.

2) 물론 앞서 언급한 부정신학이 뜻하는 것도 철학적 사유 혹은 철학적 방법론의 일종이다.

3) J.P. Sartre, La transcendance de l'ego, (Paris: J. Vrin, 1988), p. 28.

4) J.P. Sartre, La transcendance de l'ego, (Paris: J. Vrin, 1988), pp. 29-32.

5) 사실 시천주에 대한 깨달음 혹은 자각은 단지 신관의 문제만이 아니다. 남녀노소, 상하 귀천을 막론하고 보편적인 인간, 즉 누구나 천주 한울님을 모신 우주적인 존재, 즉 주체적인 존재라는 것을 자각하고 인정하는, 즉 인간관으로 변화되었고, 그것이 곧 동학 혁명의 결정적 계기가 되었다.

6) 근대라는 용어가 결코 좁지 않은 시기를 총람하는 것이므로, 근대성이라는 용어는 전후 문맥에 따라 그 의미를 파악해야 한다. 근대는 역사 시기를 삼등분하는 조건에 대입해, 탈근대의 개념으로 보기도 한다. 역사 시대의 삼등분이란, 역사를 고대, 중세, 그리고 근대로 나누는 것을 말한다. 이러한 근대는 특히 1870년부터 1910년 사이의 한 시기에 시작된 시기라고 보기도 하고, 오늘날에는 1910년에서 1960년 사이의 시기라고 보기도 한다. 한국의 역사에서 근대는 흔히 1862년부터로 보며, 1862년은 고종의 즉위년도와도 같다. 이 시기부터 흥선대원군의 사회 개혁이 시작되어 소위 세도 정치가 막을 내리는 등, 본격적인 근대화의 길에 들어섰다 하여 흔히 이 시기부터 근대로 구분한다. 1802년이나 혹은 그 이후로 보는 견해도 있다.(https://ko.wikipedia. org/wiki/%EA%B7%BC%EB%8C%80%EC%84%B1)

7) I. Kant, Anthropologie in pragmatischer Hinsicht, (Stuttgart: Reclam, 1983).

8) "용담의 옛집은 가친께서 가르치던 곳이요, 동도신부는 오직 내 고향이니라. 처자를 거느리고 용담으로 돌아온 날은 기미년 시월이요, 그 운수를 타고 도를 받은 시절은 경신년 사월이러라. 이 또한 꿈같은 일이요 형상하기 어려운 말이니라. 주역괘의 대정수를 살펴보고 삼대적 경천한 이치를 자세히 읽어보니, 이에 오직 옛날 선비들이 천명에 순종한 것을 알겠으며 후학들이 잊어버린 것을 스스로 탄식할 뿐이로다. 닦고 단련하니 자연한 이치 아님이 없더라. 공부자의 도를 깨달으면 한 이치로 된 것이요, 오직 우리 도로 말하면 대체는 같으나 약간 다른 것이니라. 의심을 버리면 사리의 떳떳한 것이요, 예와 지금을 살피면 인사의 할 바니라. 포덕할 마음은 두지 않고 지극히 치성할 일만 생각하였노라. 그렇게 미루어 다시 신유년을 만나니, 때는 유월이요 절기는 여름이었더라. 좋은 벗들이 자리에 가득함에 먼저 도 닦는 법을 정하고, 어진 선비들이 나에게 물음에 또한 포덕을 권하니라."(『동경대전』, 「수덕문」)

9) 『동경대전』, 「논학문」.

10) 『동경대전』, 「논학문」.

11) 의암은 정(定)을 자천자각(自天自覺)으로 표현했는데, 자천자각이란 습관된 사람의 마음이 본래의 한울님 마음에 합(合)하고 한울님 덕(德)에 합(合)하여 오심즉여심(吾心卽汝心)의 경지에 이른 것을 말한다. 곧 나의 진심(眞心)이 본래의 한울님 마음이며, 한울과 둘이 아니라는 것을 분명히 깨닫는 것이다. 다시 말하면 주객일체(主客一體)가 되어 천인합일의 각심(覺心)이 된 경지를 말하는 것이다.

12) 『해월신사법설』, 「부화부순」.

13) 『해월신사법설』, 「대인접물」.

참고문헌

원주 지역의 동학 포교와 원주 출신 동학인의 동학농민운동 / 조규태

「취어」,『동학농민전쟁사료총서』 2권(사운연구소, 1996).

『나암수록』 1894년 10월.『갑오실기』,『동학농민전쟁사료총서』 6권(사운연구소, 1996).

「昌山后人 曺錫憲歷史」,『동학농민전쟁사료총서』 10권(사운연구소, 1996).

『大先生事蹟』,〈해월선생문집〉, 경오10월조,『동학농민전쟁사료총서』 27권(사운연구소, 1996).

오상준,『本敎歷史』, 포덕 6년,『동학농민전쟁사료총서』 27권(사운연구소, 1996).

『崔先生文集道源記書』, 경오10월조,『동학농민전쟁사료총서』 27권(사운연구소, 1996).

『甲午東學亂』,『동학농민전쟁사료총서』 27권. (사운연구소, 1996).

『천도교서』,『동학농민전쟁사료총서』 28(사운연구소, 1996).

『東學道宗繹史』,『동학농민전쟁사료총서』 29(사운연구소, 1996).

「계초존안」, 1894년 9월 26일.

「토비대략」, 1894년 12월.

『김낙철역사』, 무술(1898년) 5월.

『동학농민혁명 증언록』, 강원도 원주 농민군 이종태, 종손 정희 · 완형.

「동비토론」, 동학농민혁명참여자명예회복심의위원회,『동학농민혁명 국역총서』 4권, 2008,

「임영토비소록」, 동학농민혁명참여자명예회복심의위원회,『동학농민혁명 국역총서』 4권, 2008.

『금번집략』,『동학농민혁명 국역총서』 4, 2008,〈별계〉

국사편찬위원회,『주한일본공사관기록』 1, 1986.

「일진회 현황에 관한 조사보고」(1904.11.22.), 국사편찬위원회,『주한일본공사관기록』 21.

『승정원일기』 고종1년 3월 2일, 국사편찬위원회,『사료 고종시대사』 1, 고종1년 3월 2일.

「關東倡義錄」, 국사편찬위원회,『한국사료총서』 30, 1984.

『사법품보』 1(아세아문화사, 1988).

일기자,「전사상으로 본 충청남도」,『개벽』 46, 1924.4.

천도교사편찬위원회,『천도교백년략사(상권)』(미래문화사, 1981).

이동초 편,『천도교회종령존안』(모시는사람들, 2005).

김양식 등,『충청북도 동학농민혁명사 연구』(충북연구원, 2006)

강대덕,「원주 지역 동학농민운동의 조직과 활동」,『강원문화사연구』 14, 2009.

강효숙,「일본군 제19대대 동로군, 제18대대, 원산수비대 강원도 농민군 탄압」,『동학학
　　　보』37, 2015.
박맹수,「강원도지방의 동학비밀포교지에 관한 연구」,『춘주문화』10, 춘천문화원, 1995.
박준성,「1894년 강원도 농민군의 활동과 반농민군의 대응」,『동학농민혁명의 지역적 전
　　　개와 사회변동』(새길, 1995).
박준성,「강원도 농민전쟁의 흐름」,『동학농민전쟁 역사기행』(여강출판사, 1993).
배항섭,「강원도에 서린 동학농민군의 발자취」,『역사비평』11, 1990.
서영희,「1894년 농민전쟁의 2차봉기」,『1894년 농민전쟁연구 4』(역사비평사, 1995).
성주현,「원주 지역 동학농민혁명의 배경」,『역사와 교육』10. 2010
신영우,「강원도 홍천의 동학농민군과 풍암리전투」,『동학학보』37, 2015.
원영환,「강원도 지방의 동학과 동학혁명」,『강원문화사연구』5, 2000.
이병규,「강원도의 동학농민유적지와 동학농민군」,『동학학보』37, 2015.
임형진,「강원도 일대의 동학 전파와 홍천의 포조직 분석」,『동학학보』37, 2015.
정은경,「1894년 황해도・강원도 지역의 농민전쟁」,『1894년 농민전쟁 연구4』(역사비평
　　　사, 1995). 이기원,「강원지역 동학농민전쟁 연구」,『강원사학』15・16, 강원대학교
　　　사학회, 2000.
채길순,「구비 전승담으로 본 홍천 동학농민혁명 전개 양상」,『동학학보』37, 2015.
한우근,「동학농민군의 봉기와 전투-강원・황해도의 경우-」,『한국사론』4, 서울대학교
　　　국사학과. 1973.

원주 동학농민혁명사 전개 과정과 문화 콘텐츠 활용 방안 연구 / 채길순

(저서 및 논문)
김영인 설규주,『시민교육론』, 한국방송통신대학교 출판부, 2008.
노태구,『동학혁명의 연구』, 백산서당, 1982.
박맹수,「동학농민전쟁의 지역성 연구」,「한국근대사에 있어서의 동학과 동학농민운동」,
　　　한국정신문화연구원, 1994.
＿＿＿,「동학의 남북접에 대한 비판적 검토」,「한국학논집」, 한양대 한국학연구소,
　　　1994.
＿＿＿,「최시형 연구, 한국정신문화연구원」, 박사학위논문, 1996.
＿＿＿,「해월 최시형의 초기 행적과 사상」,『청계사학』3, 1986.
＿＿＿,『1894년 농민전쟁연구』, 역사비평사, 1993.
예지각 편, 시민교육론, 예지각, 2009.
유승호,「디지털 기술이 문화 콘텐츠산업의 제작 및 산업구조에 미치는 영향에 관한 연

구 ̄: 음반과 애니메이션 산업을 중심으로, (2001년도 춘계학술대회, 지식정보 시대
　　　에서 문화벤처와 문화 콘텐츠 한국문화제학회 / 학국기업 매세나 협의회, 문화관광
　　　부.
조규태, 〈강원도 원주 동학농민혁명의 전개과정과 동학포덕〉, 동학농민혁명 제124주년
　　　기념 학술대회 '동학의 글로컬리제이션 1894년 동학농민혁명과 강원도 원주', 2018
　　　년 10월 29일.

채길순, 『동학기행(기행)』, 「신인간」, 2008-(연재, 경상도 편).
최현식, 『갑오동학혁명사』, 신아출판사, 1994.
표영삼, 〈해월신사발자취〉, 「신인간」 1978.
＿＿＿, 〈성지순례〉, 「신인간」 1977.
＿＿＿, 〈해월신사연표〉, 「신인간」 1985.
황현(이민수역), 동학란, 을유문화사, 1985.

(교단 자료)
『수운행록(水雲行錄)』, 1865.
『최선생문집도원기서(崔先生文集道源記書)』, 1879.
『해월문집(海月文集)』, 1885.~1892.
『수운재문집(水雲齋文集)』, 1898.
『대선생사적부해월선생문집(大先生事蹟附海月先生文集)』, 1906.
『본교역사(本敎歷史)』1910.~1914.
『시천교종역사(侍天敎宗繹史)』, 1915.
『시천교역사(侍天敎歷史)』, 1920.
『천도교서(天道敎書)』, 1920.
『천도교회사초고(天道敎會史草稿)』, 1920.
『천도교실사집편(天道敎實事集編, 권병덕)』, 1922.
『동학사(東學史, 초고본)』, 1926.
『천도교창건사(天道敎創建史, 이돈화)』, 1933.
이돈화, 『동학사(東學史)』, 1938.

(관변 자료)
『聚語』, 1893.
『兩湖右先鋒日記(東學亂記錄)』, 1894.
『巡撫先鋒陳謄錄(東學亂記錄)』, 1894.
『東學判決文集』, 1895~1900.

『司法稟報』, 1898~1907.

『承政院日記』(고종 20-31)

『일성록』(고종)

『東學亂記錄』상/하(국사편찬위원회刊)

(유생 자료)

『교남공적(嶠南公蹟)』

金奭中, 『討匪大略』

『소모일기(召募日記)』

『소모사실(召募事實)』

(기타 자료)

원주군지편찬위원회, 〈원주군지〉, 1996.

(기타 인터넷자료)

http://www.gochang.go.kr/culture/board/list.gochang?boardId=BBS_0000177&menuCd
=DOM_000000602004005000&contentsSid=3224&cpath=%2Fculture(고창군청 홈페
이지)

http://www.namwon.go.kr/index.do(남원시청 홈페이지)

http://www.jeongeup.go.kr/01kr/index.html(정읍시청 홈페이지)

http://tourism.wonju.go.kr/index.php?gid=www(원주시청 문화관광 홈페이지)

http://www.1894.or.kr/main_kor/index.php(동학농민혁명기념재단 홈페이지)

https://www.boeun.go.kr/www/index.do(보은군청 홈페이지)

동학농민혁명 이후 해월 최시형의 피신과 교단 정비 / 성강현

『各司謄錄』

『叢書』

『聚語』

『均菴丈 林東豪氏 略歷』

『駐韓日本公使館記錄』

「全琫準供草」

「札移電存案」

「巡撫先鋒陣謄錄」

「討匪大略」

「巡撫先鋒陣騰錄」

「討匪大略」

「召募日記」

「討匪大略」

「巡撫使呈報牒」

국립순천대학교 지리산권문화연구원 편,『지리산권 동학농민혁명』, 선인, 2014.

김낙철,『용암 김낙철 역사』.

김종익 역,『번역 오하기문』, 역사비평사, 1995.

노태구 편,『동학혁명의 연구』, 백산서당, 1982.

동학학회 편,『경상도 구미 동학농민혁명』, 모시는사람들, 2016.

신순철 외,『강원도 홍천 동학농민혁명』, 모시는사람들, 2016.

윤석산,『해월 최시형의 삶과 사상 일하는 한울님』, 모시는사람들, 2014,

의암손병희선생기념사업회,『의암손병희선생전기』, 1967.

이이화 외,『충청도 예산 동학농민혁명』, 모시는사람들, 2014.

조기주,『동학의 원류』, 보성사, 1979.

천도교사편찬위원회,『천도교백년약사』(상), 1981.

최기성,『동학농민혁명 연구』, 서경, 2006.

표영삼,『해월신사의 생애』, 천도교중앙총부.

표영삼,『동학(2)』, 통나무, 2005,

한국민족운동사학회 편,『동학농민혁명과 전주화약』, 선인, 2017.

한국민족운동사학회-국제한국사학회 편,『동학농민혁명의 세계화와 과제』, 선인, 2016.

황현,『東學亂』(이민수 역), 을유문화사, 1985.

박맹수,「동학과 동학농민혁명 연구에 대한 재검토 : 동학의 남북접 문제를 중심으로」,
      『동학연구』제9 · 10호, 한국동학회, 2001.

성주현,「동학혁명 참여자의 혁명 이후 활동(1900-1919)」,『문명연지』제6권제1호, 한국
      문명학회, 2005.

임순호,「해월신사의 은도시대」,『천도교회월보』통권제248호, 1931년 8월.

임형진,「동학에서 천도교로의 개편과 3 · 1독립혁명 - 수원지역을 중심으로」,『동학학
      보』제45호, 2017.

장영민,「최시형과 서장옥-남북접 문제와 관련하여-」,『동학농민혁명과 농민군 지도자
      성격』, 동학농민혁명기념사업회, 1997.

표영삼,「남원지역 동학농민혁명운동」,『동학연구』5, 1999.

홍기조,「사문개척실기」, 신인간통권제29호, 1928년 11월호.

원주 지역 동학농민군과 의병 / 이병규

『擇里志』
『崔先生文集道源記書』
『聚語』
『「天道敎會史草稿』
『東匪討論』
『臨瀛討匪小錄』
『司法稟報』

『동학농민혁명참여자명예회복심의위원회 백서』, 동학농민혁명참여자명예회복심의위원
　　회, 2009.
한우근, 「동학농민군의 봉기와 전투-강원·황해도의 경우-」, 『한국사론』 4, 서울대국사
　　학과, 1978.
배항섭, 「강원도에 서린 동학농민군의 발자취」, 『역사비평』 계간 11, 역사문제연구소, 1990.
박준성, 「강원도 농민전쟁의 흐름」, 『동학농민혁명 역사기행』, 여강출판사, 1993.
박준성, 「1894년 강원도 농민군의 활동과 반농민군의 대응」, 『동학농민혁명의 지역적 전
　　개와 사회변동』, 새길, 1995.
정은경, 「1894년 황해도·강원도 지역의 농민전쟁」, 『1894년 농민전쟁 연구』, 역사비평
　　사, 1995.
이기원, 「강원지역 동학농민군의 연구」, 『강원사학』 15·16, 강원대학교 사학회, 2000.
원영환, 「강원도 지방의 동학과 혁명운동」, 『강원문화사연구』 5, 강원향토문화연구회,
　　2000.
강대덕, 「원주 지역 동학농민운동의 조직과 활동」, 『강원문화사연구』 14, 강원향토문화
　　연구회, 2009.
성주현, 「원주 지역 동학농민혁명의 배경」, 『역사와 교육』 37, 역사와교육학회, 2010.
심철기, 「원주 지역 전기의병의 학문적 배경과 참여세력」, 『한국사상사학』 38, 한국사상
　　사학회, 2011.
심철기, 『한말 원주 의병의 발전과정과 운동방략』, 연세대 대학원, 2014.
임형진, 「강원도 일대의 동학전파와 홍천의 포조직 분석」, 『동학학보』 37, 동학학회,
　　2015.
신영우, 「강원도 홍천의 동학농민군과 풍암리 전투」, 『동학학보』 37, 동학학회, 2015.
이병규, 「강원도 동학농민혁명 유적지와 동학농민군」, 『동학학보』, 37, 동학학회, 2015.
채길순, 「구비 전승담으로 본 홍천 동학농민혁명 전개 양상」, 『동학학보』 37, 동학학회,
　　2015.

과학과 영성 그리고 진화 / 최민자

『金剛經』
『大乘起信論別記』
『大乘起信論疏』
『東經大全』
『明心寶鑑』
『般若心經』
『龍潭遺詞』
『義菴聖師法說』
『中阿含經』
『天道敎經典』
『海月神師法說』
『桓檀古記』,
Bible

디팩 초프라 · 레너드 플로디노프 지음, 류운 옮김,『세계관의 전쟁』, 파주: (주)문학동네,
　　2013.
손병욱,「동학과 성리학의 수련법 비교」,『동학학보』 제27호, 동학학회, 2013.
안호영,「수운과 체용적 사유의 모험」,『동학학보』 제37호, 동학학회, 2015.
에른스트 마이어 지음, 임지원 옮김,『진화란 무엇인가』, 서울: 사이언스북스, 2013.
유발 하라리 지음, 조현욱 옮김,『사피엔스』, 파주: 김영사, 2015.
임형진,「수운의 이상사회론」,『동학학보』 제21호, 동학학회, 2011.
쟝 기똥 지음, 김영일 · 김현주 옮김,『신과 과학』, 서울: 고려원, 1993.
조극훈,「동학 개벽사상의 역사철학적 의미」,『동학학보』 제27호, 동학학회, 2013.
조명기 편,『원효대사전집』, 서울: 보련각, 1978.
조이스 위틀리 호크스 지음, 이민정 옮김,『공명』, 서울: 불광출판사, 2012.
찰스 다윈 지음, 송철용 옮김,『종의 기원』, 서울: 동서문화사, 2013.
최민자,『동서양의 사상에 나타난 인식과 존재의 변증법, 서울: 모시는사람들, 2011.
＿＿＿,『생명에 관한 81개조 테제: 생명정치의 구현을 위한 眞知로의 접근』, 서울: 모시는
　　사람들, 2008.
＿＿＿,『천부경 · 삼일신고 · 참전계경』, 서울: 모시는사람들, 2006.
＿＿＿,「켄 윌버의 홀라키적 전일주의와 수운의 '시'에 나타난 통합적 비전」,『동학학보』
　　제23호, 동학학회, 2011.
＿＿＿,「우주진화적 측면에서 본 해월의 '삼경'사상」,『동학학보』 제3호, 동학학회, 2002.

파드마삼바바 지음, 유기천 옮김, 『티벳 해탈의 서』, 서울: 정신세계사, 2000.
프리초프 카프라 · 슈타인들-라스트 · 토마스 매터스 지음, 김재희 옮김, 『신과학과 영성의 시대』, 서울: 범양사 출판부, 1997.

Ashvaghosha, *The Awakening of Faith*, trans. Teitaro Suzuki, Mineola, New York: Dover Publications, INC., 2003.

Braden, Gregg, *The Divine Matrix*, New York: Hay House, Inc., 2007.

Capra, Fritjof, *Belonging to the Universe: Exploration on the frontiers of Science and Spirituality*, New York: Harper & Row Publishers, Inc., 1991.

____, *The Web of Life*, New York: Anchor Books, 1996

____, *The Tao of Physics*, Boston: Shambhala Publications, Inc., 1975.

Friedman, Norman, *Bridging Science and Spirit: Common Elements in David Bohm's Physics, the Perennial Philosophy and Seth*, New Jersey: The Woodbridge Group, 1993.

Goswami, Amit, *The Self-Aware Universe: How Consciousness Creates the Material World*, New York: Tarcher/Putnam, 1995.

Hawking, Stephen, *The Universe in a Nutshell*, New York: Bantam Books, 2001.

Hawking, Stephen and Leonard Mlodinow, *A Briefer History of Time*, New York: Bantam Dell, 2005.

Hegel, G. W. F., *Philosophy of Mind, translated from the Encyclopedia of the Philosophical Sciences by William Wallace, Oxford*: The Clarendon Press, 1894.

____, *The Phenomenology of Mind*, trans. by J. B. Baillie, London: George Allen & Nuwin, 1931.

____, *Philosophy of Right*, ed. and trans. by T. M. Knox, Oxford: Oxford University Press, 1980.

Isa Upanishad in The Upanishads, translated from the Sanskrit with an introduction by Juan Mascaro, London: Penguin Books Ltd., 1962.

Jantsch, Erich, *The Self-Organizing Universe*, New York: Pergamon, 1980.

Kaufmann, Walter, *Hegel: Texts and Commentary*, New York: Anchor Books, Doubleday, 1965.

Kuhn, Thomas S., *The Structure of Scientific Revolutions*, 3rd edition, Chicago and London: The University of Chicago Press, 1996.

Kurzweil, Ray, *The Singularity is Near: When Humans Transcend Biology*, London: Penguin Books, 2005.

Prigogine, Ilya and Isabelle Stengers, *Order out of Chaos: Man's New Dialogue with Nature*, foreword by Alvin Toffler, Toronto, New York: Bantam Books, 1984.

Wolf, Fred Alan, *Dr. Quantum's Little Book of Big Ideas: Where Science Meets Spirit*, Needham, Massachusetts: Moment Point Press, 2005.

____, *Mind Into Matter: A New Alchemy of Science and Spirit*, Needham, Massachusetts: Moment Point Press, 2000.

____, *The Spiritual Universe: One Physicist's Vision of Spirit, Soul, Matter and Self*, Portsmouth, NH: Moment Point Press, 1999.

____, *Parallel Universes*, New York: Simon & Schuster Paperbacks, 1988.

http://www.suprememastertv.com/kr/ss/?wr_id=110&page=2#v (2016. 9. 24)

https://unshelli.blogspot.kr/2015_04_01_archive.html (2016. 10. 1)

http://www.suprememastertv.com/kr/vod/?wr_id=56&page=1&sca=ss#v (2016. 10. 1)

http://egloos.zum.com/sockin/v/785263 (2016. 10. 1)

http://biz.chosun.com/site/data/html_dir/2016/10/27/2016102700313.html (2016. 11. 5)

멜라니 조이의 관점에서 바라본 식천(食天)의 신념 체계 / 임상욱

김동훈, 『동물법 이야기』, 서울: PetLove, 2013.

김성환, 『동물 인지와 데카르트 변호하기』, 서울: 지식노마드, 2016.

마크 롤랜즈 지음, 윤영삼 옮김, 『동물의 역습』, 서울: 달팽이, 2004.

마크 베코프 지음, 이덕열 옮김, 『동물에게 귀 기울이기』, 서울: 아이필드, 2004.

옥계산인 번역·주해, 『현대인의 동학경전』, 서울: 책과나무, 2013.

윤석산, 『해월 최시형의 삶과 사상』, 서울: 모시는사람들, 2014.

정은정, 『대한민국 치킨 展』, 서울: 따비, 2014.

천도교중앙총부(편), 『天道敎經典』, 서울: 천도교중앙총부출판부, 1997(3판).

최훈, 『동물을 위한 윤리학』, 고양: 사월의책, 2015.

표영삼, 『수운의 삶과 생각. 동학 1』, 서울: 통나무, 2004.

피터 싱어 지음, 김성한 옮김, 『동물해방』, 고양: 연암서가, 2012.

피터 싱어 외 지음, 유정민 옮김, 『동물의 권리』, 서울: 이숲, 2014.

Joy, Melanie, *Why We Love Dogs, Eat Pigs, and Wear Cows*, San Francisco: Conari Press, 2010.

https://www.ekara.org/

https://ekara.org/activity/farm/read/8803

https://www.youtube.com/watch?v=boUm_asEhQ4

https://www.youtube.com/watch?v=aESBZIBdJI0

http://www.vege.or.kr/

https://www.youtube.com/watch?v=6kYeci5HihM

https://www.youtube.com/watch?v=71C8DtgtdSY

http://encykorea.aks.ac.kr/Contents/Index?contents_id=E0001709

http://cafe472.daum.net/_c21_/bbs_read?grpid=1LLCz&mgrpid=&fldid=JJos&page=1&prev_page=0&firstbbsdepth=&lastbbsdepth=zzzzzzzzzzzzzzzzzzzzzzzzzzzzzzz&contentval=0001ezzzzzzzzzzzzzzzzzzzzzzzzzzz&datanum=102&listnum=20

http://www.ohmynews.com/NWS_Web/View/ss_pg.aspx?CNTN_CD=A0002110485&PAGE_CD=&CMPT_CD=

https://www.peta.org/

동학으로 인해 근대적 인간의 가능성이 열리다 / 김영철

『동경대전』

『해월신사법설』

『해월문집』

『천도교창건사』

강내희,「한국 근대성의 문제와 탈근대화」,『문화과학』22호, 2000.

김경일,「인본주의에서 본 동학사상」,『정신문화연구』, 1986.

김영철,「'영해 동학혁명'과 해월의 삶에 나타난 사인여천 사상」,『동학학보』제30호, 2014.

김용옥,『東經大全 1』, 서울: 통나무, 2004.

김용준,「東學의 人間觀」,『韓國思想』21호, 1989.

김용천,『海月神師의 生涯와 思想』, 서울: 천도교중앙총부, 1969.

김인환,『동학의 이해』, 서울: 고려대출판부, 1994.

김용휘,「시천주사상의 변천을 통해 본 동학 연구」, 고려대학교 박사학위논문, 2004.

김춘성,「東學·天道教 修錬과 生命思想 研究」, 한양대학교 박사논문, 2009.

동학농민혁명기념사업회,『동학농민혁명과 사회운동』, 서울: 하늘, 1993.

박맹수,「海月 崔時亨의 初期 行績과 思想」,『淸溪史學』3, 1986.

박맹수,「崔時亨 연구-主要活動과 思想을 中心으로」, 한국정신문화원 박사논문, 1996.

박용옥,「동학의 남녀평등사상」,『역사학보』91, 1981.

신일철,『동학사상의 이해』, 서울: 사회비평사, 1995.

오문환,『동학의 정치철학』, 서울: 모시는사람들, 2004.

오문환, 『해월 최시형의 정치사상』, 서울: 모시는사람들, 2004.
윤석산, 『東經大全 註解』, 서울: 동학사, 1996.
이현희 편, 『동학사상과 동학혁명』, 청아출판사, 1985.
이현희, 「제1장 동학과 근대성」, 『민족사상』 2(2), 2008.
최동희, 『새로 쓰는 동학-사상과 경전』, 서울: 집문당, 2003.
황선희, 『한국근대사상과 민족운동1-동학 · 천도교편』, 서울: 혜안, 1996.
황선희, 「동학사상의 인본주의적 요소」, 『동학연구』 3, 한국동학학회, 1998.
Sartre, J.P., *La transcendance de l'ego*, Paris: J. Vrin, 1988.

찾아보기

동학총서 11

강원도 원주 동학농민혁명

등록 1994.7.1 제1-1071
1쇄 발행 2019년 3월 20일

엮은이 동학학회
지은이 조규태 조성환 성강현 채길순 이병규 황도근 최민자 임상욱 김영철
펴낸이 박길수
편집인 소경희
편 집 조영준
관 리 위현정
디자인 이주향
펴낸곳 도서출판 모시는사람들
      03147 서울시 종로구 삼일대로 457(경운동 88번지) 수운회관 1207호
전 화 02-735-7173, 02-737-7173 / 팩스 02-730-7173
홈페이지 http://www.mosinsaram.com/

인 쇄 천일문화사(031-955-8100)
배 본 문화유통북스(031-937-6100)

값은 뒤표지에 있습니다.
ISBN 979-11-88765-38-6   94900
SET 979-89-97472-72-7   94900

이 도서의 국립중앙도서관 출판예정도서목록(CIP)은 서지정보유통지원시스템
홈페이지(http://seoji.nl.go.kr)와 국가자료공동목록시스템(http://www.nl.go.kr/
kolisnet)에서 이용하실 수 있습니다.(CIP제어번호: CIP2019006362)

* 이 책은 원주시의 지원으로 출간되었습니다.